澜湄国际职业教育培训丛书：通识培训系列

လန်ချန်း–မဲခေါင်နိုင်ငံတကာအသက်မွေးဝမ်းကျောင်းပညာရေးနှင့်လေ့ကျင့်ရေးစာအုပ်တွဲ

အသက်မွေးဝမ်းကြောင်း ကျွမ်းကျင်မှုလေ့ကျင့်ရေးစီးရီး

教育部、外交部中国—东盟教育培训中心建设成果

ပညာရေးဝန်ကြီးဌာန၊ နိုင်ငံခြားရေး ဝန်ကြီးဌာန တရုတ်–အာဆီယံပညာရေး နှင့် လေ့ကျင့်ရေးစင်တာ တည်ဆောက်ရန်ရရှိသောအောင်မြင်မှုများ

外交部澜湄职业教育基地建设成果

နိုင်ငံခြားရေးဝန်ကြီးဌာနလန်ချန်း–မဲခေါင်အသက်မွေးဝမ်းကျောင်းပညာရေးအခြေခံစခန်း တည်ဆောက်ရန်ရရှိသောအောင်မြင်မှုများ

教育部澜湄合作专项基金项目建设成果

လန်ချန်း–မဲခေါင်ပူးပေါင်း ဆောင်ရွက်ရေး အထူးရန်ပုံငွေစီမံကိန်း တည်ဆောက်ရန်ရရှိသောအောင်မြင်မှုများ

国家级教育对外交流项目建设成果

နိုင်ငံတော်အဆင့်ပညာရေးဆိုင်ရာနိုင်ငံခြားဖလှယ်ရေးစီမံကိန်း တည်ဆောက်ရန်ရရှိသောအောင်မြင်မှုများ

澜湄国际合作研究院建设成果

လန်ချန်း–မဲခေါင်နိုင်ငံတကာပူးပေါင်းဆောင်ရွက်မှုသုတေသနဌာန တည်ဆောက်ရန်ရရှိသောအောင်မြင်မှုများ

云南省边境外籍人员生活指南

ယူနန် နယ်စပ်ရှိ နိုင်ငံခြားသား များအတွက် ဘဝ လမ်းညွှန်

许红艳 禹 梅 ⊙ 主 编

高倬源 李 博 金师波 ⊙ 副主编

云南民族大学澜湄国际职业学院 译

YNK 云南科技出版社

·昆明·

图书在版编目（CIP）数据

云南省边境外籍人员生活指南 / 许红艳，禹梅主编
. -- 昆明：云南科技出版社，2024.1
（澜湄国际职业教育培训丛书 . 通识培训系列）
ISBN 978-7-5587-5492-0

Ⅰ. ①云… Ⅱ. ①许… ②禹… Ⅲ. ①外国人—生活
—云南—指南 Ⅳ. ① D669-62

中国国家版本馆 CIP 数据核字（2023）第 248548 号

云南省边境外籍人员生活指南
YUNNAN SHENG BIANJING WAIJI RENYUAN SHENGHUO ZHINAN

许红艳　禹　梅　主　编
高倬源　李　博　金师波　副主编

出 版 人：温　翔
策　　划：胡凤丽
责任编辑：王首斌
封面设计：金　杰　李富昱
责任校对：秦永红
责任印制：蒋丽芬

书　　号：ISBN 978-7-5587-5492-0
印　　刷：云南天彩印务包装有限公司
开　　本：889mm×1194mm　1/16
印　　张：13.75
字　　数：480 千字
版　　次：2024 年 1 月第 1 版
印　　次：2024 年 1 月第 1 次印刷
定　　价：100.00 元

出版发行：云南科技出版社
地　　址：昆明市环城西路 609 号
电　　话：0871-64190886

总 序
စာအုပ်တွဲကျမ်းဦးစကား

打造澜湄国际职业教育　助推澜湄区域合作发展
လန်ချန်း-မဲခေါင်ဒေသတွင်း ပူးပေါင်းဆောင်ရွက်ရေးနှင့်ဖွံ့ဖြိုး တိုးတက်မှုအားဖြည့်ပေးစေရန် လန်ချန်း-မဲခေါင်နိုင်ငံတကာ အသက်မွေးဝမ်းကျောင်းပညာရေး တည်ဆောက်

　　自古以来，澜湄六国山水相连，民胞物与、平等相待、真诚互助、亲如一家。澜湄合作机制的建立，为推动构建新时代澜湄国家命运共同体，促进区域国际经济社会发展，开辟了新的前景。

　　ရှေးပဝေသဏီကာလမှစ၍ လန်ချန်း-မဲခေါင်နိုင်ငံခြောက်နိုင်ငံသည် တောတောင် ရေမြေချင်းဆက်စပ်လျက် ရှိသည်။ ပြည်သူများကြားမှာ ပေါက်ဖော်အဖြစ် သဘောထား ခြင်း၊ ဓလေ့ထုံးစံများ ဆင်တူခြင်း၊ တန်းတူ ညီမျှစွာ ဆက်ဆံခြင်း၊ ရိုးသားစွာ အပြန်အလှန် ကူညီခြင်း၊ မိသားစုကဲ့သို့ ချစ်ခင်ရင်းနှီးခြင်းဖြစ်သည်။ လန်ချန်း-မဲခေါင်ပူးပေါင်းဆောင်ရွက်မှုယန္တရားထူထောင်ခြင်းသည် ခေတ်သစ်တွင်လန်ချန်း-မဲခေါင်နိုင်ငံများ ကံကြမ္မာအသိုက် အဝန်း တည်ဆောက်ခြင်းကို တွန်းအားပေးရန်နှင့် ဒေသတွင်း နိုင်ငံတကာစီးပွားရေးနှင့် လူမှုရေး ဖွံ့ဖြိုးတိုးတက်မှုကို မြှင့်တင်ရန်အတွက် အလားအလာသစ်များကို ဖွင့်လှစ်ပေးခဲ့ ပါသည်။

　　RCEP 的正式生效，将为亚太地区开放合作与发展注入新的动力，亚太地区将成为全球更具发展活力和潜力的地区。尤其是中老铁路的正式通车，进一步展现了中国以高标准、可持续、惠民生为目标，深化澜湄国家务实合作，推动世界经济复苏和区域经济发展。实现人的全面发展，构建澜湄国家命运共同体，已经成为共识。联合国《2030 年可持续发展议程》提出，要帮助发展中国家进行职业教育培训，以大幅增加掌握技术、技能的青年人才。目前，大多数湄公河国家正处于农业国向工业国迈进的关键时期，其中，技术技能人才和管理人才的匮乏，已经成为阻碍其经济社会现代化进程的重要瓶颈。大力发展职业教育，推进澜湄国际职业教育合作，培养各类人才，已经成为湄公河国家经济社会发展的共同需求，是推进澜湄合作的必然选择。

RCEPတရားဝင်အတည်ဖြစ်လာသည်နှင့်အမျှ အာရှပစိဖိတ်ဒေသ၏ တံခါးဖွင့် ပူးပေါင်းဆောင်ရွက်မှု နှင့် ဖွံ့ဖြိုးတိုးတက်မှုကို တွန်းအားအသစ်များ ထိုးသွင်းပေးမည် ဖြစ်ပြီး အာရှပစိဖိတ်ဒေသသည် ကမ္ဘာပေါ် တွင် ပိုမိုဖွံ့ဖြိုးတိုးတက်မှုရှင်သန်စွမ်းအားနှင့်ကိန်းဝပ်စွမ်းအားရှိသောဒေသဖြစ်လာလိမ့်မည်။ အထူးသဖြင့် တရုတ်-လာအို ရထားလမ်း တရားဝင် လမ်းပေါက်လာသည်နှင့်အမျှ တရုတ်နိုင်ငံသည် မြင့်မားသောစံနှုန်းများ၊ ရေရှည်တည်တံ့မှုနှင့် ပြည်သူများ၏ အသက်မွေးဝမ်းကြောင်းအကျိုးပြုရန်ရည်မှန်းချက် အဖြစ်ဆောင်ရွက် ခြင်းဖြင့် လန်ချန်း-မဲခေါင်နိုင်ငံများအကြားလက်တွေ့ကျ သောပူးပေါင်း ဆောင်ရွက်မှုကို နက်ရှိုင်းစွာ မြှင့်တင် ရန်နှင့် ကမ္ဘာစီးပွားရေး ပြန်လည်အသက်ဝင်လာရေးနှင့် ဒေသတွင်း စီးပွားရေးဖွံ့ဖြိုးတိုးတက်မှုကို မြှင့်တင်ရန် ဘုံတာဝန်ဖြစ်သည်ကိုပိုမို ပြသခဲ့ပါသည်။ လူသားတို့၏ ဘက်စုံဖွံ့ဖြိုးတိုးတက်မှုကို အကောင်အထည်ဖော် ရန်နှင့် လန်ချန်း-မဲခေါင်နိုင်ငံများကံကြမ္မာအသိုက်အဝန်း တည်ဆောက်ရန်ယေဘုယျသဘောတူညီ ချက် တစ်ရပ် ဖြစ်လာသည်။ ကုလသမဂ္ဂ ၏၂၀၂၃ခုနှစ် ရေရှည်တည်တံ့မှု ဖွံ့ဖြိုးတိုးတက်ရေး အစီအစဉ်သည် အသက်မွေးဝမ်းကျောင်းပညာရေးနှင့် လေ့ကျင့်ရေးဆောင်ရွက်ခြင်းဖြင့် နည်းပညာနဲ့ ကျွမ်းကျင်မှုရှိတဲ့ လူငယ် များကို မြောက်မြားစွာတိုးလာစေရန်ဖွံ့ဖြိုးဆဲ နိုင်ငံများကို ကူညီပေးမည်ဟု အဆိုပြုခဲ့ပါသည်။ လက်ရှိအချိန် တွင်မဲခေါင်နိုင်ငံ အများစုသည် စိုက်ပျိုးရေးနိုင်ငံမှ စက်မှုနိုင်ငံများသို့ အသွင်ပြောင်းရန် အရေးကြီးသော ကာလ တွင် တည်ရှိနေပါသည်။ ၎င်းတို့တွင် နည်းပညာ၊ တတ်ကျွမ်းမှုဆိုင်ရာလူတော် လူကောင်းများ နှင့် စီမံခန့်ခွဲမှု အရည်အချင်းရှိလူတော်လူကောင်းများနည်းပါးခြင်းကြောင့် ၎င်းတို့၏ စီးပွားရေးနှင့် လူမှုရေးခေတ်မီ တိုးတက်ရေး လုပ်ငန်းစဉ်ကိုအဟန့်အတား ဖြစ်စေသည့် အရေးကြီးသော ပိတ်ဆို့မှုတစ်ခု ဖြစ်လာခဲ့သည်။ အသက်မွေးဝမ်းကျောင်း ပညာရေးကို အားကြိုးမာန်တက် ဖွံ့ဖြိုးတိုးတက်စေခြင်း၊ လန်ချန်း-မဲခေါင် နိုင်ငံတကာ အသက်မွေးဝမ်းကျောင်းပညာရေး ပူးပေါင်းဆောင်ရွက်မှုကို မြှင့်တင်ပေးခြင်းသည် မဲခေါင်နိုင်ငံ များ၏ စီးပွားရေးနှင့် လူမှုရေး ဖွံ့ဖြိုးတိုးတက်မှု၏ ဘုံလိုအပ်ချက် ဖြစ်လာပြီး လန်ချန်း-မဲခေါင် ပူးပေါင်း ဆောင်ရွက်မှုကို မြှင့်တင်ရန် မလွဲမသွေ ရွေးချယ်မှု ဖြစ်လာပါသည်။

当前，我国正进入"加快构建以国内大循环为主体、国内国际双循环相互促进的新发展格局"阶段、区域产业结构转型升级、国内产业融合发展和国际产能合作快速推进，国内外各行业对技术技能人才的需求愈加迫切，职业教育的重要地位和作用甚为凸显。正如习近平总书记指出，"职业教育前途广阔，大有可为"。2022年5月1日，国家最新修订的《中华人民共和国职业教育法》正式施行，为加强经济社会高质量发展和澜湄国家经贸交流提供人才支持，推进中国职业教育国际化，进一步夯实了法制基础和政策保障。

လက်ရှိကာလတွင် ကျွန်ုပ်တို့နိုင်ငံသည် " ပြည်တွင်းလှည့်ပတ်မှုကို အဓိကထားပြီး ပြည်တွင်းနှင့် နိုင်ငံတကာလှည့်ပတ်မှုနှစ်ခုအကြားအပြန်အလှန်မြှင့်တင်ခြင်းဖြစ်သောဖွံ့ဖြိုး တိုးတက်မှုပုံစံအသစ်ကို လျင်မြန်စွာတည်ဆောက်ရန် " ဟူသော အဆင့်သို့ ရောက်ရှိ နေပါသည်။ ဒေသဆိုင်ရာ စက်မှုဖွဲ့စည်းပုံ အသွင် ကူးပြောင်းရေးနှင့် အဆင့်မြှင့်တင်ရေး ၊ ပြည်တွင်းစက်မှုလုပ်ငန်းများ ပေါင်းစပ်ဖွဲ့ဖြိုးတိုးတက်ရေးနှင့် နိုင်ငံတကာထုတ်လုပ်မှု စွမ်းရည် ပူးပေါင်းဆောင်ရွက်မှု လျင်မြန်စွာ တိုးတက်လျက်ရှိသည်။ ပြည်တွင်းပြည်ပ နယ်ပယ်အသီးသီးတွင် နည်းပညာနှင့် ကျွမ်းကျင်မှုပညာလူတော်လူအကောင်းများ ၏ လိုအပ်ချက်သည် ပို၍ အရေးတကြီး ဖြစ်လာသည်။ အသက်မွေးဝမ်းကျောင်းပညာရေး၏ အရေးကြီးသော အဆင့်အတန်းနှင့် အခန်း ကဏ္ဍသည် ပို၍ ထင်ရှားလာသည်။ အထွေထွေအတွင်းရေးမှူးချုပ် ရှီကျင့်ဖျင်သည် "အသက်မွေးဝမ်းကြောင်း ပညာရေး သည် တောက်ပသောအနာဂတ်နှင့် ကောင်းမွန်သောအလားအလာများရှိသည်" ဟုထောက်ပြခဲ့သည်။ ၂၀၂၂ ခုနှစ် မေလ ၁ ရက်နေ့တွင် နိုင်ငံတော်သည် "တရုတ်ပြည်သူ့သမ္မတနိုင်ငံ၏ အသက်မွေးဝမ်းကျောင်း ပညာရေးဥပဒေ"အား အတည်ပြု ပြဋ္ဌာန်းခဲ့ပြီး အရည်အသွေးမြင့် စီးပွားရေးနှင့် လူမှုရေး ဖွံ့ဖြိုးတိုးတက်မှု အားကောင်းစေရန်၊ လန်ချန်း-မဲခေါင်နိုင်ငံတို့အကြား စီးပွားရေးနှင့် ကူးသန်းရောင်းဝယ်ရေးဆိုင်ရာဖလှယ် ရန်အတွက် လူတော်လူကောင်းများပေးစေရန်နှင့် တရုတ်နိုင်ငံ၏ အသက်မွေးဝမ်း ကျောင်းပညာရေးကို နိုင်ငံတကာပြုခြင်း မြှင့်တင်ပေးစေရန် တရားဥပဒေအခြေခံနှင့် မူဝါဒအာမခံချက်ကို ပိုမိုခိုင်မာအောင် လုပ်ဆောင်ခဲ့ပါသည်။

澜湄国际职业教育是澜湄合作机制及其总体规划的重要部分。云南民族大学紧紧围绕习近平总书记2015年考察云南时提出的关于建设"面向南亚东南亚辐射中心"的重要讲话精神，充分发挥面向南亚东南亚的区位优势和开齐开全南亚东南亚15种官方语言的学科专业优势，聚焦澜湄职业教育国际合作，从国际教育链、专业链、技术链，向区域产业链、供应链、科技链贯通，深入推动教育开放高质量发展。

လန်ချန်း-မဲခေါင် နိုင်ငံတကာအသက်မွေးဝမ်းကျောင်းပညာရေးသည် လန်ချန်း-မဲခေါင် ပူးပေါင်း ဆောင်ရွက်မှု ယန္တရားနှင့် ၎င်း၏ အထွေထွေစီမံကိန်းရေးဆွဲခြင်း၏ အရေးကြီးသော အစိတ်အပိုင်းတစ်ခု

ဖြစ်သည်။ ယူနန်တိုင်းရင်းသားတက္ကသိုလ်သည် ၂၀၁၅ ခုနှစ်တွင် အထွေထွေအတွင်းရေးမှူးချုပ် ရှီကျင့်ဖျင် ယူနန်သို့လာရောက်လည်ပတ်စဉ် "တောင်အာရှနှင့် အရှေ့တောင်အာရှသို့မျက်နှာမူထားသောဖြာထွက်စင် တာ" တည်ဆောက်ခြင်းနှင့်ပတ်သက်သည့် အရေးကြီးသောမိန့်ခွန်းကိုအခိကထားပြီး တောင်အာရှ၊ အရှေ့၊ တောင်အာရှကို မျက်နှာမူသော ပထဝီဝင်အားသာချက်နှင့် အာရှ၊အရှေ့တောင်အာရှရှိ ရုံးသုံးဘာသာစကား ၁၅ မျိုး၏ ဘာသာရပ်များကို ပြည့်စုံအောင် ဖွင့်လှစ်ထားသော ပညာရပ်အားသာချက်များကို အပြည့်အဝ အသုံးပြုနိုင်သည်။ လန်ချန်း-မဲခေါင်အသက်မွေး ဝမ်းကျောင်း ပညာရေးနိုင်ငံတကာ ပူးပေါင်းဆောင်ရွက်မှု ကို အာရုံစိုက်ပြီး နိုင်ငံတကာ ပညာရေးကွင်းဆက်၊ ပရော်ဖက်ရှင်နယ်ကွင်းဆက်နှင့် နည်းပညာကွင်းဆက်တို့ မှ ဒေသ တွင်းစက်မှုကွင်းဆက်၊ ထောက်ပံ့မှုကွင်းဆက်၊ သိပ္ပံနှင့်နည်းပညာကွင်းဆက်သို့ တဆက်တည်းရှိရန် ဆောင်ရွက်ပြီးပညာရေးဆိုင်ရာတံခါးဖွင့်ပြီးအရည်အသွေးမြင့်မားစွာဖွံ့ဖြိုး တိုးတက်ရန် နက်ရှိုင်းစွာတွန်းအား ပေးမည် ဖြစ်သည်။

在外交部、教育部的关心支持下，云南民族大学相继设立中国—东盟教育培训中心、澜湄职业教育基地、澜湄国际职业学院、澜湄职业教育联盟、澜湄国际合作研究院等教研机构，合成构建集国际化培训、"语言 + 专业"本科学历国际教育、区域科技研发等多元一体的澜湄国际职业教育体系，"一校六国"国际办学有序推进，"澜湄职教"影响力不断扩大。2022 年的"两会"热议话题，中国的国际职业教育已经形成北有"鲁班工坊"、南有"澜湄职教"的发展态势。

နိုင်ငံခြားရေး ဝန်ကြီးဌာနနှင့် ပညာရေးဝန်ကြီးဌာနတို့၏ စောင့်ရှောက်မှုနှင့်ပံ့ပိုး ကူညီမှုအောက်တွင် ယူနန်တိုင်းရင်းသားတက္ကသိုလ်သည် တရုတ်-အာဆီယံပညာရေး နှင့် လေ့ကျင့်ရေးစင်တာ၊ လန်ချန်း-မဲခေါင် အသက်မွေးဝမ်းကျောင်းပညာရေးအခြေခံစခန်း၊ လန်ချန်း-မဲခေါင် နိုင်ငံတကာအသက်မွေးဝမ်းကျောင်းပညာရေး ကောလိပ်၊ လန်ချန်း-မဲခေါင် အသက်မွေးဝမ်းကျောင်းပညာရေး မဟာမိတ်အဖွဲ့၊ လန်ချန်း-မဲခေါင်နိုင်ငံတကာ ပူးပေါင်း ဆောင်ရွက်မှုသုတေသနအဖွဲ့စသော သင်ကြားရေးနှင့်သုတေသနအဖွဲ့အစည်းများကိုဆက် တိုက်တည်ထောင်ခဲ့ပါသည်။ နိုင်ငံတကာသင်တန်းများ၊ "ဘာသာစကား + ဘာသာရပ်" တက္ကသိုလ်ဘွဲ့ရ နိုင်ငံတကာပညာရေး၊ ဒေသဆိုင်ရာသိပ္ပံနှင့်နည်းပညာသုတေသနနှင့်ဖွံ့ဖြိုး တိုးတက်ရေးစသော ဒေသ ဆိုင်ရာ သိပ္ပံနှင့် နည်းပညာ သုတေသနနှင့် ဖွံ့ဖြိုးတိုးတက်ရေး စသော Multi-integratedဖြစ်သော လန်ချန်း-မဲ ခေါင်အသက်မွေးဝမ်းကျောင်းပညာရေး စနစ်ကို စုပေါင်းတည်ဆောက်မည်ဖြစ်သည်။ "သင်တန်းကျောင်း

တစ်ကျောင်းနှင့်နိုင်ငံခြောက်နိုင်ငံ" ဖြစ်သော နိုင်ငံတကာကျောင်းဖွင့်လုပ်ငန်းစနစ်တကျဆောင်ရွက်ခြင်းဖြင့် "လန်ချန်း-မဲခေါင် အသက်မွေးဝမ်းကျောင်းပညာရေး " ၏ လွှမ်းမိုးမှုသည်အဆက်မပြတ်ကျယ်ပြန့်လာ စေရန်ဖြစ် သည်။ ၂၀၂၂ ခုနှစ် ဆွေးနွေးပွဲနှစ်ခု၏ အဓိကအကြောင်းအရာမှာ တရုတ်နိုင်ငံ၏ နိုင်ငံတကာ သက်မွေးဝမ်းကျောင်းပညာရေးသည် မြောက်ပိုင်းဒေသရှိ "Luban အလုပ်ရုံ" နှင့် တောင်ပိုင်းဒေသရှိ " လန် ချန်း-မဲခေါင် အသက်မွေးဝမ်းကျောင်းပညာရေး" တို့၏ ဖွံ့ဖြိုးတိုးတက်မှုလမ်းကြောင်းကို ဖြစ်ပေါ်စေခဲ့သည်။

澜湄合作成立 5 年多来,云南民族大学紧紧围绕国家战略,按照学校"民族性、边疆性和国际性"的办学定位,积极发挥自身的独特办学优势,澜湄国际职业教育发展迅猛,成果丰硕。习近平总书记在访问南亚东南亚国家时,多次亲切接见了云南民族大学留学生代表。李克强总理在澜湄合作第二次领导人峰会上,对"澜湄职业教育基地在云南成立,为湄公河五国培养了上万余名专业技术人才"给予了充分肯定。外交部部长王毅在参观澜湄合作 5 周年成果展时,称赞澜湄职业教育基地项目"接地气、惠民生,真不错"。澜湄职业教育基地建设被列入《澜沧江——湄公河合作五年行动计划(2018—2020 年)》和国务院、国家发展改革委、云南省政府的多个发展规划,成为澜湄六国合作重要内容,成功入选教育部澜湄合作专项基金"国家级教育对外合作交流项目"。云南民族大学通过中国—东盟教育培训中心、澜湄职业教育基地,与湄公河国家先后在中国云南的瑞丽、麻栗坡、磨憨、孟连、孟定、沧源、镇康、腾冲等边境口岸,中国(云南)自由贸易实验区昆明片区、德宏片区,以及缅甸、老挝和柬埔寨等开展职业教育合作及职业教育培训,共计培训湄公河国家技术人才 4 万多人次,为澜湄合作和教育对外交流作出了重要贡献。一度荣获中国—东盟教育培训联盟"2019 优秀中国—东盟教育培训中心""2019 年优秀培训案例奖"和"2019 年最具品牌影响力中心"三大奖项。欧亚、拉美、非洲等国际社会各界人士多次考察云南民族大学澜湄国际职业教育,"澜湄职教"国际品牌日益提升,对澜湄教育合作的发展需求更为迫切。

လန်ချန်း-မဲခေါင် ပူးပေါင်းဆောင်ရွက်မှုကို ငါးနှစ်ကျော် တည်ထောင်ပြီးကတည်းက ယူနန်တိုင်းရင်းသာ တက္ကသိုလ်သည်နိုင်ငံတော် မဟာဗျူဟာကို အာရုံစိုက်ခဲ့ပြီး ကျောင်း၏ "လူမျိုး၊ နယ်စပ်နှင့် နိုင်ငံတကာ" ထူးခြား ချက်နှင့်အညီ ကျောင်းဖွင့်သည်။ ကျောင်းဖွင့်ရန် ထူးခြားသောအားသာချက်များကို တက်ကြွစွာ အသုံးပြုခဲ့ ပါသည်။ လန်ချန်း-မဲခေါင် နိုင်ငံတကာအသက်မွေးဝမ်းကျောင်းပညာရေးဖွံ့ဖြိုးတိုးတက်မှုလျင်မြန်လာသည်၊ ရရှိသော အောင်သီးအောင်နံပေါများသည်။ အထွေထွေအတွင်းရေးမှူးချုပ် ရှီကျင့်ဖျင်သည် တောင်အာရှနှင့်

အရှေ့တောင်အာရှနိုင်ငံများသို့ သွားရောက်လည်ပတ်စဉ် ယူနန် တိုင်းရင်းသားတက္ကသိုလ်မှ ပညာတော်သင် ကျောင်းသားကိုယ်စားလှယ်များကို အကြိမ်များစွာအရင်းအနှီး လက်ခံတွေ့ဆုံခဲ့သည်။ ဒုတိယအကြိမ် လန်ချန်း-မဲခေါင်ပူးပေါင်းဆောင်ရွက်ရေး ခေါင်းဆောင်များ ထိပ်သီးအစည်းအဝေးတွင် ဝန်ကြီးချုပ် Li Keqiang သည် "လန်ချန်း-မဲခေါင် အသက် မွေးဝမ်းကျောင်းပညာရေးအခြေခံစခန်းကိုယူနန်ပြည်နယ်တွင်တည်ထောင်ပြီးမဲခေါင် ၆နိုင်ငံအတွက်ပညာရှင်၁၀၀၀၀ကျော်ကိုပျိုးထောင်ပေးခဲ့သည်"ကိုအပြည့်အဝချီးကျူးခဲ့သည်။နိုင်ငံခြားရေး ဝန်ကြီး Wang Yi သည် လန်ချန်း-မဲခေါင် ပူးပေါင်းဆောင်ရွက်မှု ပဥ္စမနှစ်ပတ်လည်ပြပွဲကို သွားရောက်ကြည့်ရှု စဉ် လန်ချန်း-မဲခေါင်အသက်မွေးဝမ်းကျောင်း ပညာ သင်ကြားရေးအခြေခံစခန်းပရောဂျက်ကို"အောက်ခြေ အဆင့် နှင့်နီးစပ်သည်၊လူတို့၏ စားဝတ်နေရေး အကျိုးပြုခဲ့သည်၊ သိပ်မဆိုးပါဘူး" ဟူ၍ ချီးကျူးခဲ့သည်။ လန်ချန်း-မဲခေါင် သက်မွေးဝမ်းကျောင်းပညာရေး အခြေခံစခန်းကို တည်ဆောက်ရန် "လန်ချန်း-မဲခေါင် ပူးပေါင်းဆောင်ရွက်ရေး ၆နှစ်စီမံကိန်း (၂၀၁၈-၂၀၂၀)" တွင် ထည့်သွင်းခြင်းခံခဲ့ပြီး နိုင်ငံတော်ကောင်စီ၊ အမျိုးသား ဖွံ့ဖြိုးတိုးတက်ရေးနှင့် ပြုပြင်ပြောင်းလဲရေး ကော်မရှင်နှင့် ယူနန်ပြည်နယ်၏ ဖွံ့ဖြိုးတိုးတက်ရေး စီမံကိန်းများတွင် လည်းထည့်သွင်းခြင်းခံခဲ့ရပါသည်။ ၎င်းသည် လန်ချန်း-မဲခေါင် နိုင်ငံ ခြောက်နိုင်ငံကြား ပူးပေါင်းဆောင်ရွက်မှု၏ အရေးကြီး သော အစိတ်အပိုင်းတစ်ခု ဖြစ်လာပြီး ပညာရေးဝန်ကြီးဌာန၏ လန်ချန်း-မဲခေါင်ပူးပေါင်း ဆောင်ရွက်ရေး အထူးရန်ပုံငွေ၏ "အမျိုးသားပညာရေး နိုင်ငံခြားပူးပေါင်း ဆောင်ရွက်ရေး နှင့် ဖလှယ်ရေးစီမံကိန်း" တွင် ထည့်သွင်းရန် အောင်မြင်စွာ ရွေးချယ်ခံခဲ့ရပါသည်။ ယူနန် တိုင်းရင်းသားများတက္ကသိုလ်သည် တရုတ်-အာဆီယံ ပညာရေးနှင့်လေ့ကျင့်ရေး စင်တာနှင့် ပူးပေါင်းပြီး လန်ချန်း-မဲခေါင် အသက်မွေးဝမ်းကျောင်းပညာရေးအခြေခံစခန်း တို့မှတဆင့် မဲခေါင်နိုင်ငံများနှင့် တရုတ်နိုင်ငံ ယူနန်ပြည်နယ်ရှိရွှေလီ၊မာလီဖော်၊မော်ဟန်း၊မိုင်းလျိုန်၊မိုင်းတင့်၊ချန်းယွင်း၊ကျိုင်းခမ်နှင့်ထိန်ချုန်းစသောနယ်စပ် ဂိတ်ဒေသများမှလွဲ၍ မြန်မာ၊ လာအိုနှင့်ကမ္ဘောဒီးယားနိုင်ငံများ နှင့်လည်းပူးပေါင်းပြီး အသက်မွေးဝမ်းကျောင်း ပညာ ပူးပေါင်းဆောင်ရွက်မှုနှင့်အသက် မွေးဝမ်းကျောင်းပညာ သင်ကြားရေး သင်တန်းများဆောင်ရွက်ခဲ့သည်။ ၎င်းတို့အတွက် ရှေ့ဆင့်နောက်ဆက် လူပေါင်း ၄၀၀၀၀ ကျော်အား သင်တန်းပေးခဲ့ပါသည်။ လန်ချန်း-မဲခေါင် ပူးပေါင်းဆောင်ရွက်မှုနှင့် နိုင်ငံခြားပညာရေး ဖလှယ်ရန်အတွက် အရေးကြီးသော ပံ့ပိုးကူညီမှုများ ပြုလုပ်ခဲ့ သည်။ တရုတ်-အာဆီယံ ပညာရေးနှင့် လေ့ကျင့်ရေး မဟာမိတ်အဖွဲ့၏ "၂၀၁၉ ခုနှစ်အတွက် အကောင်းဆုံး တရုတ်-အာဆီယံ ပညာရေးနှင့် လေ့ကျင့်ရေးစင်တာ"၊ "၂၀၁၉ အထူးကောင်းမွန်သောသင်တန်းပေး အမှုပုံစံဆု "နှင့် "၂၀၁၉ အမှတ်တံဆိပ်လွှမ်းမိုးမှုအများဆုံးစင်တာ "ဆုများသုံးခု ရရှိခဲ့ဖူးသည်။ ဥရောပတိုက်၊ အာရှတိုက်၊

လက်တင်အမေရိကတိုက်၊အာဖရိကတိုက်စသောနိုင်ငံတကာအသိုင်းအဝိုင်းများသည်ယူနန်တိုင်းရင်းသားတက္ကသိုလ် လန်ချန်း-မဲခေါင်အသက်မွေးဝမ်းကျောင်းပညာရေးကို အကြိမ်ပေါင်းများစွာ လာရောက်လည်ပတ်ခဲ့သည်။ "လန်ချန်း-မဲခေါင် အသက်မွေးဝမ်းကျောင်းပညာရေး" နိုင်ငံတကာအမှတ်တံဆိပ်သည် တနေ့တခြား တိုးမြှင့် လာနေပြီး လန်ချန်း-မဲခေါင် ပညာရေး ပူးပေါင်းဆောင်ရွက်မှု ဖွံ့ဖြိုးတိုးတက်ရေး လိုအပ်ချက်များလည်း ပိုမို အရေးတကြီး ဖြစ်လာပါသည်။

为进一步发挥"澜湄职教"的功能作用，共同助力和推进澜湄国家产业结构升级，加强产业国际合作，进一步培养各类技术技能人才。云南民族大学在澜湄教育培训多年探索的基础上，结合国际职业教育新趋势，联合校内外专家和教师，编著出版"澜湄职教"系列丛书，目前先行出版三大系列。

"လန်ချန်း-မဲခေါင် အသက်မွေးဝမ်းကျောင်းပညာရေး" ၏ အခန်းကဏ္ဍကို ဆက်လက်ပါဝင်စွမ်းဆောင်နိုင် ရန်၊ လန်ချန်း-မဲခေါင်နိုင်ငံများ၏ စက်မှုတည်ဆောက်ပုံ အဆင့်မြင့်တင်ရေး၊ စက်မှုနိုင်ငံတကာ ပူးပေါင်း ဆောင်ရွက်မှု အားကောင်းလာစေရန်နှင့် နည်းပညာနှင့် ကျွမ်းကျင်မှုစွမ်းရည်များကိုရှိသောလူတော်လူကောင်း များဆက်လက်မွေးမြူ နိုင်ရန် ယူနန်တိုင်းရင်းသားတက္ကသိုလ်မှ လန်ချန်း-မဲခေါင် ပညာရေးနှင့် လေ့ကျင့်ရေး တို့ကို နှစ်ပေါင်းများစွာ လေ့ကျင့် စူးစမ်းမှုအပေါ်အခြေခံ၍ နိုင်ငံတကာ သက်မွေးဝမ်းကျောင်း ပညာရေး လမ်းကြောင်းသစ်နှင့် ပေါင်းစပ်ကာ ကျောင်းတွင်းနှင့် ပြင်ပမှ နည်းပညာရှင်များနှင့် ဆရာ၊ ဆရာမများ နှင့်ပူးပေါင်းကာ လန်ချန်း-မဲခေါင်အသက်မွေးဝမ်းကျောင်းပညာရေး စီးရီးစာအုပ် များကို ပြုစုထုတ်ဝေခဲ့သည်။ လက်ရှိအချိန်တွင် စီးရီးသုံးခုဦးစွာထုတ်ဝေ ပါသည်။

一是"职业技能培训系列（汉缅文对照）"共计5册。该系列按照实用、适用、够用的编写原则，助力湄公河流域培训高技能人才，解决普遍面临的人才短缺、技能培训不匹配等问题，优先选择需求量大、适用性广、实用性强的技术技能，适应培训群体知识水平低、技能不足的现状。其中，《电工基础技术》主要介绍安全用电、常用电工工具及仪表、常用电器常见故障与电动机运行维修等专业知识；《摩托车汽车维修技术》主要介绍摩托车、汽车机电维修、汽车钣金维修和汽车涂装等专业知识；《机动车驾驶技术》主要介绍机动车驾驶理论和实际操作技能，并附有安全警示案例；《蛋鸡养殖技术》主要介绍蛋鸡品种、鸡场建设与设备、鸡的繁育技术、蛋鸡生产、蛋用种鸡生产和蛋鸡保健等内容；《计算机基础技术》主要介绍计算机基础知识、操作系统应用等内容，培养软件开发和办公自动化人才。

ပထမစီးရီးတွင် "အသက်မွေးဝမ်းကြောင်းနည်းပညာ ကျွမ်းကျင်မှုသင်တန်းစီးရီး (တရုတ်-မြန်မာနှစ် ဘာသာ)" တွဲ ၅ တွဲရှိသည်။ ဤစီးရီးသည် လက်တွေ့ကျမှု ၊အသုံးချနိုင်မှု နှင့် လုံလောက်သောအသုံးပြုမှုဆိုင်ရာ အရေးအသားမှုအပေါ် အခြေခံ၍ မဲခေါင်မြစ်ဝှမ်း တွင် ကျွမ်းကျင်သော အရည်အချင်းမြင့်မားသော လူတော် လူကောင်းလေ့ကျင့်ပေးခြင်း၊ အရည်အချင်းရှိသူများ ရှားပါးမှုနှင့်ကျွမ်းကျင်မှုသင်တန်းများ၏ကိုက်ညီမှုမရှိ ခြင်းပြဿနာများကို ဖြေရှင်းပေးကာ သင်တန်းပေးခြင်းခံရသောလူစုများ၏အသိပညာနိမ့်ပါးခြင်း၊ ကျွမ်းကျင် မှုမလုံလောက်ခြင်းဖြစ်သောလက်ရှိအခြေအနေကိုလိုက်လျောညီထွေဖြစ်အောင် လိုအပ်ချက်များပြားသော၊ ကျယ်ပြန့်စွာအသုံးချနိုင်သော၊ အသုံးဝင်ကောင်းသောနည်းပညာ တတ်ကျွမ်းမှုများကိုရွေးချယ်ပြီး ဦးစားပေး ဆောင်ရွက်မည်။ ၎င်းတို့အနက် "အခြေခံ လျှပ်စစ်ဆိုင်ရာ နည်းပညာ" စာအုပ်တွင် လျှပ်စစ်ဓာတ်အားဘေး ကင်းစွာအသုံးပြုခြင်း၊ အသုံးများသောလျှပ်စစ် ကိရိယာများနှင့် မီတာများ၊ အသုံးများသောလျှပ်စစ်ကိရိယာ များ ၏အတွေ့များသောချို့ယွင်းချက်များ၊ မော်တော်လည်ပတ်ရန်ပြုပြင်ထိန်းသိမ်းမှုဖြစ်သော ပရော်ဖက်ရှင် နယ် အသိပညာကို အဓိကအားဖြင့်မိတ်ဆက်ပေးပါသည်။ "မော်တော် ဆိုင်ကယ်နှင့် မော်တော်ယာဉ် ပြုပြင် ထိန်းသိမ်းခြင်းနည်းပညာ"စာအုပ်တွင်မော်တော် ဆိုင်ကယ်နှင့် မော်တော်ယာဉ်လျှပ်စစ်စက်ပိုင်းဆိုင်ရာ ထိန်းသိမ်းခြင်းနှင့်ပြုပြင်ခြင်း၊ မော်တော်ယာဉ်၏သတ္တုပြားများအား ထိန်းသိမ်း ပြုပြင်ခြင်းနှင့် မော်တော် ယာဉ်လိမ်ခြင်း သုတ်နည်းပညာများကို အဓိကအားဖြင့်မိတ်ဆက်ပေးပါသည်။ "မော်တော်ယာဉ် မောင်းနှင် ခြင်းနည်းပညာ"စာအုပ်တွင် သဘောတရားနှင့်သီအိုရီများနှင့်လက်တွေ့လေ့ကျင့်သောနည်းပညာ ကျွမ်းကျင်မှု များ၊ ဘေးကင်းရန်သတိပေးအမှုပုံစံများကို အဓိကအားဖြင့် မိတ်ဆက်ပေးပါသည်။ " ဥစားကြက်မွေးမြူရေး နည်းပညာများ" စာအုပ်တွင်ဥစားကြက်အမျိုးအစားများ၊ ကြက်ခြံတည်ဆောက်ရေးနှင့်တပ်ဆင်ထား သောပစ္စည်းများ၊ ကြက်၏မျိုးပွားရေး ဆိုင်ရာနည်းပညာ၊ကြက်ဥများထုတ်လုပ်ရေး၊ဥစားရန်သားဖောက် ကြက်များမွေးမြူထုတ်လုပ်ခြင်း ၊ ဥစားကြက်ကျန်းမာရေးစောင့်ရှောက်မှုများကိုအဓိကအားဖြင့်မိတ်ဆက် ပေး ပါသည်။"ကွန်ပျူတာအခြေခံနည်းပညာများ"စာအုပ်တွင်ကွန်ပျူတာအခြေခံဗဟုသုတ များ၊အဓိက အားဖြင့် အခြေခံကွန်ပျူတာအသိပညာ၊ သြပရေးရှင်းဆစ်စ်တမ် (OS)နှင့်၎င်း ၏အက်ပလီကေးရှင်းများစ သည့်အကြောင်းအရာများကို အဓိကအားဖြင့် မိတ်ဆက်ပေးပါသည်။ ဆော့ဖ်ဝဲလ်ဖွံ့ဖြိုးတိုးတက်ရေးနှင့်ရိုး အလိုအလျောက်စနစ်ဆိုင်ရာစွမ်းရည်ရှိသူများ ကို လေ့ကျင့်ပေးရန်ဆောင်ရွက်သွားမည်။

二是"通识教育培训系列（中缅双语）"共计 6 册。该系列主要满足湄公河流域相关人员经合法审批到云南沿边地区就业、商务等需求。其中,《云南边境外籍人员中国法律法规学习指南》主要介绍出入境、务工经商、消费购物、婚姻家庭、子女教育和交通安全等中国相关法律法规;《中国道路交通安全知识》主要介绍道路交通的基本知识、道路交通安全常识、中国道路交通法规、典型交通事故案例以及道路交通标识等;《实用汉语日常用语》从涉外人员在中国日常生活、学习、工作和交流交往等汉语使用需要出发,融合云南历史、地理和民族文化特点,提供丰富实用的人文社会知识;《云南省常见疾病传播与预防知识》主要介绍云南沿边地区常见传染性疾病预防控制的个人和社会行为准则,并对疾病的防控进行卫生健康指导;《云南边境地区概况与民族风情》主要介绍云南 8 个沿边州市的人口民族、自然环境、社会文化、经济发展、民族风情等;《瑞丽"一站式培训"实用知识》主要汇编实用汉语、法律法规知识、云南风土人情、常见疾病的传播与预防及道路交通安全等通用知识。

ဒုတိယစီးရီးတွင် " အထွေထွေပညာရေးသင်တန်းစီးရီး(တရုတ်-မြန်မာဘာသာနှစ် မျိုး)"စာအုပ်တွဲ စုစုပေါင်း ၆ တွဲရှိသည်။ ဤစီးရီးသည် တရားဝင်ခွင့်ပြုချက်ရရှိပြီးနောက် ယူနန်နယ်စပ်ဒေသများသို့ သွားရောက်၍အလုပ်အကိုင်နှင့်စီးပွားရေးလုပ်ကိုင်သောမဲခေါင် မြစ်ဝှမ်းရှိ သက်ဆိုင်ရာလူများ၏ လိုအပ်ချက် များကို အဓိကအားဖြင့်အဆင်ပြေအောင် ပေးပါသည်။ ၎င်းတို့အနက်မှ"ယူနန်ပြည်နယ်နယ်စပ်ဒေသတွင် နိုင်ငံခြားသားများတရုတ်ဥပဒေနှင့်ဥပဒေစည်းမျဉ်း များကို လေ့လာရန်လမ်းညွှန်" သည် ပြည်ဝင်ပြည်ထွက်၊ အလုပ်နှင့် စီးပွားရေး၊ စားသုံးရန် ဈေးဝယ်ခြင်း၊ အိမ်ထောင်နှင့် မိသားစု၊ သားသမီးများ၏ ပညာရေးနှင့် ယာဉ် အန္တရာယ်ကင်းရှင်းရေးစသော သက်ဆိုင်ရာတရုတ် ဥပဒေနှင့်စည်းမျဉ်းများအဓိကအားဖြင့် မိတ်ဆက်ပေး ပါသည်။ "တရုတ်နိုင်ငံလမ်းအန္တရာယ်ကင်းရှင်းရန် အသိပညာ"စာအုပ်တွင်လမ်းပန်း ဆက်သွယ်ရေး ဆိုင်ရာ အခြေခံအသိပညာ၊ လမ်းအန္တရာယ်ကင်းရှင်းရေးဗဟုသုတ၊ တရုတ်နိုင်ငံ၏ ယာဉ်လမ်းဆက်သွယ်ရေးဥပဒေ များ၊ ယာဉ်မတော်တဆမှုစံပြဖြစ်ပွားမှုနှင့် လမ်းယာဉ်၏ အမှတ်အသားစသည်များကိုအဓိကအားဖြင့် မိတ် ဆက်ပေးပါသည်။ "လက်တွေ့အသုံးပြုနေစဉ် သုံးစကားပြော" စာအုပ်တွင် တရုတ်နိုင်ငံရှိနိုင်ငံခြားသားများ ၏နေ့စဉ် နေထိုင်ခြင်း၊ ပညာသင်ကြားခြင်း၊ အလုပ်လုပ်ခြင်းနှင့်ဖလှယ်ခြင်း၊ ဆက်ဆံရေးပြုလုပ်ရာတွင် တရုတ်စကားသုံးရန်လိုအပ်ချက် အခြေခံ၍ ယူနန်ပြည်နယ်၏ သမိုင်း၊ ပထဝီဝင်နှင့်တိုင်းရင်းသား ယဉ်ကျေးမှု ဝိသေသလက္ခဏာများကို ရောနှောပေါင်းစပ်ကာ ကြွယ်ဝသော၊ လက်တွေ့ကျသော လူသားဝါဒနှင့် လူမှုရေး ဆိုင်ရာ အသိပညာများကို ပေးဆောင်ပါသည်။"ယူနန်ပြည်နယ်တွင်အဖြစ်များ သောရောဂါများကူးစက်ခြင်း နှင့်ကာကွယ်ခြင်းဆိုင်ရာအသိပညာ" တွင်ယူနန်ပြည်နယ်နယ်စပ် ဒေသ များရှိ အဖြစ်များသော ကူးစက်ရောဂါ

များကာကွယ်ထိန်းချုပ် ရေးပြုလုပ်သော ပုဂ္ဂိုလ်ရေးနှင့် လူမှုရေးဆိုင်ရာ ကျင့်ဝတ်များ၊ ရောဂါကာကွယ်ရေး နှင့် ထိန်းချုပ်ရေးအတွက် ကျန်းမာရေး လမ်းညွှန်ချက် ပေးရန်အဓိကအားဖြင့်မိတ်ဆက် ပေးပါသည်။ "ယူ နန်နယ်စပ်ဒေသအကြောင်းအရာ အကျဉ်းချုပ်နှင့်တိုင်းရင်းသားမလေ့ထုံးစံ"တွင် ယူနန်ပြည်နယ် နယ်စပ်မြို့၊ ရှစ်မြို့၏ တိုင်းရင်းသား လူဦးရေ၊ သဘာဝ ပတ်ဝန်းကျင်၊ လူမှုရေးယဉ်ကျေးမှု၊ စီးပွားရေး ဖွံ့ဖြိုးတိုးတက်မှု၊ တိုင်းရင်းသားမလေ့ထုံးစံ များစသည်တို့ကိုအဓိကအားဖြင့်မိတ်ဆက်ပေးပါသည်။ "ရွှေလီတစ်နေရာ တည်း တွင်လေ့ကျင့် သင်ကြားရန်လက်တွေ့အသုံးပြုအသိပညာ"တွင် လက်တွေ့ကျသော တရုတ်စကားပြော၊ ဥပဒေ နှင့် စည်းမျဉ်းများအသိပညာ၊ ယူနန် မလေ့ထုံးစံများ၊ အဖြစ်များသော ရောဂါများပြန့်ပွားခြင်း နှင့် ကာကွယ်ရေး ၊ လမ်းအန္တရာယ် ကင်းရှင်းရေး စသောအထွေထွေ ဗဟုသုတစုစည်းရန်ရေးသား ပြုစုခဲ့ပါသည်။

三是"澜湄非遗手工艺"系列共计 12 册。该系列通过《从"手"艺到"守"艺——云南少数民族工艺在边疆高校教育中的活态传承》《民族元素创意设计》《民族字体编排设计》《民族建筑装饰设计》《民族品牌形象设计》《民族特色包装设计》《民族服饰创新设计》《民族图案创新设计》《民族金属工艺设计》《民族纤维工艺设计》《民族印染工艺设计》和《民族首饰工艺设计》等澜湄非遗系列教材，加强民族文化沟通和经济合作，增进澜湄区域国家亲、诚、惠、容的新型国际关系。

တတိယစီးရီးတွင် "လန်ချန်း-မဲခေါင် မမြင်နိုင်သော ယဉ်ကျေးမှုအမွေအနှစ် လက်မှုပစ္စည်းများ" စီးရီး စာအုပ်တွင် စုစုပေါင်း ၁၂ တွဲရှိပါသည်။ ၎င်းစီးရီးသည်" 'လက်' အနုပညာမှ "ထိန်းသိမ်း" အနုပညာသို့ —— ယူနန်တိုင်းရင်းသားလူနည်းစုလက်မှုပညာသည် နယ်စပ်ကောလိပ်နှင့် တက္ကသိုလ်များ၏ ပညာရေးတွင် တိုက်ရိုက်သရုပ်ပြအမွေဆက်ခံ"၊ " တိုင်းရင်းသားဒြပ်စင်များ၏ တီထွင်ဖန်တီးမှုဒီဇိုင် "၊ " တိုင်းရင်းသားဖောင့် အပြင်အဆင် ဒီဇိုင် "၊ တိုင်းရင်းသား ဗိသုကာ အလှဆင် ဒီဇိုင် "၊ " အမျိုးသားအမှတ်တံဆိပ်ပုံရိပ်ဒီဇိုင်း၊ " တိုင်းရင်းသားလက္ခဏာရှိထုပ်ပိုးမှုဒီဇိုင်း"၊ "ဆန်းသစ်သော တိုင်းရင်းသားဝတ်စုံဒီဇိုင်"၊ " တိုင်းရင်းသား ဆန်း သစ်တီထွင်သောပုံစံဒီဇိုင်"၊ " တိုင်းရင်းသား သတ္တုလက်ရာ ဒီဇိုင် "၊ "တိုင်းရင်းသားဖိုက်ဘာ လက်မှုပညာ ဒီဇိုင် "၊ "တိုင်းရင်းသား ပုံနှိပ်ခြင်းနှင့် ဆေးဆိုးခြင်း လက်မှုပညာ ဒီဇိုင်း "နှင့် "တိုင်းရင်းသားလက်ဝတ်ရတနာဒီဇိုင် " စသည်တို့ မမြင်နိုင်သော ယဉ်ကျေးမှုအမွေအနှစ်ဆိုင်ရာ ကျောင်းသုံးစာအုပ်စီးရီးများ မှတဆင့်အမျိုးသား ယဉ်ကျေးမှု ဆက်သွယ်ရေးနှင့် စီးပွားရေး ပူးပေါင်းဆောင်ရွက်မှုများ အားကောင်းလာစေရန်နှင့် လန်ချန်း-မဲခေါင် ဒေသရှိ နိုင်ငံများအကြား ချစ်ခင်ရင်းနှီးမှု၊ ရိုးသားမှုအပြန်အလှန်အကျိုးရှိ မှုနှင့် အားလုံးပါဝင်နိုင်မှု အမျိုး

အစားသစ် နိုင်ငံတကာဆက်ဆံရေးကိုမြှင့်တင်စေရန် ဆောင်ရွက်ပါသည်။

经过多年的教育培训实践，"澜湄职教"初步显示了其独特的特点。一是服务职业教育培训的国际化。根据澜湄合作教育需求，形成了以产学联动、校企融合、学用相促、工学一体的培养方式，打造语言文化、法律法规和业务技能综合集成教学模式。二是注重培训基地建设的差异化。云南民族大学根据基地所在区位资源禀赋和产业类型，制订"一国一策、一地一策"建设方案，探索不同基地的差异化发展路径。三是适应培训方式多样化。基地培训课程结合国内外产业布局及企业需求，采用双语教学、慕课教学、周末培训和晚间培训等形式，服务各类培训需求。四是加强教育培训信息化。"澜湄职教"依托云南民族大学课程云平台，整合澜湄职业教育联盟教学资源，不断推进教育培训的云端化、在线化，有效应对新冠肺炎影响，开展多空间跨区域教育培训。

နှစ်ပေါင်းများစွာ ပညာရေးနှင့် လေ့ကျင့်မှု လက်တွေ့လုပ်ဆောင်ခြင်းဖြင့် "လန်ချန်း-မဲခေါင် အသက်မွေးဝမ်းကျောင်းပညာရေး" သည် ၎င်း၏ ထူးခြားသော လက္ခဏာများကို ကနဦးတွင်ပြသခဲ့သည်။ ပထမအချက်မှာ အသက်မွေးဝမ်းကျောင်းပညာရေးနှင့်လေ့ကျင့်ရေး များကို နိုင်ငံတကာသို့ ကူးပြောင်း ဆောင်ရွက်သွားရန်ဖြစ်သည်။ လန်ချန်း-မဲခေါင် ပူးပေါင်းဆောင်ရွက်မှု၏ ပညာရေးဆိုင်ရာလိုအပ်ချက်များအရ စက်မှု-တက္ကသိုလ်ချိတ်ဆက်မှု၊ ကျောင်း-လုပ်ငန်းပေါင်းစပ်မှု၊ သင်ယူမှုနှင့်အသုံးချမှုအပြန်အလှန်မြှင့်တင်ရေး နှင့် အလုပ်နှင့် သင်ယူမှုပေါင်းစပ်ခြင်းဆိုင်ရာ လေ့ကျင့်မှုပုံစံကို ဖွဲ့စည်းထားသည်။ ဘာသာစကားယဉ်ကျေးမှု ဥပဒေနှင့် စည်းမျဉ်းစည်းကမ်းများနှင့် လုပ်ငန်းကျွမ်းကျင်မှု ဆိုင်ရာပြည့်စုံပြီး ပေါင်းစပ်သင်ကြားမှုပုံစံကို ဖန်တီး ပါသည်။ ဒုတိယအချက်မှာ လေ့ကျင့်ရေးအခြေခံစခန်းတည်ဆောက်ရန် ကွဲပြားမှုကို အာရုံစိုက်ရမည်။ ယူနန် တိုင်းရင်းသားတက္ကသိုလ်သည် အခြေခံစခန်းတည်နေရာ၏ အရင်းအမြစ်ထောက်ပံ့မှုနှင့်လုပ်ငန်း အမျိုးအစား အရ နိုင်ငံတစ်ခု မူဝါဒတစ်ခုနှင့် ဒေသတစ်ခုမူဝါဒတစ်ခုဖြစ်သောတည်ဆောက် ရေးအစီအစဉ်ကို ရေးဆွဲခဲ့ပြီး မတူညီသောအခြေခံစခန်းများ၏ ကွဲပြားသောဖွံ့ဖြိုးတိုးတက် မှုလမ်းကြောင်းများကို စူးစမ်းလေ့လာခဲ့သည်။ တတိယအချက်မှာလေ့ကျင့်ရေးနည်းလမ်း များ ကွဲပြားခြင်းနှင့် လိုက်လျောညီထွေဖြစ်အောင် ဆောင်ရွက် ခြင်းဖြစ်သည်။ အခြေခံစခန်းလေ့ကျင့်ရေးသင်တန်းသည်ပြည်တွင်းနှင့်ပြည်ပစက်မှုလက်မှုအခင်းအကျင်း နှင့် လုပ်ငန်းလိုအပ်ချက်များကို ပေါင်းစပ်ထားပြီး ဘာသာစကားနှစ်မျိုးသင်ကြားမှု၊ MOOC သင်ကြားမှု၊ စနေ၊

တနင်္ဂနွေပိတ်ရက်သင်တန်းနှင့် ညသင်တန်းလေ့ကျင့်ရေးနည်းလမ်း ဖြင့်လေ့ကျင့်ရေးလိုအပ်ချက် အမျိုးမျိုး ကို ဆောင်ရွက်ပေးခြင်းဖြစ်သည်။ စတုတ္ထ အချက်မှာ ပညာရေးနှင့် လေ့ကျင့်ရေးဆိုင်ရာ အချက်အလက် များကိုအားကောင်းစေရန် ဖြစ်သည်။ "လန်ချန်း-မဲခေါင် အသက်မွေးဝမ်းကျောင်းပညာရေး" သည်ယူနန် တိုင်းရင်းသား တက္ကသိုလ် ၏ cloud platformမှီခိုထားပြီးလန်ချန်း-မဲခေါင်နိုင်ငံတကာအသက်မွေးဝမ်း ကျောင်းပညာရေး မဟာမိတ်အဖွဲ့ ၏ သင်ကြားရေးအရင်းအမြစ်များကို ပေါင်းစပ်ကာ ကပ်ရောဂါအသစ်၏ အကျိုးသက်ရောက်မှုကို ထိရောက်စွာတုံ့ပြန်ဆောင်ရွက်ပေးရန် cloud-based နှင့် online ပေါ်တွင် ပညာရေး လေ့ကျင့်မှု တို့ကို စဉ်ဆက်မပြတ် မြှင့်တင်ပေးကာ နယ်ပယ်ပေါင်းစုံနှင့် ဖြတ်ကျော်ဒေသပေါင်းစုံ ပညာရေးနှင့် လေ့ကျင့်ဆောင်ရွက်သွားမည်။

今后，云南民族大学将紧跟澜湄合作需求，积极服务畅通区域经济大循环，全面完善"澜湄职教"教育培训体系，不断探索新理念、新成果、新模式。一是根据中国职业技术资格标准，合作开发澜湄国家经济社会发展急需的技术技能人才培养课程体系。二是发挥云南民族大学和澜湄职业教育联盟专业力量和平台优势，建设澜湄国际职业教育培训教学标准和课程标准。三是根据中国在海外项目所需产品技术标准和服务标准，开发符合项目国官方语言需要的规范性、项目化教材体系。我们希望本系列丛书的出版，能进一步将"澜湄职教"打造成国际职业教育合作的典范，为推进澜湄合作贡献"民大智慧"。

အနာဂတ်တွင် ယူနန်တိုင်းရင်းသား တက္ကသိုလ်သည် လန်ချန်း-မဲခေါင်ပူးပေါင်း ဆောင်ရွက်မှု၏ လိုအပ်ချက်များကို အမိကအလိုက်ဆောင်ရွက်သွားမည်ဖြစ်ပြီး ဒေသတွင်း စီးပွားရေးလည်ပတ်မှု ချောမွေ့ စေရေး၊ "လန်ချန်း-မဲခေါင်အသက်မွေးဝမ်းကျောင်းပညာ ရေး" လေ့ကျင့်ရေးစနစ်အားဘက်စုံကောင်းမွန် အောင်ဆောင်ရွက်သွားမည်ဖြစ်ပြီး အယူ အဆသစ်များ၊ အောင်မြင်မှုအသစ်များနှင့် မော်ဒယ်အသစ်များ ကို အဆက်မပြတ် စူးစမ်းလေ့လာသွားမည်။ ပထမအချက်မှာ တရုတ်နိုင်ငံ၏ အသက်မွေးဝမ်းကြောင်းနှင့် နည်းပညာဆိုင်ရာ အရည်အချင်း စံနှုန်းများနှင့်အညီ လန်ချန်း-မဲခေါင် နိုင်ငံများ၏ စီးပွားရေးနှင့် လူမှုရေး ဖွံ့ဖြိုးတိုးတက်မှုအတွက် အရေးတကြီးလိုအပ်နေသော နည်းပညာနှင့် ကျွမ်းကျင်သော ဝန်ထမ်းလေ့ကျင့် ရေးသင်ရိုးညွှန်းတမ်းစနစ်အားပူးပေါင်းဖော်ထုတ်သွား မည်ဖြစ်သည်။ ဒုတိယအချက်မှာ ယူနန်တိုင်းရင်းသား တက္ကသိုလ်နှင့် လန်ချန်း-မဲခေါင် နိုင်ငံတကာအသက်မွေးဝမ်းကျောင်းပညာရေး မဟာမိတ်အဖွဲ့ တို့၏ပရော ဖက်ရှင်နယ် ခွန်အားနှင့် ပလက်ဖောင်း အားသာချက်များအားအသုံးပြုပြီးလန်ချန်း-မဲခေါင်အသက် မွေး

ဝမ်းကျောင်း ပညာရေးနှင့် လေ့ကျင့်ရေး သင်ကြားမှု စံနှုန်းများနှင့်သင်ရိုး ညွှန်တမ်း စံနှုန်းများ တည်ဆောက် ရန်ဆောင်ရွက်သွားမည်။ တတိယအချက်မှာတရုတ်နိုင်ငံ ၏ ပြည်ပပရောဂျက်များအတွက် လိုအပ်သော ထုတ်ကုန်နည်းပညာဆိုင်ရာစံချိန်စံညွှန်းများ နှင့်ဝန်ဆောင်မှုစံနှုန်းများအရပရောဂျက်နိုင်ငံ၏တရားဝင် ဘာသာစကား၏လိုအပ်ချက်များ နှင့်ကိုက်ညီသောထုတ်ကုန်နည်းပညာစံနှုန်းများနှင့်အညီပရောဂျက်နိုင်ငံ၏ တရားဝင်ရုံးသုံး ဘာသာစကား ၏လိုအပ်ချက်များနှင့်ကိုက်ညီသည့် စံပြုပရောဂျက်အခြေခံ သင်ထောက်ကူ ပစ္စည်းစနစ်တစ်ခုကို ဖွံ့ဖြိုးတိုးတက်စေရန်ဖော်ထုတ်ဆောင်ရွက်သွားမည်။ ဤစာအုပ်များ ထုတ်ဝေခြင်းသည် "လန်ချန်း-မဲခေါင် အသက်မွေးဝမ်းကျောင်းပညာရေး" ကို နိုင်ငံတကာ အသက်မွေးဝမ်းကျောင်း ပညာရေး ပူးပေါင်းဆောင်ရွက်မှု စံနမူနာအဖြစ် ပိုမိုဖြစ်စေနိုင်ကာ လန်ချန်း-မဲခေါင် ပူးပေါင်းဆောင်ရွက်မှု မြှင့်တင်ရေး အတွက်တိုင်းရင်းသား တက္ကသိုလ်၏ ဉာဏ်ပညာကို အထောက်အကူ ဖြစ်စေမည်ဟု မျှော်လင့်ပါသည်။

澜湄职业教育联盟理事长、云南省教育国际交流协会副会长、

云南民族大学副校长、澜湄国际合作研究院院长、博士、研究员 段钢

2022 年 5 月

လန်ချန်း-မဲခေါင်အသက်မွေးဝမ်းကျောင်းပညာရေး မဟာမိတ်အဖွဲ့ ဥက္ကဌ

ယူနန်ပြည်နယ်ပညာရေးနိုင်ငံတကာဖလှယ်ရေးအသင်း ဒုတိယဉက္ကဌ

ယူနန်တိုင်းရင်းသား တက္ကသိုလ် ဒုတိယကျောင်းအုပ်ကြီး

လန်ချန်း-မဲခေါင်နိုင်ငံတကာပူးပေါင်း ဆောင်ရွက်မှုသုတေသနအဖွဲ့ ဥက္ကဌ

ဒေါက်တာ၊ သုတေသီ ဒွမ်ဂန်

၂၀၂၂ခုနှစ်မေလ

目 录

မာတိကာ

第一章　入境、出境与居留

အခန်း(၁)။　ပြည်ဝင်ခြင်း၊ပြည်ထွက်ခြင်းနှင့်မှီတင်းနေထိုင်ခြင်း

第一节　入境、出境

အခန်းခွဲ(၁)။　ပြည်ဝင်ခြင်း၊ပြည်ထွက်ခြင်း

一、外国人前来中国需要注意什么？

၁။ နိုင်ငံခြားသားများသည်တရုတ်နိုင်ငံသို့လာရောက်ရန်လိုအပ်သောဂရုစိုက်မှုဘာလဲ။

（1）申请人来华前应检查签证是否有效，并有足够的入境次数。签证过期或入境次数不足者，应重新申请签证。

(၁)။ တရုတ်နိုင်ငံသို့ လာရောက်ရန်လျှောက်ထားသူတို့သည် ခရီးမစခင်တွင် ဗီဇာ သက် တမ်းရှိမရှိ စစ်ဆေးသည့်အပြင်လုံလောက်သောပြည်ဝင်ခြင်းအကြိမ်ရှိရမည်။ ဗီဇာသက် တမ်းကုန်ဆုံးခြင်းသို့မဟုတ် ပြည်ဝင်ခြင်း အကြိမ်မလုံလောက်သူဖြစ်ပါက ဗီဇာကို ပြန်လည်လျှောက်တင်ရန်လိုအပ်သည်။

（2）外国人携带动植物、货币等物品进入中国须遵守中国相关法律及卫生检疫、动植物检验检疫、海关，以及金融监管部门的有关规定。

(၂)။ နိုင်ငံခြားသားများသည်တိရစ္ဆာန်၊ ရုက္ခပင်နှင့်ငွေစက္ကူ။စသည့်ပစ္စည်းများကို ပါ၍ တရုတ်နိုင်ငံသို့ ဝင်ရောက်လာလျှင် သက်ဆိုင်သောတရုတ်ဥပဒေများနှင့် ကျန်းမားရေး စစ်ဆေး ခြင်း၊ တိရစ္ဆာန်နှင့်ရုက္ခ

ပင်စမ်းသပ်စစ်ဆေးခြင်းနှင့်ကူးစက်တတ်သောရောဂါထိန်းချုပ်ခြင်း၊ အကောက်ခွန်ဌာနနှင့် ငွေကြေးကြပ်မတ် အုပ်ချုပ်ရေးဌာနတို့၏ စည်းမျဉ်း စည်းကမ်းများကိုလိုက်နာရမည်။

（3）外国人进入中国后，不得从事与其申请签证时申报事由无关的活动。

（၃）။ နိုင်ငံခြားသားများသည် တရုတ်နိုင်ငံသို့ ဝင်ရောက်ပြီးနောက် ဗီဇာ လျှောက်တင်လွှာ ပါရှိသော အကြောင်းအချက်နှင့် မသက်ဆိုင်သော လှုပ်ရှားမှုကို ပြုလုပ်ဆောင်ရွက်ရန်ခွင့်မပြုပါ။

（4）外国公民不得逾（停留）期在华滞留。外国公民在华应注意自己护照有效期和签证的停留期，如需延期停留，必须在停留期满前，前往当地公安机关申请延期。

（၄）။ နိုင်ငံခြားသားများသည် ကန့်သတ်ချိန်ကျော်လွန်၍ နေထိုင်ခြင်းခွင့်မပြုရ။ တရုတ်နိုင်ငံရှိ နိုင်ငံခြားသားများသည် မိမိ၏ နိုင်ငံကူးလက်မှတ် တရားဝင်သက်တမ်းနှင့် ဗီဇာသက်တမ်းခွင့်ပြုကာလ ကို ဂရုပြုသင့်သည်၊ နေထိုင်ရန်သက်တမ်းတိုးဖို့လိုလျှင် သက်တမ်းကုန်ဆုံးချိန်မတိုင်မီတွင် နယ်ခံပြည်သူ့ လုံခြုံရေးဌာနသို့ သွား၍ သက်တမ်း တိုးရန်လျှောက်တင်ရမည်။

（5）外国人前往不对外国人开放的市、县旅行，须事先向所在市、县公安局申请旅行证，获准后方可前往。外国人未经允许，不得进入不对外开放的场所。

（၅）။ နိုင်ငံခြားသားများသည် နိုင်ငံခြားသားများကို သွားလာခွင့်မပြုရသော မြို့၊ ခရိုင်သို့ ခရီးသွားလည်ပတ်လိုလျှင် မသွားခင်တွင် နယ်ခံပြည်သူ့လုံခြုံရေးဌာနသို့ ခရီးသွား ထောက်ခံစာ ရယူရန် လျှောက်လွှာတင်ရမည်၊ ခွင့်ပြုချက်ရမှသွားနိုင်ပါသည်၊ နိုင်ငံခြားသားများသည် ခွင့်ပြုချက်မရပါက နိုင်ငံခြားသားများကို သွားလာခွင့်မပြုသည့် နေရာကို မဝင်ရပါ။

（6）下列情况将导致被拒绝登机、被拒绝入境或被处以罚款等处罚，请注意避免。

（၆）။ အောက်ပါအကြောင်းရှိပါက လေယာဉ်ပေါ်တက်ရန်ငြင်းပယ်ခြင်း၊ ပြည်ဝင်ရန် ငြင်းပယ်ခြင်း သို့မဟုတ် ဒဏ်ငွေရှိုက်ခံခြင်းစသည့် ဒဏ်ပေးခြင်းကို ခံရမည်၊ ရှောင်ရှားရန်ဂရုပြုပါ။

①未事先办妥签证而前来中国者，但规定免除签证者除外。②持用过期、失效签证前来中国者。③在华逾（停留）期滞留者。④在华停留期间，护照过期者（无论签证停留期是否有效）。

(က)။ ဗီဇာမလိုသူကလွဲ၍ ဗီဇာပြီးမြောက်အောင်မပြုပဲနှင့် တရုတ်ပြည်သို့လာရောက် သူ။ (ခ)။ သတ်မှတ်ထားသော အချိန်လွန်သွားခြင်းနှင့် သက်ရောက်မှုမရှိသော ဗီဇာကို ကိုင်ဆောင်၍ တရုတ်ပြည်သို့ လာရောက်သူ။ (ဂ)။ ကန့်သတ်ချိန်လွန်သွားသော်လည်း တုံ့ဆိုင်း၍နေခြင်း။ (ဃ)တရုတ်ပြည်အတွင်းတွင် နေထိုင်သောအချိန်တွင် နိုင်ငံကူး လက်မှတ် သက်တမ်းကျော်လွန်ခြင်း (ဗီဇာသက်တမ်းရှိမရှိနှင့်မသက်ဆိုင်)။

二、哪些物品中国禁止入境?

၂။ မည်သည့်ပစ္စည်းများကိုတရုတ်နိုင်ငံသို့ဝင်ရောက်ရန်တားဆီးပိတ်ပင်သလဲ။

（1）各种武器、仿真武器、弹药及爆炸物品。

(၁)။ အမျိုးမျိုးသောလက်နက်များ၊ ပုံတူပြုလုပ်သောလက်နက်များ၊ ခဲယမ်းမီးကျောက် နှင့် ပေါက်ကွဲ တတ်သောပစ္စည်းများ။

（2）伪造的货币及伪造的有价证券。

(၂)။ အတုအပပြုလုပ်သောငွေစက္ကူများနှင့်အတုအပပြုလုပ်သောအာမခံငွေအစုရှယ်ယာများ။

（3）对中国政治、经济、文化、道德有害的印刷品、胶卷、照片、唱片、影片、录音带、录像带、激光视盘、计算机存储介质及其他物品。

(၃)။ တရုတ်နိုင်ငံ နိုင်ငံရေး၊ စီးပွါးရေး၊ ယဉ်ကျေးမှု၊ အကျင့်စာရိတ္တာကို ဆိုးကျိုး ပေးတတ်သောပုံနှိပ်စာ အုပ်စာတမ်းများ၊ ဖလင်များ၊ ဓါတ်ပုံများ၊ ဓါတ်ပြားများ၊ ရုပ်ရှင်ကားများ၊ အသံသွင်းတိတ်ခွေများ၊ ဗွီဒီယို တိတ်ခွေများ၊ လေဆာဓါတ်ပြားများ၊ ကွန်ပျူတာသိုလှောင်မှုမီဒီယာများနှင့် အခြားပစ္စည်းများ။

（4）各种烈性毒药。

(၄)။ အမျိုးမျိုးသောပြင်းထန်သည့်အဆိပ်ဆေး။

（5）鸦片、吗啡、海洛因、大麻以及其他能使人成瘾的麻醉品、精神药物。

(၅)။ ဘိန်း၊ မော်ဖင်း၊ ဟီးရိုးအင်း၊ ဆေးခြောက်နှင့်လူသူများကိုစွဲစေတတ်သော မူးယစ်ဆေးဝါးများ၊ စိတ် ဓါတ်ဆေးဝါးများ။

（6）带有危险性病菌、害虫及其他有害生物的动物、植物及其产品。

（၆）။ အန္တရာယ်ရှိသော ပိုးမွှားများ၊ ပိုးကောင်ဆိုးများနှင့် ဆိုးကျိုးဖြစ်စေတတ်သော အသက်ရှိ တိရစ္ဆာန် များ၊ အပင်များနှင့် ထုတ်ကုန်များ။

（7）有碍人畜健康的、来自疫区的以及其他能传播疾病的食品、药品或其他物品。

（၇） လူနှင့်တိရစ္ဆာန်များ၏ကျန်းမာရေးကိုထိခိုက်စေသော၊ ကပ်ရောဂါ ဖြစ်ပွါးသော ဒေသမှ လာသော၊ အခြားရောဂါကူးစက်တတ်သောအစားအစာများ၊ ဆေးဝါးများ သို့မဟုတ် အခြားပစ္စည်းများ။

三、中国签证上有哪些内容？

၃။ တရုတ် ဗီဇာမှာ ဘာအကြောင်းအရာများရှိပါလဲ

签证的登记项目包括：签证种类，持有人姓名、性别、出生日期、入境次数、入境有效期、停留期限，签发日期、地点，护照或者其他国际旅行证件号码等。

ဗီဇာမှတ်ပုံတင်ရန်အကြောင်းအရာမှာ ဗီဇာအမျိုးအစား၊ ကိုင်ဆောင်သူအမည်၊ ကျား/မ၊ မွေးဖွား သည့်သက္ကရာဇ်၊ ပြည်ဝင်အကြိမ်၊ ပြည်ဝင်ခြင်းသက်တမ်းကာလ၊ သတ်မှတ်ထားသောနေထိုင်ရန်အချိန် ကာလ၊ လက်မှတ်ထုတ်ပေးသည့် နေ့စွဲနှင့် နေရာ၊ ပတ်စပို့ သို့မဟုတ် အခြားအပြည်ပြည်ဆိုင်ရာ ခရီးသွား ထောက်ခံစာ နံပါတ် စသည်တို့ ပါဝင်သည်။

四、中国签证的种类及其颁发对象？

၄။ တရုတ်ဗီဇာအမျိုးအစားနှင့်ထုတ်ပေးခြင်းခံရသူများ။

中国签证分外交签证、礼遇签证、公务签证和普通签证。其中，普通签证分 16 种，分别用汉语拼音字母和阿拉伯数字标识。

တရုတ်ဗီဇာမှာသံတမန်ရေးရာဗီဇာ၊ လောကွတ်ပျူဂျာစွာပြုခံဗီဇာ၊ ရုံးအမှုဗီဇာများနှင့် သာမန်ဗီဇာခွဲခြား ထားသည်။ ၎င်းတွင်သာမန်ဗီဇာ ၁၆ မျိုးရှိသည်။တရုတ်ဘာသာအသံထွက် စာလုံးပေါင်းအက္ခရာများနှင့် အာရ ဗီဂဏန်းများဖြင့် ခွဲခြားအမှတ်အသား ပြုကြသည်။

签证种类 ဗီဇာအမျိုးအစား	申请人范围 လျှောက်ထားသူအကန့်အသတ်
C	执行乘务、航空、航运任务的国际列车乘务员、国际航空器机组人员、国际航行船舶的船员及船员随行家属和从事国际道路运输的汽车驾驶员 မီးရထားတွဲလိုက်၊ လေကြောင်း၊ ရေကြောင်းသယ်ယူပို့ဆောင်ရေးတာဝန်များ ထမ်းဆောင်သော မီးရထားတွဲလိုက်အမှုထမ်း၊ အပြည်ပြည်ဆိုင်ရာလေယာဉ် အမှုထမ်း အဖွဲ့ဝင်များ၊ အပြည်ပြည်ဆိုင်ရာရေကြောင်းသင်္ဘောသားနှင့်လိုက်ပါသော မိသားစုများနှင့် အပြည်ပြည်ဆိုင်ရာကုန်းလမ်းပို့ဆောင်ရေးကားမောင်းသမားများ။
D	入境永久居留的人员 ပြည်ဝင်၍အစဉ်ထာဝရမှီတင်းနေထိုင်သူများ။
F	入境从事交流、访问、考察等活动的人员 ပြည်ဝင်၍ဖလှယ်ရေးပြုလုပ်ခြင်း၊ အလည်အပတ်ပြုလုပ်ခြင်း၊ စုံစမ်းလေ့လာ ခြင်းစသည့် လှုပ်ရှားမှုပြုလုပ်ဆောင်ရွက်သူများ။
G	经中国过境的人员 တရုတ်ပြည်ကိုဖြတ်သန်းသူများ။
J-1	外国常驻（居留超过180日）中国新闻机构的外国常驻记者 တရုတ်သတင်းဌာနများတွင်အမြဲတမ်းနေ(၁၈၀ရက်ကျော်နေထိုင်ခြင်း) နိုင်ငံခြားသတင်းဌာနမှ အမြဲတမ်းနေ နိုင်ငံခြားသတင်းထောက်များ။
J-2	入境进行短期（停留不超过180日）采访报道的外国记者 ပြည်ဝင်၍ရက်တို(၁၈၀ရက်မကျော်လွန်နေထိုင်သူ)သတင်းလိုက်ခြင်းပြုလုပ် သောနိုင်ငံခြားသတင်းထောက်များ။
L	入境旅游人员 ပြည်ဝင်၍ခရီးသွားလည်ပတ်သူများ။
M	入境进行商业贸易活动的人员 ပြည်ဝင်၍စီးပွားကုန်သွယ်ရေးပြုလုပ်သူများ။

续表

签证种类 ဗီဇာအမျိုးအစား	申请人范围 လျှောက်ထားသူအကန့်အသတ်
Q-1	因家庭团聚申请赴中国居留的中国公民的家庭成员（配偶、父母、子女、子女的配偶、兄弟姐妹、祖父母、外祖父母、孙子女、外孙子女以及配偶的父母）和具有中国永久居留资格的外国人的家庭成员（配偶、父母、子女、子女的配偶、兄弟姐妹、祖父母、外祖父母、孙子女、外孙子女以及配偶的父母），以及因寄养等原因申请入境居留的人员 မိသားစုဝင်များပြန်လည်ဆုံစည်းရန် လျှောက်တင်ထားသောတရုတ်နိုင်ငံတွင် နေထိုင် သော တရုတ်နိုင်ငံသား၏မိသားစုဝင်များ (အိမ်ထောင်ဖက်၊ မိဘ၊ သားသမီး၊ သားသမီး၏၊ အိမ်ထောင်ဖက်၊ ညီအစ်ကိုမောင်နှမ၊ အဘိုးအဘွား၊ မိခင်၏မိဘ၊ မြေးနှင့်မြေးမ၊ သမီး၏သားသမီးနှင့်၎င်းတို့၏ အိမ်ထောင်ဖက်၏မိဘ)နှင့် တရုတ်ပြည်အမြဲနေထိုင်ခွင့် ရရှိသောနိုင်ငံခြားသားများ ၏မိသားစုဝင်များ (အိမ်ထောင်ဖက်၊ မိဘ၊ သားသမီး၊ သားသမီး၏အိမ်ထောင်ဖက်၊ ညီအစ်ကိုမောင်နှမ များ၊ အဘိုးအဘွား၊ မိခင်၏မိဘ၊ မြေးနှင့်မြေးမ၊ သမီး၏သားသမီးနှင့်၎င်း တို့၏အိမ်ထောင်ထက်၏မိဘ)နှင့် မွေးစား စောင့်ရှောက်ခြင်းစသည့် အကြောင်း ကြောင့်ပြည်ဝင်နေထိုင်ရန်လျှောက်တင်သူများ။
Q-2	入境短期（不超过 180 日）探亲的居住在中国境内的中国公民的亲属和具有中国永久居留资格的外国人的亲属 ပြည်ဝင်၍ ရက်တို(၁၈၀ရက်မကျော်လွန်သော)ဆွေမျိုးတွေ့ဆုံရန် တရုတ်ပြည် တွင် နေထိုင်သော တရုတ်နိုင်ငံသား၏ဆွေမျိုးတော်စပ်သူများနှင့် တရုတ်ပြည်တွင် အမြဲ နေထိုင်ခွင့်ရှိသောနိုင်ငံခြားသားတို့၏ဆွေးမျိုးတော်စပ်သူများ။
R	国家需要的外国高层次人才和急需紧缺专门人才 နိုင်ငံတော်လိုအပ်သောနိုင်ငံခြားအဆင့်မြင့်လူရည်ချွန်များနှင့် အရေးတကြီး လိုအပ်သည့် ရှားပါးသောသီးခြားလူရည်ချွန်များ။

签证种类 ဗီဇာအမျိုးအစား	申请人范围 လျှောက်ထားသူအကန့်အသတ်
S-1	入境长期（超过180日）探亲的因工作、学习等事由在中国境内居留的外国人的配偶、父母、未满18周岁的子女、配偶的父母，以及因其他私人事务需要在中国境内居留的人员 ပြည်ဝင်၍ ကာလကြာမြင့်စွာ(ရက်ပေါင်း၁၈၀ထက်ပို၍)ဆွေးမျိုးတော်စပ် တွေ့ဆုံသူများ အလုပ်လုပ်ခြင်း၊ သင်ကြားလေ့လာခြင်းစသည့်အကြောင်းကြောင့် တရုတ်ပြည်တွင် နေထိုင်သော နိုင်ငံခြားသား၏အိမ်ထောင်ဖက်၊ မိဘ၊ ၁၈နှစ်အရွယ် မပြည့်သေးသည့် သားသမီး၊ အိမ်ထောင်ဖက်၏မိဘနှင့် အခြားသောမိမိကိစ္စရပ် ကြောင့်တရုတ်ပြည်တွင် နေထိုင်ရန်လိုအပ်သူများ။
S-2	入境短期（不超过180日）探亲的因工作、学习等事由在中国境内停留居留的外国人的家庭成员（配偶、父母、子女、子女的配偶、兄弟姐妹、祖父母、外祖父母、孙子女、外孙子女以及配偶的父母）以及因其他私人事务需要在中国境内停留的人员 ပြည်ဝင်၍ ရက်တို(ရက်ပေါင်း၁၈၀ထက်မပို)ဆွေးမျိုးတော်စပ်တွေ့ဆုံသူအလုပ် လုပ်ခြင်း၊ သင်ကြားလေ့လာခြင်းစသည့် အကြောင်းကြောင့် တရုတ်ပြည်တွင် နေထိုင်သော နိုင်ငံခြားသားများ၏မိသားစုဝင်များ(အိမ်ထောင်ဖက်၊ မိဘ၊ သားသမီး၊ သားသမီး၏ အိမ်ထောင်ဖက်၊ ညီအစ်ကိုမောင်နှမ၊ အဘိုးအဘွား၊ အမေ၏မိဘ၊ မြေးနှင့်မြေးမ၊ သမီး၏သားသမီးနှင့်၄င်းတို့၏အိမ်ထောင်ဖက်၏ မိဘ)နှင့် အခြား သောမိမိကိစ္စရပ်ကြောင့် တရုတ်ပြည်တွင်နေထိုင်ရန်လိုအပ်သူများ။
X-1	在中国境内长期（超过180日）学习的人员 တရုတ်ပြည်တွင်ကာလကြာမြင့်စွာ(ရက်ပေါင်း ၁၈၀ ထက်ပို၍)သင်ကြား လေ့လာသူများ။
X-2	在中国境内短期（不超过180日）学习的人员 တရုတ်ပြည်တွင်ရက်တို(ရက်ပေါင်း ၁၈၀ ထက်မပို)သင်ကြားလေ့လာသူများ။
Z	在中国境内工作的人员 တရုတ်ပြည်တွင်အလုပ်လုပ်နေသူများ။

中国签证机关根据申请人的入境目的和身份，决定发给何种签证。

တရုတ်နိုင်ငံ ပြည်ဝင်ခွင့်ဗီဇာထုတ်ဌာနသည် လျှောက်တင်သူပြည်ဝင်သောရည်ရွယ် ချက်နှင့် ကိုယ်ရေးကိုယ်တာနှင့်အညီ မည်သည့်ပြည်ဝင်ခွင့်ဗီဇာ ထုတ်ပေးရန် ဆုံးဖြတ်လိုက် သည်။

五、免办签证政策适用于哪几种情况？

၅။ ဗီဇာမလိုသောပေါ်လစီသည်မည်သည့်အခြေအနေတွင်အသုံးပြုသည်နည်း။

（1）持有与我国政府签定互免签证协议的国家护照的外国人。

(၂)။ ပူးတွဲလေယာဉ်စီးလက်မှတ်ကိုင်ဆောင်၍ ပူးတွဲစီးထိုင်နေရာပြုလုပ်ပြီး အပြည်ပြည် ဆိုင်ရာလေ ယာဉ်စီးခြင်းဖြင့် တရုတ်ပြည်ကို တိုက်ရိုက်ဖြတ်သန်းခြင်း၊ ဖြတ်သန်းသော မြို့တွင် ၂၄နာရီထက်မပို ရပ်နား ခြင်း၊ လေယာဉ်ကွင်းအပြင်သို့ မသွားပဲနှင့် ဖြတ်သန်းခွင့်ဗီဇာပြုရန်မလိုပါ၊ လေယာဉ်ကွင်းအပြင်သို့ သွားရန် တောင်းမည်ဆိုလျှင် နယ်စပ်ကာကွယ်မှု စစ်ဆေးရေးဂိတ်သို့ လျှောက်တင်၍ရပ်တန့်ခွင့်ဆောင်ရွက်ချက် ကို ပြုလုပ်ရမည်။

（2）持有联程客票并已定妥联程座位搭乘国际航班从中国直接过境，在过境城市停留不超过 24 小时，不出机场的，免办过境签证；要求离开机场的，须向边防检查站申请办理停留许可手续。

(၂)။ ပူးတွဲလေယာဉ်စီးလက်မှတ်ကိုင်ဆောင်၍ ပူးတွဲစီးထိုင်နေရာပြုလုပ်ပြီး အပြည်ပြည် ဆိုင်ရာလေယာ ဉ်စီးခြင်းဖြင့် တရုတ်ပြည်ကို တိုက်ရိုက်ဖြတ်သန်းခြင်း၊ ဖြတ်သန်းသော မြို့တွင် ၂၄နာရီထက်မပို ရပ်နားခြင်း ၊ လေယာဉ်ကွင်းအပြင်သို့ မသွားပဲနှင့် ဖြတ်သန်းခွင့်ဗီဇာပြုဖို့မလိုပါ၊ လေယာဉ်ကွင်းအပြင်သို့ သွားမည်ဆို နယ်စပ် ကာကွယ်ရေး စစ်ဆေးရေးဂိတ်သို့ လျှောက်တင်၍ ရပ်တန့်ခွင့်ဆောင်ရွက်ချက်ကို ပြုလုပ်ရမည်။

（3）国际航行船舶在中国港口停泊期间，外国船员及其随行家属要求登陆，不出港口城市的，向边防检查站申请登陆证，要求在陆地住宿的，申请住宿证。但需要前往港口城市以外的地区，或者不能随原船出境的，须向当地公安局申请办理相应的签证。

(၃)။ အပြည်ပြည်ဆိုင်ရာရေကြောင်းခရီးသွားလှေသင်္ဘောများသည် တရုတ်ဆိပ်ကမ်း တွင် ဆိုက်ကပ်

သောကာလအတွင်းတွင် နိုင်ငံခြားသင်္ဘောသားများနှင့်လိုက်ပါလာသော မိသားစုဝင်များ ကုန်းတက်ရန် တောင်းဆိုပါက ဆိပ်ကမ်းမြို့အပြင်သို့ မသွားလျှင် နယ်စပ်ကာကွယ်ရေးစစ်ဆေးရေးဂိတ်သို့ ကုန်းတက် ထောက်ခံစာကို လျှောက်တင်ရမည်။ ကုန်းပေါ်တွင်တည်းခိုလိုလျှင် တည်းခိုလက်မှတ်လျှောက်တင်ရမည်။ သို့သော်ဆိပ်ကမ်းမြို့အပြင်ဒေသသို့သွားရန်လိုအပ်လျှင်၊သို့မဟုတ်စီးလာသည့်လှေသင်္ဘောနှင့်အတူ ပြည် ထွက်လို့ မရလျှင်နယ်ခံပြည်သူ့လုံခြုံရေးဌာနသို့ လိုက်နီသောဗီဇာကို လျှောက်တင်ထုတ်ယူခြင်း ပြုလုပ်ရ မည်။

六、外国人出入境证签发的基本流程及办理方式？

၆။ နိုင်ငံခြားသားပြည်ဝင် ပြည်ထွက်လက်မှတ်ထုတ်ပေးသည့် အခြေခံအစီအစဉ်နှင့် လုပ်ပုံလုပ်နည်း။

（1）申请。申请外国人出入境证，应当由本人到公安机关出入境管理机构办理相关手续并接受面谈。

(၁)။ လျှောက်တင်ခြင်း။နိုင်ငံခြားသားပြည်ဝင်ပြည်ထွက်လက်မှတ်လျှောက်တင်ခြင်းသည် ပြည်သူ့ လုံခြုံရေးဌာနမှ ပြည်ဝင် ပြည်ထွက်စီမံအုပ်ချုပ်ရေး အဖွဲ့အစည်းသို့ လျှောက်တင်သူ ကိုယ်တိုင်သွားရောက် ပြုလုပ်သည့်အပြင် မျက်နှာချင်းဆိုင် စကား ပြောခြင်းကို လက်ခံမည်။

（2）受理。受理机构审查后决定是否受理。申请事项属于本行政机关职权范围，申请材料齐全、符合要求的，应当当场予以受理并出具受理回执。申请外国人出入境证手续和材料不完备的，受理机构应当一次性告知申请人所需要履行的手续和补正的申请材料。

(၂)။ လျှောက်လွှာလက်ခံခြင်း။ လက်ခံပြုလုပ်သောအဖွဲ့အစည်းသည် စစ်ဆေး၍ လက်ခံသည်၊ လက်မ ခံသည်ကို ဆုံးဖြတ်လိုက်သည်။ လျှောက်တင်သောကိစ္စရပ်များမှာ ၎င်းအုပ်ချုပ်ရေးဌာန ၏အခွင့်အာဏာ ဖြစ်သည်။ လျှောက်တင်သောအချက်အလက် ပြည့်စုံ၍ သတ်မှတ်ချက်နှင့် ကိုက်ညီပါက ထိုနေရာပင် လက်ခံသင့်သည့်အပြင် လက်ခံဖြေစာကိုလည်းထုတ်ပေးရမည်။ နိုင်ငံခြားသားပြည်ဝင်ပြည်ထွက်လက်မှတ် လျှောက်တင်ရန် ဆောင်ရွက်ချက်နှင့် အချက်အလက် မပြည့်စုံလျှင်လက်ခံသော အဖွဲ့အစည်းသည် ဆောင်ရွက်ရန်ကိစ္စရပ်များနှင့် လိုအပ်သောလျှောက်တင်ရန်အချက် အလက်များကို တစ်ခါတည်း ပြီးအောင်

ပြောပြ ပေးမည်။

（3）审核。审查机构应当加强核查，通过面谈、电话询问、实地调查等方式核实申请事由的真实性，审核确认申请人为外国国籍。通知申请人或者有关单位、个人面谈，无正当理由未在约定时间内接受面谈的，可依法不予签发证件。

(၃)။ စစ်ဆေးအတည်ပြုခြင်း။ စစ်ဆေးရေးဌာနသည် စစ်ဆေးခြင်းကိုအားဖြည့်ရမည်၊ မျက်နှာချင်းဆိုင်မေးမြန်းခြင်း၊ဖုန်းဆက်မေးမြန်းခြင်း၊ကွင်းဆင်းစုံစမ်းခြင်းစသည့်ပုံစံဖြင့် လျှောက်တင်သောအကြောင်းအရာမှန်ကန်ခြင်းရှိမရှိကို စစ်ဆေးရမည်။ စစ်ဆေးပြီး လျှောက်တင်သူက နိုင်ငံခြားသားဖြစ်ခြင်းမှန်ကန်လျှင် မျက်နှာချင်းဆိုင်မေးမြန်းရန် လျှောက်တင်သူ၊ သို့မဟုတ် သက်ဆိုင်သောဌာန၊ လူပုဂ္ဂိုလ်များအားအကြောင်းကြားရ ပါသည်။ ခိုင်လုံ သောအကြောင်းပြချက်မရှိဘဲချိန်းထားသောအချိန်တွင်မျက်နှာချင်း ဆိုင်မေးမြန်းခြင်းလက်မခံလျှင်တရားဥပဒေနှင့်အညီလက်မှတ်ထုတ်ပေးခြင်းကိုပယ်ချနိုင် သည်။

（4）决定。符合条件、标准的，决定机构作出准予行政许可决定，签发外国人出入境证。

(၄)။ ဆုံးဖြတ်ခြင်း။ အခြေအနေများနှင့် သတ်မှတ်သည့်စံချိန်နှင့်ကိုက်ညီလျှင် ဆုံးဖြတ်ချက်ချသည့်အဖွဲ့အစည်းသည် စီမံအုပ်ချုပ်ရေးခွင့်ပြုချက်ကို ပြုနိုင်သည့် ဆုံးဖြတ်ချက် ချပြီး နိုင်ငံခြားသားကို ပြည်ဝင်ပြည်ထွက်လက်မှတ်ထုတ်ပေးသည်။

七、外国人有哪些情况，是不允许入境的？

၇။ နိုင်ငံခြားသားများသည်မည်သည့်အခြေအနေရှိ၍ပြည်ဝင်ခွင့်မပြုရ။

根据《中华人民共和国出境入境管理法》第二十五条规定，外国人有下列情形之一的，不准入境：（一）未持有效出境入境证件或者拒绝、逃避接受边防检查的；（二）具有本法第二十一条第一款第一项至第四项规定情形的；（三）入境后可能从事与签证种类不符的活动的；（四）法律、行政法规规定不准入境的其他情形。对不准入境的，出入境边防检查机关可以不说明理由。

"တရုတ်ပြည်သူ့သမ္မတနိုင်ငံပြည်ဝင်ပြည်ထွက်အုပ်ချုပ်ရေးဥပဒေ" ပုဒ်မ(၂၅) ပြဋ္ဌာန်းချက်အရ နိုင်ငံခြားသားများသည်အောက်ပါတစ်ခုခုရှိလျှင် ပြည်ဝင်ခွင့်မပြုရပါ။ (၁)။ သက်တမ်းရှိ ပြည်ဝင်ပြည်ထွက်

လက်မှတ်မကိုင်ဆောင်ခြင်း၊ သို့မဟုတ်နယ်စပ်ကာ ကွယ်ရန် စစ်ဆေးခြင်းကို လက်မခံ၍ ရှောင်ရှားခြင်း၊ ပယ်ချခြင်း၊ (၂)။ ဤဥပဒေ အခန်း(၂၁) ပုဒ်မ(၁) အချက်(၁-၄) ပြဋ္ဌာန်းထားသောအခြေအနေရှိခြင်း၊ (၃)။ ပြည် ဝင်၍ ဗီဇာအမျိုးအစားနှင့် မလိုက်ဖက်သောအလုပ်လုပ်ပိုင်ခွင့်ရှိကြောင်း၊ (၄)။ ဥပဒေ၊ စီမံ အုပ်ချုပ်ရေးစည်း မျဉ်းစည်းကမ်း သတ်မှတ်ထားသော ပြည်ဝင်ခွင့်မရ အခြေအနေရှိခြင်း၊ ပြည်ဝင်ခွင့်မရသည့်ကိစ္စရပ်မှာ ပြည် ဝင်ပြည်ထွက် နယ်စပ်ကာကွယ်ရေး စစ်ဆေးရေး ဌာနတို့သည် အကြောင်း ရှင်းပြခြင်းမလိုပါ။

八、外国人有哪些情况，是可能被遣送出境的？

၈။ နိုင်ငံခြားသားများသည်မည်သည့်အခြေအနေမျိုးရှိ၍ပြည်ပသို့ပြန်စေနိုင်သည်။

根据《中华人民共和国出境入境管理法》第六十二条规定，外国人有下列情形之一的，可以遣送出境：（一）被处限期出境，未在规定期限内离境的；（二）有不准入境情形的；（三）非法居留、非法就业的；（四）违反本法或者其他法律、行政法规需要遣送出境的。其他境外人员有前款所列情形之一的，可以依法遣送出境。被遣送出境的人员，自被遣送出境之日起 1 至 5 年内不准入境。

"တရုတ်ပြည်သူ့သမ္မတနိုင်ငံပြည်ဝင်ပြည်ထွက်အုပ်ချုပ်ရေးဥပဒေ"ပုဒ်မ(၆၂)ပြဋ္ဌာန်းချက်အရ နိုင်ငံခြားသားများသည်အောက်ပါတစ်ခုခုရှိလျှင် ပြည်ပသို့ပြန်စေနိုင်သည်။ (၁)။ သတ်မှတ်ထားသည့်ကာလ တွင် ပြည်ထွက်ခြင်းကို ဒဏ်ခတ်ခံရသော်လည်း သတ်မှတ်ထားသည့် အချိန်အလိုက်ပြည်ထွက်ခြင်းမပြုလုပ် သူ၊ (၂)။ ပြည်ဝင်ခွင့်မရအခြေအနေရှိခြင်း၊ (၃)။ တရားမဝင် နေထိုင်ခြင်း၊ တရားမဝင်အလုပ်လုပ်ခြင်း၊ (၄)။ ဤဥပဒေ သို့မဟုတ် အခြား ဥပဒေများ၊ စီမံအုပ်ချုပ်ရေးစည်းမျဉ်းများကို ချိုးဖောက်၍ ပြည်ပသို့ပြန်စေလို သူ။ အခြားနိုင်ငံခြားသားများသည်အထက်ပါအခြေအနေတစ်ခုခုရှိလျှင် တရားဥပဒေအရ ပြည်ပသို့ပြန်စေ နိုင်သည်။ပြည်ပသို့ပြန်စေခံရသူတို့သည် ပြန်စေခံရသည့်နေ့မှစ၍ နှစ် (၁-၅) အတွင်းတွင်ပြည်ဝင်ခွင့်မရပါ။

九、缅甸边民如何使用相关证件入境我国？

၉။ မြန်မာနယ်စပ်သူနယ်စပ်သားတို့သည်သက်ဆိုင်ရာလက်မှတ်များကိုဘယ်လိုသုံးပြု၍ ကျွန်တော်တို့ နိုင်ငံသို့ဝင်လာသလဲ။

缅甸边民必须持缅甸国家移民局核发的《缅中边界通行证》从指定的合法口岸、通道入境我国。需要停居留的入境后，必须向当地公安机关申请办理《云南省边境地区境外边民临时停居留证》，此证有效期 1 年。首次申领 3 个月，如期满还需继续居住的，在签证到期前 3 天再到公安机关延期 3 个月直到 1 年。如以后需要，可以重新申请办理新证。

မြန်မာနယ်စပ်သူနယ်စပ်သားတို့သည် မြန်မာနိုင်ငံလူဝင်မှု ကြီးကြပ်ရေးဌာန ထုတ်ပေးသော"မြန်မာ-တရုတ်နယ်စပ်သွားလာခွင့်လက်မှတ်"ကို ကိုင်ဆောင်၍သတ်မှတ်ထားသောတရားဝင် ဆိပ်ကမ်းများ၊ ဂိတ်ပေါက်မှ ကျွန်တော်တို့နိုင်ငံသို့ဝင်လာရ မည်။ တည်းခိုလိုအပ်လျှင် ပြည်ဝင်ပြီးနောက်နယ်ခံပြည်သူ့လုံခြုံရေးဌာနသို့ "ယူနန်ပြည်နယ် နယ်စပ်ဒေသပြည်ပနယ်စပ်သူနယ်စပ်သား ယာယီနေထိုင်ခွင့်လက်မှတ်"ကို လျှောက်တင်ပြုလုပ်ရမည်။ ၎င်းလက်မှတ်သက်တမ်းမှာတစ်နှစ်တာဖြစ်သည်။ ပထမအကြိမ် လျှောက်တင်ထုတ်ယူသည့်သက်တမ်းမှာ ၃ လတာဖြစ်သည်၊ သက်တမ်းရောက်၍ ဆက်လက်နေထိုင်လိုလျှင် သက်တမ်းမကုန်ခင် ၃ ရက်တွင်ပြည်သူ့လုံခြုံရေးဌာနသို့ သက်တမ်း ၃ လတာတိုး၍ တစ်နှစ်အထိဖြစ်သည်။ နောက်တွင်လိုအပ်လျှင်လက်မှတ် အသစ် ပြန်ပြုရမည်။

十、越南老挝边民怎么使用相关证件入境我国？

၁၀။ ဗီယက်နမ်နှင့်လာအိုနယ်စပ်သူနယ်စပ်သားတို့သည် သက်ဆိုင်ရာလက်မှတ်များကို ဘယ်လို အသုံးပြု၍ ကျွန်တော်တို့နိုင်ငံသို့ဝင်လာသလဲ။

越南、老挝边境地区人员凭本国主管机关签发的《边境地区出入境通行证》、从双方规定的口岸或者通道入出境。持《边境地区出入境通行证》的越方、老方人员，入境后只限在云南省边境县（市、区）范围内活动，停留期限不超过 1 个月；需停留 1 个月以上、3 个月以内的，凭其有效入境证件向边境县（市）公安机关或者其授权的派出所申请办理《入境停留许可证》；需停留 3 个月以上、1 年以内的，凭其有效证件向居留地县（市）公安机关申请办理《云南省边境地区境外边民临时居留证》。

ဗီယက်နမ်၊ လာအိုနယ်စပ်ဒေသမှ ပြည်သူပြည်သားတို့သည် မိမိနိုင်ငံအုပ်ချုပ်ရေးဌာန ထုတ်ပေးသော "နယ်စပ်ဒေသပြည်ဝင်ပြည်ထွက်သွားလာခွင့်လက်မှတ်"ဖြင့် နှစ်ဦး နှစ်ဘက် သတ်မှတ်ထားသော

ဆိပ်ကမ်း သို့မဟုတ် သို့မဟုတ် ဂိတ်ပေါက်များမှ ပြည်ဝင်ပြည်ထွက်ကြသည်။ "နယ်စပ်ဒေသပြည်ဝင်ပြည် ထွက်သွားလာခွင့်လက်မှတ်" ကိုင်ဆောင်သော ဗီယက်နမ်နိုင်ငံနှင့် လာအိုနိုင်ငံလူသူများသည် ပြည်ဝင်၍ နယ်စပ်မြို့ သို့မဟုတ်နယ်စပ်ခရိုင်တွင်သာသွားလာနိုင်ကြသည်၊ရပ်နားတည်းခိုချိန်မှာ(၁)လတာထက် မပို ရ၊ (၁)လတာအထက် (၃)လတာအောက်နေထိုင်လိုလျှင်တရားဝင်လက်မှတ်ဖြင့် နယ်စပ်ခရိုင်(မြို့)မှပြည် သူ့လုံခြုံရေးဌာန သို့မဟုတ်အာဏာလွှဲအပ်ထားသော ရဲစခန်းသို့ "ပြည်ဝင်ရပ်နားနေထိုင်ခွင့်လက်မှတ် ကိုလျှောက်တင်ဆောင်ရွက်ရမည်။ (၃) လတာ အထက် (၁) နှစ်အောက်ရပ်နားနေထိုင်လိုလျှင် တရားဝင် လက်မှတ်ဖြင့် နယ်စပ်ခရိုင်(မြို့)မှ ပြည်သူ့လုံခြုံရေးဌာနသို့ "ယူနန်ပြည်နယ် နယ်စပ်ဒေသပြည်ပ နယ်စပ်သူ နယ်စပ်သား ယာယီနေထိုင်ခွင့်လက်မှတ်"လျှောက်တင်ပြုလုပ် ဆောင်ရွက် ရမည်။

第二节　住宿登记
အခန်းခွဲ(၂)။ တည်းခိုနေထိုင်ရန်မှတ်ပုံတင်ခြင်း

一、为什么要依法对境外人员实行住宿登记管理?

၁။ ဘာဖြစ်လို့ တရားဥပဒေအရပြည်ပလူသူများအတွက် တည်းခိုနေထိုင်ရန် မှတ်ပုံတင်ခြင်းဖြင့်စီမံခန့်ခွဲ သလဲ.

对境外人员实行住宿登记管理是法律赋予公安机关依法开展境外人员服务管理的一项重要手段，是实现对来华境外人员全过程动态综合管控的基础性工作。世界上许多国家都要求对在本国临时住宿的境外人员办理住宿登记，并实施了严格的管理制度和措施，目的在于掌握境外人员的人数、国籍、年龄、入境事由、停留时间、住宿地点等情况，以保护他们的人身、财产安全。另一方面也是为了发现非法入境和非法居留的入境人员，以维护国家主权、安全和正常的出入境管理秩序。

နိုင်ငံခြားသားများအတွက် တည်းခိုနေထိုင်ရန်မှတ်ပုံတင်ခြင်းဖြင့် စီမံခန့်ခွဲခြင်းသည် ပြည်သူ့လုံခြုံရေး

ဌာနကို တရားဥပဒေအရပေးအပ်သောတရားဥပဒေနှင့်အညီ ပြည်ပ လူသူများအား ဝန်ဆောင်မှုစီမံခန့်ခွဲသော အရေးပါသည့်နည်းလမ်းတစ်ခုဖြစ်ပြီး တရုတ်ပြည်လာရောက်သောပြည်ပလူသူများကို လှုပ်ရှားမှုအခြေအနေ ဘက်စုံလိုက်လံ ထိန်းချုပ်သော အခြေခံအလုပ်ကို အကောင်အထည်ဖော်ဆောင်ရွက်ခြင်းဖြစ်သည်။ ကမ္ဘာ့ရှိ အများစုနိုင်ငံများသည် မိမိနိုင်ငံတွင် ယာယီနေထိုင်သောပြည်ပလူသူများကိုတည်းခိုရန် မှတ်ပုံတင်ဆောင်ရွက် မှုအား တောင်းဆို၍ တင်းကျပ်သောအုပ်ချုပ်ရေးစနစ်များနှင့် ဆောင်ရွက်ချက်များကို ပြုလုပ်ပါသည်၊ ရည်ရွယ်ချက်မှာ ပြည်ပလူသူ၏ဦးရေ၊ နိုင်ငံသား၊ အသက်အရွယ်၊ ပြည်ဝင်ရန်အကြောင်းအရာ၊ ရပ်နား သည့်အချိန်ကာလ၊ တည်းခိုသည့် နေရာစသည့်အကြောင်းကိုရယူရန်ဖြစ်ပြီး သူတို့၏ပုဂ္ဂိုလ်ဆိုင်ရာ လုံခြုံမှု နှင့် ပစ္စည်းဥစ္စာဆိုင်ရာလုံခြုံမှုတို့ကို ကာကွယ်စောင့်ရှောက်ပေးခြင်းဖြစ်သည်။ နောက်တဘက်မှာ တရားမ ဝင်ပြည်ဝင်ခြင်းနှင့် တရားမဝင်တည်းခိုနေထိုင်ခြင်းဖြစ်သည့် ပြည်ဝင်သူများကို ဖော်ထုတ်တွေ့ရှိခြင်းဖြင့် နိုင်ငံတော်အချုပ်အချာအာဏာ၊ လုံခြုံရေးနှင့် ပုံမှန်သောပြည်ဝင်ပြည်ထွက်စီမံခန့်ခွဲရေးအစီအစဉ်ကိုထိန်းချုပ် ရန်လည်းဖြစ်သည်။

二、外国人如何办理住宿登记?

၂။ နိုင်ငံခြားသားများသည်တည်းခိုနေထိုင်ရန်မှတ်ပုံတင်ခြင်းကိုဘယ်လိုလုပ်ရမလဲ။

外国人在旅馆以外的其他住所居住或者住宿的,应当向住宿地公安机关派出所申报办理住宿登记。住宿地设有公安机关警务室、外国人服务站的,可以在公安机关警务室、外国人服务站申报办理住宿登记。招收外国留学生的院校、留宿外国人的单位,可以作为留宿人按照法律规定代外国人本人向所在地公安机关申报办理住宿登记。

နိုင်ငံခြားသားများသည်တည်းခိုခန်းမှလွဲ၍အခြားနေအိမ်တွင်နေထိုင်ခြင်း သို့မဟုတ် တည်းခိုခြင်း ပြု ပါက တည်းခိုရာနေရာရှိပြည်သူ့လုံခြုံရေးမှရဲစခန်းသို့တည်းခိုရန်မှတ်ပုံတင် ခြင်းကို ပြုလုပ်ရမည်။ တည်းခို ရာနေရာတွင် ပြည်သူ့လုံခြုံရေးဌာနမှရဲရုံးသို့မဟုတ် နိုင်ငံခြားသား အတွက်ဝန်ဆောင်မှုစခန်းများကို ဖွင့်လှစ် ခြင်းရှိလျှင် ၎င်းစခန်းသို့ တည်းခိုရန်မှတ်ပုံတင် ပြုလုပ်နိုင်ပါသည်။ နိုင်ငံခြားပညာတော်သင်လက်ခံသော ကောလိပ်နှင့်တက္ကသိုလ်များ၊ နိုင်ငံခြားသား နေထိုင်မှုလက်ခံသောဌာနတို့သည် တည်းခိုသူအဖြစ်ဖြင့် တရား

ဥပဒေအရ နိုင်ငံခြားသားကို ကိုယ်စားပြု၍ နယ်ခံပြည်သူ့လုံခြုံရေးဌာနသို့ တည်းခိုရန်မှတ်ပုံတင်ခြင်း ပြုလုပ် ဆောင်ရွက်နိုင်ပါသည်။

三、外国人在旅馆以外的其他住所居住或者住宿可能会遇到什么惩罚?

၃။ နိုင်ငံခြားသားများသည် တည်းခိုခန်းမှလွဲ၍အခြားနေအိမ်နေထိုင်ခြင်း သို့မဟုတ် တည်းခိုခြင်း ပြုလုပ် ပါက မည်သည့်ဒဏ်ခတ်မှုကိုခံရသနည်း။

外国人在旅馆以外的其他住所居住或者住宿,在入住后 24 小时内由本人或者留宿人,向居住地的公安机关办理登记。如果未登记,可给予警告,可以并处人民币 2000 元以下罚款。

နိုင်ငံခြားသားများသည်တည်းခိုခန်းမှလွဲ၍အခြားနေအိမ်နေထိုင်ခြင်း သို့မဟုတ်တည်းခိုခြင်းပြုပါက (၂၄) နာရီအတွင်းတွင် မိမိကိုမိမိ၊ သို့မဟုတ်တည်းခိုလက်ခံသူတို့သည် နယ်ခံပြည်သူ့ လုံခြုံရေးဌာနသို့ မှတ်ပုံတင် ဆောင်ရွက်မည်၊ မှတ်ပုံတင်ခြင်းမပြုလုပ်ပါက သတိပေးဒဏ်ပေးနိုင်သည့်အပြင် ဒဏ်ငွေယွမ်(၂၀၀၀)ကို လည်းပူးတွဲရိုက်နိုင်ပါသည်။

四、云南省中越、中老边境地区人员在云南省境内住宿的登记手续有哪些?

၄။ ယူနန်ပြည်နယ်တွင် တရုတ်-ဗီယက်နမ်၊ တရုတ်-လာအိုနယ်စပ်ဒေသလူသူများသည် ယူနန်ပြည်နယ် အတွင်းတွင် တည်းခိုနေထိုင်လျှင် တည်းခိုနေထိုင်ရန်မှတ်ပုံတင်ခြင်းကို ဘယ်လိုပြုလုပ်ဆောင်ရွက်ရမလဲ။

在旅店住宿的,必须交验本规定所涉及的有效证件,并填写住宿登记表;留宿上述境外人员的旅店必须在 24 小时(地处农村的 72 小时)以内将填写好的住宿登记表,送达指定的公安机关。未经公安机关批准,旅店不得擅自留宿上述境外人员。在居民家中住宿的,必须于抵达后 24 小时(在农村的 72 小时)以内,由留宿人或者本人持住宿人的有效证件和留宿人的户口簿,到当地公安机关或者受公安机关委托的乡(镇)人民政府或者村公所、办事处办理住宿登记手续。在帐篷、摊点、施工棚等临时或者移动性住宿工具内住宿的,住宿人或者为住宿人提供场地的单位和个人,必须事先向公安机关提出申请,经批准后方能住宿,并按前款规定办理住宿登记手续。

တည်းခိုခန်းတွင်တည်းခိုလျှင် ကျွသတ်မှတ်ချက်နှင့်သက်ဆိုင်သော တရားဝင် လက်မှတ်ကို ပေးအပ်

စစ်ဆေးရမည်၊ တည်းခိုရန်မှတ်ပုံတင်စာရင်းဇယားကို ဖြည့်ရမည်၊ အထက်ပါ နိုင်ငံခြားသားများ လက်ခံသော တည်းခိုခန်းများသည် (၂၄) နာရီအတွင်းတွင် (ကျေးလက်ဒေသဖြစ်လျှင် ၇၂ နာရီ)အတွင်းတွင် မှတ်ပုံတင် စာရင်းဇယားဖြည့်ပြီး သတ်မှတ်ထားသော ပြည်သူ့လုံခြုံရေးဌာနသို့ရောက်အောင်ပို့ပေးရမည်။ ပြည်သူ့ လုံခြုံရေး ဌာနအတည်ပြုခြင်းမရလျှင် ၄င်းတည်းခိုခန်းသည် အထက်ပါလူများကို မိမိသဘောဖြင့် လက်ခံ ခြင်းခွင့်မပြုရ၊ နိုင်ငံသားနေအိမ်တွင်နေထိုင်လျှင် နေအိမ်သို့ ရောက်ရှိလာပြီးနောက် (၂၄) နာရီ အတွင်း တွင် (ကျေးလက် ဒေသဖြစ်လျှင် ၇၂ နာရီ) နေထိုင်ခြင်းလက်ခံသူ၊ သို့မဟုတ် တည်းခိုသူတို့သည် တရားဝင် လက်မှတ် နှင့်လက်ခံသူ၏ အိမ်ထောင်စုလူဦးရေစာရင်းတို့ကို ကိုင်ဆောင်၍ နယ်ခံပြည်သူ့လုံခြုံရေးဌာန သို့မဟုတ်ပြည်သူ့လုံခြုံရေးဌာနတာဝန် လွှဲအပ်ပေးသော မြို့နယ်ပြည်သူ့အစိုးရ၊ ကျေးရွာအုပ်စု၊ စီမံခန့်ခွဲ ရေးဌာနသို့ တည်းခို နေထိုင်မှုမှတ်ပုံတင်ဆောင်ရွက်မှုကိုပြုလုပ်ရမည်။ ရွက်ထည်တဲ့၊ လမ်းဘေးဈေးဆိုင်၊ တည်ဆောက်ရေးတဲ စသည့်ယာယီနေထိုင်ရာနေရာ၊ သို့မဟုတ်ရွှေ့ပြောင်းနိုင်သော တဲအိမ်တွင်နေထိုင် ပါက နေထိုင်သူ၊ သို့မဟုတ်နေထိုင်သူအတွက်နေရာပေးသော ဌာနနှင့် လူပုဂ္ဂိုလ်တို့သည် မပြုလုပ်ခင်အချိန် တွင် ပြည်သူ့လုံခြုံရေးဌာနသို့ လျှောက်တင်ရမည်၊ အတည်ပြုရမှ တည်းခိုနေထိုင်နိုင်သည့်အပြင် အထက် သတ်မှတ်ချက်အရ နေထိုင်မှု မှတ်ပုံတင်ပြုလုပ်ဆောင်ရွက်ရမည်။

五、云南省中缅边境地区境外边民入境后在我国边境县（市、区）住宿的登记手续有哪些？

၅။ ယူနန်ပြည်နယ် တရုတ်-မြန်မာနယ်စပ်ဒေသမှ ပြည်ပနယ်စပ်သူနယ်စပ်သားတို့ ကျွန်တော်တို့ နိုင်ငံ နယ်စပ်ခရိုင်(မြို့)အတွင်းတွင် ဝင်ရောက် နေထိုင်လျှင် မှတ်ပုံတင်ပြုလုပ်ဆောင်ရွက်မှုဘာများရှိပါသလဲ။

在旅店住宿的境外边民须交验本规定涉及的有效证件，并填写住宿登记表。有境外边民 住宿的旅店，在办理住宿登记后，要在住宿人的有效证件上做住宿登记签注，并须在 24 小时 （地处农村的须于 72 小时）内将填写好的住宿登记表送达指定的公安机关。未经公安机关批 准，旅店不得擅自留宿境外边民。在居民家中住宿的境外边民，须于抵达后 24 小时（在农村 的，可在 72 小时）内，由留宿人或住宿人本人持住宿人的有效证件和留宿人的户口簿到当地 公安机关或受公安机关委托的乡（镇）、村办事处办理住宿登记手续。受理住宿登记的公安机关或乡（镇）、村办事处要在住宿人的有效证件上做住宿登记签注。境外边民如需在帐篷、摊点篷、施工篷等临时或移动性住宿工具内住宿的，住宿人或为住宿人提供场地的单位和个人必须事先向公安机关提出申请，经批准方能住宿。

တည်းခိုခန်းတွင် နေထိုင်သောပြည်ပနယ်စပ်သူနယ်စပ်သားတို့သည် ၍သတ်မှတ်ချက် များနှင့်သက်ဆိုင် သောတရားဝင်လက်မှတ်ကို ပေးအပ်စစ်ဆေးရမည့်အပြင် တည်းခိုရန် မှတ်ပုံတင်စာရင်းကိုလည်းဖြည့်ရ မည်။ ပြည်ပနယ်စပ်သူနယ်စပ်သား နေထိုင်မှုရှိသည့် တည်းခိုခန်းတို့သည် နေထိုင်ရန် မှတ်ပုံတင်ပြီးနောက် နေထိုင်သူ၏တရားဝင် လက်မှတ်တွင် နေထိုင်သောအတည်ပြုချက်များရေးရမည်၊ (၂၄) နာရီအတွင်းတွင် (ကျေးလက်ဒေသဖြစ်လျှင် ၂၂ နာရီ) နေထိုင်မှုမှတ်ပုံတင်စာရင်းဇယားကို ပြီးအောင် ဖြည့်၍ သတ်မှတ်ထား သောပြည်သူ့လုံခြုံရေးဌာနသို့ ရောက်အောင်ပို့ပေးရမည်။ ပြည်သူ့လုံခြုံရေး ဌာန၏အတည်ပြုခြင်းမရလျှင် တည်းခိုခန်းသည် မိမိသဘောဖြင့် ပြည်ပနယ်စပ်သူ နယ်စပ်သားလက်ခံခြင်းခွင့်မပြုရ။ နိုင်ငံသားနေအိမ်တွင် နေထိုင်သောပြည်ပ နယ်စပ်သူ နယ်စပ်သားတို့သည် ရောက်ပြီးနောက် (၂၄) နာရီ အတွင်းတွင် (ကျေးလက် ဒေသဖြစ်လျှင် ၂၂ နာရီ) နေထိုင်ခြင်းလက်ခံသူ၊ သို့မဟုတ် တည်းခိုသူတို့သည် တရားဝင်လက်မှတ်နှင့် လက်ခံ သူ၏ အိမ်ထောင်စုလူဦးရေစာရင်းတို့ကို ကိုင်ဆောင်၍ နယ်ခံပြည်သူ့လုံခြုံရေးဌာန သို့မဟုတ်ပြည်သူ့ လုံခြုံရေးဌာနတာဝန်လွဲအပ်ပေးသော မြို့နယ်ပြည်သူ့အစိုးရ၊ ကျေးရွာ အုပ်စု၊ စီမံခန့်ခွဲရေးဌာနသို့ တည်းခို နေထိုင်မှုမှတ်ပုံတင်ဆောင်ရွက်မှုကို ပြုလုပ် ရမည်။နေထိုင်မှုမှတ်ပုံတင်ပြုလုပ်မှုလက်ခံသောပြည်သူ့ လုံခြုံရေးဌာန သို့မဟုတ် မြို့နယ် ပြည်သူ့အစိုးရ၊ ကျေးရွာအုပ်စုတို့သည် အာဏာတည်လက်မှတ်တွင် နေထိုင် သော အတည်ပြုချက်များရေးရမည်၊ ရွက်ထည်တဲ၊ လမ်းဘေးဈေးဆိုင်၊ တည်ဆောက်ရေးတဲ စသည့်ယာယီ နေထိုင်ရာနေရာ၊ သို့မဟုတ်ရွှေ့ပြောင်းနိုင်သော တဲအိမ်တွင်နေထိုင်ပါက နေထိုင်သူ၊ သို့မဟုတ်နေထိုင်သူ အတွက်နေရာပေးသောဌာနနှင့် လူပုဂ္ဂိုလ်တို့သည် မပြုလုပ်ခင်အချိန်တွင် ပြည်သူ့လုံခြုံရေးဌာနသို့ လျှောက် တင်ရမည်၊ အတည်ပြုရမှ တည်းခိုနေထိုင်နိုင်ပါသည်။

第三节 居 留

အခန်းခွဲ(၃)॥ မှီတင်းနေထိုင်ခြင်း

一、何时申请办理外国人居留证件？

၁॥ မည်သည့်အချိန်တွင်နိုင်ငံခြားသားမှီတင်းနေထိုင်ခွင့်လက်မှတ်လျှောက်တင်သလဲ॥

依照我国法律规定，公安部、外交部可以在各自职责范围内委托县级以上地方人民政府公安机关出入境管理机构、县级以上地方人民政府外事部门受理外国人入境、停留居留申请。外国人所持签证注明入境后需要办理居留证件的，应当自入境之日起 30 日内，向拟居留地县级以上地方人民政府公安机关出入境管理机构申请办理外国人居留证件。

ကျွန်တော်တို့နိုင်ငံ၏ ၉ပ ဒေသတ်မှတ်ချက်အရ ပြည်သူ့လုံခြုံရေးဝန်ကြီးဌာနနှင့် နိုင်ငံခြားရေး ဝန်ကြီးဌာနတို့သည် မိမိတို့၏တာဝန်များအတွင်းတွင် ခရိုင်အဆင့်ထက်ကြီးသော ဒေသခံပြည်သူ့အစိုးရ များ၏ ပြည်သူ့လုံခြုံရေးဌာနမှ ပြည်ဝင်ပြည်ထွက်စီမံခန့်ခွဲရေး အဖွဲ့အစည်းများနှင့် ခရိုင်အဆင့်ထက် ကြီးသောဒေသခံ ပြည်သူ့ အစိုးရများမှ နိုင်ငံခြားရေးရာဌာန များတို့ကို နိုင်ငံခြားသားများ ပြည်ဝင်ခြင်း၊ ရပ်နားနေထိုင်ခြင်း၊ မှီတင်းနေထိုင်ခြင်း လက်ခံပြုလုပ်ဆောင်ရွက်မှုကိုအာဏာလွဲအပ်ပေးကြသည်။ နိုင်ငံခြားသားကိုင်ဆောင်သော ဗီဇာတွင် မှီတင်းနေထိုင်ခွင့်လက်မှတ်ပြုလုပ်ရန်လိုအပ်ကြောင်းကို ရေးသား ထားလျှင် ပြည်ဝင်သည့်နေ့မှစ၍ (၃၀) ရက်နေ့အတွင်းတွင် စိတ်ကူးနေထိုင်ရန်ဒေသ၏ ခရိုင်အဆင့်ထက် ကြီးသော ဒေသခံပြည်သူ့အစိုးရ၏ပြည်သူ့လုံခြုံရေးဌာနမှ ပြည်ဝင်ပြည်ထွက် စီမံခန့်ခွဲရေးအဖွဲ့အစည်းသို့ နိုင်ငံခြားသားမှီတင်းနေထိုင်ခွင့်လက်မှတ်ထုတ်ယူရန် လျှောက်တင်ဆောင်ရွက်ရမည်။

二、外国人在华居留有哪几种类型？

၂॥ နိုင်ငံခြားသားများသည်တရုတ်နိုင်ငံတွင် မှီတင်းနေထိုင်သောအမျိုးအစားဘယ်နှစ်မျိုး ရှိပါသလဲ॥

根据《中华人民共和国外国人入境出境管理法》的规定，外国人在华停留分三种情况：短期停留、长期居留和永久居留。短期停留，主要是来华进行旅游、探亲、经贸等活动。短期停留一般来说给不足 1 年的签证。长期居留主要是对来华留学、工作、投资等人员给予 1~5 年多次往返的签证和居留证件。短期停留和长期居留，对外国人来华是非常方便的，也能满足他们在中国旅游、经商、工作、生活的实际需要。

"တရုတ်ပြည်သူ့သမ္မတနိုင်ငံတော်နိုင်ငံခြားသားပြည်ဝင်ပြည်ထွက်စီမံခန့်ခွဲရေးဥပဒေ"၏သတ်မှတ်ချက်အရနိုင်ငံခြားသားများသည် တရုတ်နိုင်ငံတွင် မှီတင်းနေထိုင်ခြင်းမှာ (၃) မျိုးခွဲထားသည်။ ရက်တိုနေထိုင်ခြင်း၊ ကြာရှည်နေထိုင်ခြင်းနှင့်အစဉ်ထာဝရ နေထိုင်ခြင်းတို့ ဖြစ်သည်။ ရက်တိုနေထိုင်ခြင်းသည်တရုတ်နိုင်ငံသို့လာ၍ ခရီးသွားလှည့်လည်ကြည့်ရှုခြင်း၊ ဆွေမျိုးတွေ့ဆုံခြင်းနှင့် အရောင်းအဝယ်ပြုလုပ်ခြင်းတို့ဖြစ်သည်။ ရက်တိုနေထိုင်သည် ဗီဇာမှာ တစ်နှစ်တာမပြည့်ပါ။ ကြာရှည်နေထိုင်ခြင်းသည် တရုတ်နိုင်ငံသို့လာ၍ ပညာသင်ခြင်း၊ အလုပ်လုပ်ခြင်း၊ ရင်းနှီးမြှုပ်နှံခြင်းစသည့် လူများအတွက်ဖြစ်ပြီး (၁-၅) နှစ်ဖြစ်သည့်ကြိမ်ပေါင်းများစွာ ဝင်ထွက်သွားလာနိုင်သောဗီဇာနှင့် နေထိုင်ခွင့်လက်မှတ် ထုတ်ပေးကြသည်။ ရက်တိုနေထိုင်ခြင်းနှင့် ကြာရှည်နေထိုင်ခြင်းတို့သည် နိုင်ငံခြားသားများတရုတ်နိုင်ငံသို့လာရောက်ရန် လွယ်ကူဆင်ပြေသည့်အပြင်၊ သူတို့သည် တရုတ်နိုင်ငံတွင်ခရီးသွားလှည့်လည်ကြည့်ရှုခြင်း၊ အရောင်းအဝယ်ပြုလုပ်ခြင်း၊ အလုပ် လုပ်ခြင်းနှင့် နေထိုင်မှုဘဝ၏လက်တွေ့လိုအပ်ချက်ကိုအပြည့်အဝပေးနိုင်ပါသည်။

三、外国人在德宏州办理居留证件需要提交哪些材料？

၃။ နိုင်ငံခြားများသည်တက်ဟုန်းပြည်နယ်ခွဲတွင်မှီတင်းနေထိုင်ခွင့်လက်မှတ်ပြုလုပ်ပါက မည်သည့်စာရွက်စာတမ်းများလိုအပ်ပါသလဲ။

外国人在德宏州申请办理居留证件的，需要填写完整、准确、真实的《外国人签证证件申请表》，提供近期二寸正面半身免冠彩色照片 1 张，提供有效的护照原件及护照个人资料页、有效中国签证、本次入境章复印件，提供住宿登记证明原件及复印件（住地公安派出所出具，住宿旅店的提供入住证明）。另外，外国人申请有效期 1 年以上的居留证件，应当按照规定提交《国际旅行健康证明书》原件及复印件。

နိုင်ငံခြားသားများသည် တက်ဟုန်းပြည်နယ်ခွဲတွင် မှီတင်းနေထိုင်ခွင့်လက်မှတ်ပြုလုပ်လျှင် "နိုင်ငံခြားသားဗီဇာလျှောက်တင်ရန်စာရင်း"ကို ပြည့်စုံ၊ တိကျ၊ မှန်ကန်အောင် ဖြည့်သွင်း ရမည်၊ ယခုတလောက ရိုက်ကူးထားသည့်နှစ်လက်မရှိကိုယ်တစ်ပိုင်းဦးထုပ်မဆောင်းသော ရောင်စုံဓါတ်ပုံတစ်ပုံ တင်ပေး ရန်လိုအပ်သည်။ တရားဝင်နိုင်ငံကူးလက်မှတ်မူရင်းနှင့် တရားဝင် နိုင်ငံကူး လက်မှတ် ကိုင်ဆောင်သူ၏ ကိုယ် ရေးအချက်အလက်စာမျက်နှာ၊ တရားဝင် တရုတ်ဗီဇာ၊ ဤတစ်ကြိမ်ပြည်ဝင်ရန် တံဆိပ်ပုံမိတ္တူကူးစရွက်၊ တည်းခိုခြင်းမှတ်ပုံတင် သက်သေခံမူရင်းနှင့် မိတ္တူကူးစရွက် (နေထိုင်ရာဒေသ၏ ပြည်သူ့လုံခြုံရေးဌာနမှ ရဲစခန်း ထုတ်ပေးသောသက်သေစာတမ်း၊ တည်းခိုခန်း ထုတ်ပေးသော တည်းခိုခဲ့ခြင်း သက်သေခံ လက်မှတ်)၊ ထို့ပြင်၊ နိုင်ငံခြားသားများသည် တစ်နှစ်အထက် မှီတင်းနေထိုင်ခွင့်လက်မှတ် လျှောက်တင်လျှင် သတ်မှတ် ချက် အရ "ကမ္ဘာလှည့်ခရီးသည် ကျန်းမာရေး သက်သေခံလက်မှတ်"မူရင်းနှင့် မိတ္တူကို လည်းတင်ပေးရမည်။

四、外国人在西双版纳申请居留许可须提供哪些材料?

၄။ နိုင်ငံခြားများသည်ဆစ်ဆောင်ပဏ္ဏာတွင်မှီတင်းနေထိုင်ခွင့်လက်မှတ်ပြုလုပ်ပါက မည်သည့် စာရွက်စာတမ်းများလိုအပ်ပါသလဲ။

(1) 填写完整、准确、真实的《外国人签证、居留许可申请表》(须用蓝色或黑色的钢笔或碳素笔填写)。

(၁)။ "နိုင်ငံခြားသားဗီဇာ၊ မှီတင်းနေထိုင်ခွင့်လက်မှတ် လျှောက်တင်ရန်စာရင်း"ကို ပြည့်စုံ၊ တိကျ၊ မှန်ကန် အောင်ဖြည့်သွင်းရမည်။ (အပြာရောင်မင်ရည်၊ အမဲရောင် မင်ရည် ဖြစ်သည့်ဖောင်တိန်၊ သို့မဟုတ်ကာဗွန်ဓါတ် ဘောပင်ဖြင့်ဖြည့်သွင်းသည်။)

(2) 二寸近期正面半身免冠照片 1 张 (贴于申请表)。

(၂)။ ယခုတလောကရိုက်ကူးထားသောနှစ်လက်မရှိ ကိုယ်တစ်ပိုင်းဦးထုပ် မဆောင်းသော ဓါတ်ပုံတစ်ပုံ (လျှောက်တင်ရန်စာရင်းပေါ်ကပ်ထားသည်။)

(3) 有效护照原件及护照照片页、有效中国签证、本次入境章复印件 (未持普通护照的,须换持普通护照)。

（၃)။ တရားဝင်နိုင်ငံကူးလက်မှတ်မူရင်းနှင့် နိုင်ငံကူလက်မှတ်ဓါတ်ပုံပါစာမျက်နှာ၊ တရားဝင်တရုတ်ဗီဇာ၊ ၍တစ်ကြိမ်ပြည်ဝင်ရန်တံဆိပ်ပုံမိတ္တူ။ကူးစာရွက် (သာမန်နိုင်ငံ ကူးလက်မှတ်မကိုင်ဆောင်လျှင်သာမန်နိုင်ငံ ကူးလက်မှတ်ကိုပြောင်းလဲကိုင်ဆောင်ရမည်)

（4）持 Z 签证者须提供《外国人就业证》或者《外国专家证》或者《外国人在中华人民共和国从事海上石油作业工作准证》或者文化部、文化部授权的省、自治区、直辖市文化厅、局批准演出的批件及工作单位的公函。

（၄)။ Z ဗီဇာ ကိုင် ဆောင်သူ သည် "နိုင်ငံ ခြား သား အ လုပ်လုပ် ကိုင် ခွင့် လက်မှတ်" သို့ မ ဟုတ် "နိုင်ငံခြားပါရဂူလက်မှတ်" သို့မဟုတ်"နိုင်ငံခြားသားများသည် တရုတ်ပြည်သူ့သမ္မတနိုင်ငံ တွင် ပင်လယ်ရေနံ လုပ်ငန်းတွင်အလုပ်လုပ်ကိုင်ခွင့်လက်မှတ်" သို့မဟုတ်ယဉ်ကျေးမှုဝန်ကြီး ဌာန နှင့် ယဉ်ကျေးမှုဝန်ကြီးဌာန အခွင့်အာဏာလွှဲအပ်ပေးသည့်ပြည်နယ်၊ကိုယ်ပိုင်အုပ်ချုပ် ခွင့်ရ ဒေသ၊ တိုက်ရိုက်အုပ်ချုပ်ထားသည့်မြို့မှ ယဉ်ကျေးမှုဌာနအတည်ပြုထားသော တင်ဆက် ပြသစာတမ်းနှင့်အလုပ်ဌာန၏ရုံးစာများကိုတင်ပြရမည်။

（5）持 X 签证者需提供就读院校注明学习期限的公函和《录取通知书》。

（၅)။ Xဗီဇာကိုင်ဆောင်သူသည် စာသင်နေသော ကောလိပ်၊ နှင့်သင်ကြားလေ့လာသော အကန့်အသတ် သက်တမ်းရုံးစာနှင့် "လက်ခံရန် အကြောင်းကြားစာလွှာ"တို့ကို တင်ပေးရန်လိုအပ်ပါသည်။

（6）持 J–1 签证者需提供记者证。

（၆)။ J-1ဗီဇာကိုင်ဆောင်သူသည်သတင်းထောက်လက်မှတ်တင်ပေးရန်လိုအပ်ပါသည်။

（7）持 Z、J–1 签证者的随行家属须提供任职或者就业单位公函；配偶还需提供婚姻证明；父母子女还需提供亲属关系证明。

（၇)။ Z、J-၁ ဗီဇာကိုင်ဆောင်သူနှင့်လိုက်ပါလာသောအိမ်သူအိမ်သားများသည်ရာထူး ထမ်းဆောင်ခြင်း သို့မဟုတ်အလုပ်လုပ်နေသောဌာနမှ ရုံးစာတင်ပေးရမည်၊ အိမ်ထောင်ဖက် ဖြစ်လျှင် လက်ထပ်ထိမ်းမြား ရေးသက်သေခံလက်မှတ်တင်းပေးရမည်၊ မိဘ၊ သားသမီး ဖြစ်လျှင် ဆွေမျိုးဆက်စပ်ရေးဖြစ်သက်သေကို တင်ပေးရမည်။

（8）已满18周岁且自入境之日起首次申请1年以上居留许可的外国人，还需提供健康证明。

（၈)॥ အသက် (၁၈) နှစ်အရွယ်ပြည့်ပြီး ပြည်ဝင်သည့်နေ့မှစ၍ တစ်နှစ်အထက် တရုတ်ပြည်တွင်မှီတင်း နေထိုင်ခွင့်ရယူရန်ပထမဦးဆုံးလျှောက်တင်သည့်နိုင်ငံခြားသားသည် ကျန်းမားရေးသက်သေခံလက်မှတ်တင် ပေးရန်လိုအပ်ပါသည်။

（9）住宿申报证明（住地公安派出所出具，住于旅店的免交）。

（၉)॥ တည်းခိုရန်လျှောက်တင်ခြင်းသက်သေခံလက်မှတ်(နေထိုင်ရာပြည်သူ့လုံခြုံရေးမှ ရဲစခန်းထုတ်ပေး ထားသော သက်သေခံလက်မှတ်၊ ဝင်ရောက်တည်းခိုနေသူအတွက် သက်သေခံလက်မှတ် တင်ပေးရန်မလို)

五、怎样可以申请在中国永久居留?

၅॥ တရုတ်ပြည်တွင်အစဉ်ထာဝရမှီတင်းနေထိုင်ခြင်းရယူရန်ဘယ်လိုလျှောက်တင်နိုင်မလဲ

对中国经济社会发展作出突出贡献或者符合其他在中国境内永久居留条件的外国人，可以申请在中国永久居留。

တရုတ်ပြည်စီးပွားရေး ဖွံ့ဖြိုးတိုးတက်မှုအတွက် အကျိုးဆောင်ပေးမှုထူးချွန်သူ သို့မဟုတ်တရုတ်ပြည် တွင် အစဉ်ထာဝရနေထိုင်သော အခြေအနေနှင့်ကိုက်ညီသော နိုင်ငံခြားသားတို့သည် တရုတ်ပြည်တွင်အစဉ် ထာဝရမှီတင်းနေထိုင်ခွင့်ရယူရန် လျှောက်တင် နိုင်ပါသည်။

申请在中国永久居留的外国人应当遵守中国法律，身体健康，无犯罪记录，并符合下列条件之一：

တရုတ်ပြည်တွင် အစဉ်ထာဝရမှီတင်းနေထိုင်ခွင့်ရယူရန် လျှောက်တင်သော နိုင်ငံခြားသားများသည် တရုတ်ပြည်တရားဥပဒေကို လိုက်နာသင့်သည်၊ ကိုယ်ခန္ဓာ ကျန်းကျန်းမာမာရှိခြင်း၊ ပြစ်မှုကျူးလွန်ခြင်း မှတ်တမ်းကင်းရှင်းခြင်းနှင့် အောက်ပါ အကြောင်း အခြေအနေများနှင့်ကိုက်ညီရမည်။

（1）在中国直接投资、连续3年投资情况稳定且纳税记录良好。

（၁)॥ တရုတ်ပြည်တွင်တိုက်ရိုက်ရင်းနှီးမြှုပ်နှံ၍အဆက်မပြတ်(၃)နှစ်ရင်းနှီးမြှုပ်နှံမှု အခြေအနေတည်တံ့ ခိုင်မြဲပြီးအခွန်ဆောင်မှတ်တမ်းကောင်းမွန်သည်။

（2）在中国担任副总经理、副厂长等职务以上或者具有副教授、副研究员等副高级职称以上以及享受同等待遇，已连续任职满 4 年、4 年内在中国居留累计不少于 3 年且纳税记录良好的。

(၂)။ တရုတ်ပြည်တွင်ဒုမန်နေဂျာချုပ်၊ ဒုစက်ရုံမှူးစသည့်ရာထူးအထက်ရာထူး၊ သို့မဟုတ်ဒုပါမောက္ခ၊ ဒုသုတေသီစသည့်အထက်တန်းရာထူးအမည်အရည်အထက်ရှိ အမည်အရည်နှင့်တန်းတူညီမျှသော အကျိုးခံစားမှုခံစားသူ၊ အဆက်မပြတ်(၄)နှစ်ပြည့် ရာထူးထမ်းဆောင်၍ (၄) နှစ်အတွင်းတွင် တရုတ်ပြည်တွင် စုစုပေါင်း (၃) နှစ်ထက်မနည်း နေထိုင်ခဲ့၍ အခွန်ဆောင်မှုမှတ်တမ်းကောင်းမွန်ခြင်းရှိသည်။

（3）对中国有重大、突出贡献以及国家特别需要的。

(၃)။ တရုတ်ပြည်ကိုအရေးကြီးသော၊ထူးချွန်သောအကျိုးဆောင်ပေးခြင်းနှင့်နိုင်ငံတော် အထူးလိုအပ်သောလူပုဂ္ဂိုလ်များ။

（4）本款第一项、第二项、第三项所指人员的配偶及其未满 18 周岁的未婚子女。

(၄)။ ဤပုဒ်မထဲက(၁)၊(၂)၊(၃)ဆိုထားသူ၏အိမ်ထောင်ဖက်နှင့်အသက် (၁၈) နှစ်အရွယ်မပြည့် အိမ်ထောင်မပြုသေးသောသားသမီးများ။

（5）中国公民或者在中国获得永久居留资格的外国人的配偶，婚姻关系存续满 5 年、已在中国连续居留满 5 年、每年在中国居留不少于 9 个月且有稳定生活保障和住所的。

(၅)။ တရုတ်နိုင်ငံသား၊ သို့မဟုတ်တရုတ်ပြည်တွင် အစဉ်ထာဝရနေထိုင်ခွင့်ရသော နိုင်ငံခြားသား၏အိမ်ထောင်ဖက်၊ လက်ထပ်ထိမ်းမြားရေးဆက်ဆံမှု(၅)နှစ်ပြည့်ခြင်း၊ တရုတ်ပြည်တွင် အဆက်မပြတ်(၅)နှစ်ပြည့်နေထိုင်ခဲ့ခြင်း၊ တစ်နှစ်မှာတရုတ်နိုင်ငံတွင်(၉)လ တာထက်မနည်း နေထိုင်၍နေထိုင် မှုဘဝအာမခံမှုတည်တံ့ခိုင်မြဲခြင်းနှင့်နေအိမ်ရှိခြင်းဖြစ်သူ။

（6）未满 18 周岁未婚子女投靠父母的。

(၆)။ မိဘအားကိုးရန်လာရောက်သောအသက် (၁၈) နှစ်အရွယ်မပြည့် အိမ်ထောင် မပြုသေးသောသော သားသမီးများ။

（7）在境外无直系亲属，投靠境内直系亲属，且年满 60 周岁、已在中国连续居留满 5 年、每年在中国居留不少于 9 个月并有稳定生活保障和住所的。

(၇)။ ပြည်ပတွင် တိုက်ရိုက်တော်စပ်သောဆွေမျိုးမရှိ၍ ပြည်တွင်းရှိတိုက်ရိုက် တော်စပ်သော ဆွေမျိုးကိုအားကိုးရန်လာရောက်ခြင်း၊ အသက် (၆၀) အရွက်ပြည့်၍ တရုတ်ပြည်တွင် အဆက် မပြတ်(၅)နှစ်ပြည့် နေထိုင်ခဲ့ပြီး တစ်နှစ်မှာတရုတ်ပြည်တွင် (၉)လတာထက်မနည်း နေထိုင်၍ နေထိုင်မှုဘဝ အာမခံမှုတည်တဲ့ခိုင် မြဲခြင်းနှင့် နေအိမ်ရှိခြင်းဖြစ်သူ။

六、什么情况属于非法居留?

၆။ မည်သည့်အခြေအနေဖြစ်သည်မှာတရားမဝင်မှီတင်းနေထိုင်ခြင်းဖြစ်သလဲ။

外国人在中国境内有下列情形之一的，属于非法居留:

နိုင်ငံခြားသားများသည်တရုတ်နိုင်ငံတွင်အောက်ပါတစ်ခုခုရှိလျှင် တရားမဝင်မှီတင်း နေထိုင်ခြင်း ဖြစ်သည်။

（1）超过签证、停留居留证件规定的停留居留期限仍停留居留的。

(၁)။ ဗီဇာ၊ ရပ်နားမှီတင်းနေထိုင်ခွင့်လက်မှတ်သတ်မှတ်ထားသော သက်တမ်းကို ကျော်လွန်ခြင်း၊

（2）免办签证入境的外国人超过免签期限停留且未办理停留居留证件的。

(၂)။ ဗီဇာမလိုပြည်ဝင်လာရောက်သည့်နိုင်ငံခြားသားများသည် ကန့်သတ်ထားသော ဗီဇာမလို သက်တမ်းကျော်လွန်၍ နေထိုင်သည့်အပြင် ရပ်နားမှီတင်းနေထိုင်ခွင့်လက်မှတ် မပြုလုပ်ခြင်း။

（3）外国人超出限定的停留居留区域活动的。

(၃)။ နိုင်ငံခြားသားများသည် ကန့်သတ်ထားသောရပ်နားမှီတင်းနေထိုင်ခွင့်နေရာကို ကျော်လွန်၍ လှုပ်ရှားခြင်း။

（4）其他非法居留的情形。

(၄)။ အခြားသောတရားမဝင်မှီတင်းနေထိုင်ခြင်း။

中国政府严厉打击在中国非法就业、非法入境和非法居留的外国人

တရုတ်အစိုးရသည် တရုတ်ပြည်တွင် တရားမဝင်အလုပ်လုပ်ခြင်း၊ တရားမဝင်ပြည်ဝင်ခြင်းနှင့်တရားမ
ဝင်မှီတင်းနေထိုင်ခြင်းပြုလုပ်သောနိုင်ငံခြားသားများကိုတင်းကျပ်စွာတိုက်ဖျက်သည်။

第四节　出入境的法律责任
အခန်းခွဲ(၄)။　ပြည်ဝင်ခြင်း၊ ပြည်ထွက်ခြင်းဆိုင်ရာဥပဒေတာဝန်ဝတ္တရားများ

一、组织他人偷越国（边）境会受到什么处罚?

၁။ သူတပါးများကိုဖွဲ့စည်း၍ နယ်နိမိတ် (နယ်စပ်စည်းကြောင်း) ဖြတ်ကျော်ခိုးဝင်မှုပြုလျှင်မည်သည့်
ပြစ်ဒဏ်ပေးခြင်းကိုခံရသလဲ။

根据《中华人民共和国刑法》第三百一十八条规定，组织他人偷越国（边）境的，处二年
以上七年以下有期徒刑，并处罚金；有下列情形之一的，处七年以上有期徒刑或者无期徒刑，
并处罚金或者没收财产：

"တရုတ်ပြည်သူ့သမ္မတနိုင်ငံရာဇဝတ်ဥပဒေ"ပုဒ်မ (၃၁၈) ပြဋ္ဌာန်းချက်အရ သူတပါးများကို ဖွဲ့စည်း၍
နိုင်ငံတော်(နယ်စပ်ဒေသ)နယ်နိမိတ်ကို ဖြတ်ကျော်ခိုးဝင်မှုပြုပါက(၂)နှစ်အထက်(၇)နှစ်အောက် ကာလ
အကန့်အသတ်ရှိသောထောင်ဒဏ် စီရင် ပေးပြီး ဒဏ်ငွေကိုပူးတွဲရိုက်သည်။ အောက်ပါအခြေအနေတစ်ခုခုရှိ
လျှင် (၇)နှစ်အထက် ကာလအကန့်အသတ်ရှိထောင်ဒဏ်၊ သို့မဟုတ်ကာလအကန့်အသတ်မရှိ ထောင်ဒဏ်ကို
စီရင်ပေးပြီးဒဏ်ငွေကို ပူးတွဲရိုက်ခြင်း သို့မဟုတ်ပစ္စည်းဥစ္စာကို ဘဏ္ဍာတော်အဖြစ် သိမ်းယူသည်။

（1）组织他人偷越国（边）境集团的首要分子。

(၁)။ သူတပါးများကိုဖွဲ့စည်း၍ နိုင်ငံတော်(နယ်စပ်ဒေသ)နယ်နိမိတ်ကို ဖြတ်ကျော်ခိုးဝင်မှုပြုလုပ်သော
အုပ်စုမှအမိကတရားခံ။

（2）多次组织他人偷越国（边）境或者组织他人偷越国（边）境人数众多的。

(၂)။ သူတပါးများကိုဖွဲ့စည်း၍ နယ်နိမိတ် (နယ်စပ်စည်းကြောင်း) ဖြတ်ကျော်ခိုးဝင်မှုအကြိမ်ပေါင်းများစွာ

· 25 ·

ပြုလုပ်ဆောင်ရွက်သူ၊ သို့မဟုတ်သူတပါးများကို ဖွဲ့စည်း၍ နယ်နိမိတ် (နယ်စပ်စည်းကြောင်း) ဖြတ်ကျော်ခိုး ဝင်မှု ပါရှိသော လူဦးရေ များပြားသောပြုလုပ်ဆောင်ရွက်သူ။

（3）造成被组织人重伤、死亡的。

(၃)။ ဖွဲ့စည်းခံရသူကိုဒဏ်ရာပြင်းထန်စေခြင်း၊ သေဆုံးစေခြင်း။

（4）剥夺或者限制被组织人人身自由的。

(၄)။ ဖွဲ့စည်းခံရသူ ပုဂ္ဂိုလ်ဆိုင်ရာလွတ်လပ်ခွင့်ကို ဖျက်သိမ်းခြင်း သို့မဟုတ်ကန့်သတ် ချုပ်ချယ်ထားခြင်း။

（5）以暴力、威胁方法抗拒检查的。

(၅)။ အကြမ်းဖက်အင်အားအသုံးပြုသောနည်းလမ်းနှင့် ခြိမ်းခြောက်သော နည်းလမ်းဖြင့် စစ်ဆေးခြင်း ကို ခုခံဆန့်ကျင်ခြင်း

（6）违法所得数额巨大的。

(၆)။ တရားဥပဒေကျူးလွန်ခြင်းဖြင့်ရရှိသောပစ္စည်းဥစ္စာအရေအတွက်ကြီးမားခြင်း။

（7）有其他特别严重情节的。

(၇)။ အခြားသောကြီးလေးဆိုးဝါးသည့်ပြစ်မှုကျူးလွန်ခြင်းအခြေအနေရှိခြင်း

犯前款罪，对被组织人有杀害、伤害、强奸、拐卖等犯罪行为，或者对检查人员有杀害、伤害等犯罪行为的，依照数罪并罚的规定处罚。

အထက်ပါ ပြစ်မှု ကျူးလွန်၍ ဖွဲ့စည်းခံရသူကို သတ်ဖြတ်ခြင်း၊ ဒဏ်ရာဖြစ်စေခြင်း၊ မုဒိမ်းပြုကျင့်ခြင်း၊ လူကုန်ကူးခြင်းစသည့်ပြစ်မှုကျူးလွန်ခြင်း၊ သို့မဟုတ်စစ်ဆေးရေးတာဝန် ထမ်းဆောင်သူကို သတ်ဖြတ် ခြင်းနှင့် ဒဏ်ရာဖြစ်စေခြင်းစသည့်ပြစ်မှုကျူးလွန်ခြင်း ပြုမူဆောင်ရွက်ချက် ရှိခြင်း၊ ပြစ်မှုများစွာအတွက် တစ်ပြိုင်နက်တည်း ပြစ်ဒဏ်ပေးသည့် ပြဋ္ဌာန်းချက်များနှင့်အညီ ပြစ်ဒဏ်ချမှတ်ပေးသည်။

二、骗取出境证件会受到什么处罚？

၂။ လိမ်လည်ခြင်းဖြင့်ပြည်ထွက်လက်မှတ်ကိုရယူလျှင်မည်သည့်ဒဏ်ပေးခြင်းကိုခံရသလဲ။

根据《中华人民共和国刑法》第三百一十九条规定，以劳务输出、经贸往来或者其他名义，弄虚作假，骗取护照、签证等出境证件，为组织他人偷越国（边）境使用的，处三年以下有期徒刑，并处罚金；情节严重的，处三年以上十年以下有期徒刑，并处罚金。单位犯前款罪的，对单位判处罚金，并对其直接负责的主管人员和其他直接责任人员，依照前款的规定处罚。

"တရုတ်ပြည်သူ့သမ္မတနိုင်ငံရာဇဝတ်ဥပဒေ"ပုဒ်မ (၃၁၉) ပြဋ္ဌာန်း ချက် အရ အလုပ်ကိစ္စရပ်ဝန်ဆောင်မှု အတွက်အလုပ်သမားများပို့လွှတ်ခြင်း၊ အပြန်အလှန်ကုန်သွယ်မှု ပြုလုပ်ခြင်း၊ သို့မဟုတ်အခြားအမည်ဖြင့် လိမ်လည်ညာဖြန့်၍ နိုင်ငံကူးလက်မှတ်၊ ဗီဇာစသည့်ပြည်ထွက်ခွင့်လက်မှတ်တွေကို ထုတ်ယူ၍ သူတပါး ကို ဖွဲ့စည်းပြီး နိုင်ငံ(နယ်စပ်) နယ်နိမိတ်ကို ဖြတ်ကျော်ခိုးဝင်ရန်အတွက် အသုံးပြုပါက (၃) နှစ်အောက် ကာလ အကန့်အသတ်ရှိ ထောင်ဒဏ်ပေးသည့်အပြင် ဒဏ်ငွေကိုလည်းပူးတွဲရိုက်ရမည်၊ ကြီးမားသောအခြေအနေရှိ လျှင် (၃) နှစ်ထက် (၁၀) နှစ်အောက်ကာလအကန့်အသတ်ရှိ ထောင်ဒဏ်ကိုပေးသည့်အပြင် ဒဏ်ငွေကိုလည်း ပူးတွဲရိုက်ရမည်။ ဌာနများမှအထက်ပါပြစ်မှု ကျူးလွန်ပါက ဌာနကိုဒဏ်ငွေရိုက်သည်ကိုစီရင်ဆုံးဖြတ်ချမှတ် အပြစ်ပေးပြီး တာဝန်ကို တိုက်ရိုက်ထမ်းဆောင်သူနှင့် အခြားတိုက်ရိုက်တာဝန်ခံယူသူများကို အထက်ပါ သတ်မှတ် ထားသောအချက်များအရ အပြစ်ဒဏ်ပေးကြသည်။

三、什么是非法入境行为？

၃။ မည်သည့်အပြုအမူသည်တရားမဝင်ပြည်ဝင်ခြင်းဖြစ်သည်။

非法入境是指外国人未持有中国主管机关签发的有效入境签证或合法有效的入境证件，或未从我对外开放、指定的口岸入境，或未经边防检查站查验而进入我国国境的违法行为。

တရားမဝင်ပြည်ဝင်ခြင်းဆိုသည်မှာနိုင်ငံခြားသားများသည် တရုတ်နိုင်ငံစီမံခန့်ခွဲရေး ဌာနမှထုတ်ပေး သောအတည်ဖြစ်ပြည်ဝင်ခွင့်ဗီဇာ၊ သို့မဟုတ်တရားဝင်ပြည်ဝင်ခွင့် လက်မှတ်ကို မကိုင်ဆောင်ခြင်း၊ သို့မဟုတ်အပြင်သို့ဖွင့်လှစ်ရန် သတ်မှတ်ထားသော ဆိပ်ကမ်းများမှဝင်လာခြင်းမဟုတ်ကြောင်းဖြစ်ခြင်း၊ သို့မဟုတ်နယ်စပ်ကာကွယ်ရေး စစ်ဆေးရေးဌာန၏စစ်ဆေးခံရမှုမရှိပဲနှင့်ကျွန်တော်တို့နိုင်ငံအတွင်းသို့ဝင် ရောက်လာခဲ့သည့်တရားဥပဒေချိုးဖောက်သောပြုလုပ်မှုဖြစ်သည်။

四、出境、入境的人员有哪些情况会被边防检查站有权限制其活动范围，进行调查或者移送有关机关处理？

၄။ ပြည်ဝင် ပြည်ထွက်သူများမှာ မည်သည့်အခြေအနေမျိုးရှိမှ နယ်စပ်ကာကွယ်မှု စစ်ဆေးရေးစခန်းသည် ၎င်းတို့အား လှုပ်ရှားမှုနယ်ပယ်ကို အကန့်အသတ်ခံရခြင်း၊ စုံစမ်းစစ်ဆေးမှုခံရခြင်း သို့မဟုတ် ကိုင်တွယ်ဖြေရှင်းရန်သက်ဆိုင်ရာဌာနသို့လွှဲပြောင်း မှုခံရခြင်းဆောင်ရွက်ရန်အခွင့်ရှိပါသလဲ။

（1）有持用他人出境、入境证件嫌疑的。

(၁)။ သူတပါး၏ ပြည်ဝင်ပြည်ထွက်သွားလာဖြတ်သန်းခွင့်လက်မှတ်ကို ကိုင်ဆောင်ခြင်းမယုံသင်္ကာဖြစ်သူ။

（2）有持用伪造或者涂改的出境、入境证件嫌疑的。

(၂)။ အတုပြုလုပ်ထားသော၊ သို့မဟုတ်ဖျက်၍ ပြန်ရေးသောပြည်ဝင်ပြည်ထွက် သွားလာဖြတ်သန်းခွင့် လက်မှတ်ကိုကိုင်ဆောင်သောမယုံသင်္ကာဖြစ်သူ။

（3）国务院公安部门、国家安全部门和省、自治区、直辖市公安机关、国家安全机关通知有犯罪嫌疑的。

(၃)။ နိုင်ငံတော်ကောင်စီမှပြည်သူ့လုံခြုံရေးဌာန၊ နိုင်ငံတော်လုံခြုံရေးဌာနနှင့် ပြည်နယ်၊ ကိုယ်ပိုင် အုပ်ချုပ်ခွင့်ရဒေသ၊ တိုက်ရိုက်အုပ်ချုပ်သောမြို့ကြီး၊ နိုင်ငံတော် လုံခြုံရေး အဖွဲ့အစည်းတို့သည် ဖြစ်မှု ကျူးလွန်ခြင်းမယုံသင်္ကာဖြစ်သူ ဖြစ်ခြင်းကို အကြောင်းကြား ပေးထားသူ။

（4）有危害国家安全、利益和社会秩序嫌疑的。

(၄)။ နိုင်ငံတော်လုံခြုံရေး၊ အကျိုးစီးပွားနှင့် လူမှုအစီအစဉ်ငြိမ်ဝပ်ပိပြားရေးကို ထိခိုက်ပျက်ပြားစေတတ် သောမယုံသင်္ကာဖြစ်သူ။

第二章 务 工
အခန်း(၂)။ အလုပ်လုပ်ကိုင်ခြင်း

第一节 就业申请与条件
အခန်းခွဲ(၁)။ အလုပ်လုပ်ကိုင်ရန်လျှောက်တင်ခြင်းနှင့်လိုအပ်သောအခြေအနေ

一、我国对外国人才的分类?

၁။ ကျွန်တော်တို့နိုင်ငံသည်နိုင်ငံခြားလူ့ရည်ချွန်အမျိုးအစားကိုခွဲခြားသတ်မှတ်ခြင်း။

（1）外国高端人才（A类）：中国经济社会发展急需的科学家、科技领军人才、国际企业家、专门特殊人才等"高精尖缺"外国高端人才，符合国家引进外国人才重点和目录及以下条件之一的，确定为 A 类。

(၁)။ နိုင်ငံခြားအဆင့်မြင့်လူ့ရည်ချွန်(Aအမျိုးအစား)။ တရုတ်စီးပွားရေး၊ လူမှုရေးဆိုင်ရာ အရေးတကြီး လိုအပ်သောသိပ္ပံပညာရှင်၊ သိပ္ပံနည်းပညာဦးဆောင်သောလူ့ရည်ချွန်၊ အပြည်ပြည် ဆိုင်ရာလုပ်ငန်းရှင်၊ သီးခြားအထူးလူ့ရည်ချွန်စသည့်"ဘွဲ့အဆင့်မြင့်၊ နည်းပညာတော်၊ သိပ္ပံပညာကျွမ်းကျင်၊ ရှားပါလိုအပ်ရန်ဖြစ် သည့်နိုင်ငံခြားအဆင့်မြင့် လူ့ရည်ချွန်များဖြစ်ပြီး နိုင်ငံတော်မှ နိုင်ငံခြားလူ့ရည်ချွန်များဖိတ်ခေါ် ခြင်း၏ အဓိက အချက်နှင့် သတ်မှတ်ထားသောစာရင်းသွင်းမာတိကာနှင့်အောက်ပါအခြေအနေ အနက် တစ်ခုခုနှင့် ကိုက်ညီ လျှင် Aအမျိုးအစားအဖြစ်သတ်မှတ်ထားသည်။

（2）外国专业人才（B类）：符合外国人来华工作指导目录和岗位需求，属于中国经济社会事业发展急需的外国专业人才，符合以下条件之一的，确定为 B 类。

(၂)။ နိုင်ငံခြားသီးခြားလူ့ရည်ချွန်(Bအမျိုးအစား)။ နိုင်ငံခြားသားတရုတ်ပြည် လာရောက်အလုပ်လုပ်ခြင်း လမ်းညွှန်မှုမာတိကာနှင့်လုပ်ငန်းခွင်လိုအပ်ချက်နဲ့ကိုက်ညီလျှင် တရုတ်စီးပွားရေးလုပ်ငန်းရပ်၊ လူမှုရေးလုပ် ငန်းရပ်ဖွံ့ဖြိုးတိုးတက်ရန် အရေးတကြီး လိုအပ်သော နိုင်ငံခြားသီးခြားလူ့ရည်ချွန်ဖြစ်ခြင်းကိုသတ်မှတ်ထား သည်။ အောက်ပါအခြေအနေအနက်တစ်ခုခုနှင့် ကိုက်ညီလျှင် Bအမျိုးအစားအဖြစ် သတ်မှတ် ထားသည်။

（3）其他外国人员（C类）：满足国内劳动力市场需求，符合国家政策规定的其他外国人员，确定为 C 类。

(၃)။ အခြားနိုင်ငံခြားသားများ(Cအမျိုးအစား)။ ပြည်တွင်းအလုပ်လုပ်နိုင်စွမ်းဈေးကွက် လိုအပ်ချက်ပြည့် ဝစေ၍ နိုင်ငံတော်ပေါ်လစီသတ်မှတ်ချက်နဲ့ကိုက်ညီသော အခြား နိုင်ငံခြားသားများကိုCအမျိုးအစားအဖြစ် သတ်မှတ်ထားသည်။

二、C 类人才主要包括哪些人员？

၂။ Cအမျိုးအစားလူ့ရည်ချွန်သည်မည်သည့်လူများပါဝင်သည်နည်း။

主要包括：

အဓိကပါဝင်သူမှာ။

（1）符合现行外国人在中国工作管理规定的外国人员。

(၁)။ လက်ရှိနိုင်ငံခြားသားများ တရုတ်ပြည်တွင် အလုပ်လုပ်ခြင်းစီမံခန့်ခွဲရေး သတ်မှတ်ချက်နဲ့ကိုက်ညီ သော နိုင်ငံခြားသားများ။

（2）从事临时性、短期性（不超过 90 日）工作的外国人员。

(၂)။ ယာယီအလုပ်နှင့် ရက်တိုအလုပ် (ရက်၉၀ထက်မပိုသော) လုပ်နေသော နိုင်ငံခြားသားများ။

（3）实施配额制管理的人员，包括根据政府间协议来华实习的外国青年、符合规定条件的外国留学生和境外高校外籍毕业生、远洋捕捞等特殊领域工作的外国人等。

(၃)။ ခွဲတမ်းစနစ်ဖြင့်စီမံခန့်ခွဲအုပ်ချုပ်သောလူ၊ အစိုးရချင်းလက်မှတ်ရေးထိုးသည့် သဘောတူညီချက်

အရ တရုတ်နိုင်ငံသို့ လာရောက်၍ ကွင်းဆင်းလေ့လာသည့် နိုင်ငံခြားလူငယ်များ၊ သတ်မှတ်ထားသော

အခြေအနေနှင့်ကိုက်ညီသည့် နိုင်ငံခြား ပညာတော်သင်နှင့် ပြည်ပတက္ကသိုလ်နှင့်ကောလိပ်ကျောင်းမှကျောင်း

အောင်သော နိုင်ငံခြား ကျောင်းသူကျောင်းသားများ၊ ကမ်းလွန်ပင်လယ်ပြင်ငါးဖမ်းခြင်းစသည့် အထူးနယ်ပယ်

တွင် အလုပ်လုပ်သောနိုင်ငံခြားသားများ။

三、外国人在中国就业须具备的条件?

၃။ နိုင်ငံခြားသားများတရုတ်နိုင်ငံတွင်အလုပ်လုပ်ရန်ရှိရမည့်အခြေအနေများ။

（1）年满 18 周岁，身体健康。

(၁)။ အသက်(၁၈)နှစ်ပြည့်၍ကိုယ်ခန္ဓာကျန်းမာခြင်းရှိရမည်။

（2）具有从事其工作所必须的专业技能和相应的工作经历。

(၂)။ သူလုပ်သည့်အလုပ်နှင့်သက်ဆိုင်သော သီးခြားကျွမ်းကျင်မှုအတတ်ပညာနှင့် သက်ဆိုင်သောအလုပ်

လက်တွေ့ဆောင်ရွက်မှုရှိရမည်။

（3）无犯罪记录。

(၃)။ ပြစ်မှုကျူးလွန်ခြင်းမှတ်တမ်းကင်းရှင်းခြင်းရှိရမည်။

（4）有确定的聘用单位。

(၄)။ လက်ခံအသုံးပြုသောဌာနကိုတိကျမှန်ကန်မှုရှိရမည်။

（5）持有有效护照或能代替护照的其他国际旅行证件。

(၅)။ တရားဝင်နိုင်ငံကူးလက်မှတ်ကိုင်ဆောင်ခြင်း၊သို့မဟုတ်နိုင်ငံကူးလက်မှတ် အစားထိုးနိုင်သောအခြား

အပြည်ပြည်ဆိုင်ရာကမ္ဘာလှည့်ခရီးသည်လက်မှတ်ရှိရမည်။

四、进入我国就业的外籍劳工是否需要接受培训?

၄။ ကျွန်တော်တို့နိုင်ငံဝင်ရောက်လာသော နိုင်ငံခြားအလုပ်သမားများကို လေ့ကျင့်ရန် လက်ခံခြင်းလိုအပ်

ပါသလား။

各个地区有自己的标准，云南省瑞丽市就规定，被聘用的外籍人员必须到瑞丽市外籍人员服务管理中心进行培训，在取得培训证书后方可务工。

ဒေသအသီးသီးမှာ မိမိစံချိန်စံနှုန်းရှိကြသည်။ ယူနန်ပြည်နယ် ရွှေလီမြို့သည် နိုင်ငံခြား သားများ ဖိတ် ခေါ်အသုံးပြုလျှင် ရွှေလီမြို့ နိုင်ငံခြားသားအတွက် ဝန်ဆောင်မှုပေးရန်စီမံခန့်ခွဲ အုပ်ချုပ်ရေးစင်တာသို့ ရောက်၍လေ့ကျင့်ခြင်းလက်ခံရမည့်အပြင်လေ့ကျင့်ခံလက်မှတ်ရပြီးမှအလုပ်လုပ်နိုင်သည်ဟုသတ်မှတ် ထားသည်။

第二节　就业所需证件

အခန်းခွဲ(၂)။　အလုပ်လုပ်ရန်လိုအပ်သောအထောက်အထားများ

一、工作签证（Z 字签证）颁发对象是哪些?

၁။ အလုပ်ဗီဇာ(Zစာလုံးဗီဇာ)ကိုမည်သူများကိုထုတ်ပေးသလဲ။

颁发对象主要是在中国境内工作的人员。

ထုတ်ပေးရန်ရည်မှန်းသူသည်တရုတ်ပြည်အတွင်းတွင်အလုပ်လုပ်နေသူများဖြစ်သည်။

二、工作签证（Z 字签证）所需材料是什么?

၂။ လုပ်ငန်းဗီဇာ(Zစာလုံးဗီဇာ)ပြုလုပ်ရန်လိုအပ်သောအချက်အလက်များမှာဘာတွေလဲ။

（1）护照：有效期为 6 个月以上、有空白签证页的护照原件及护照照片资料页复印件 1 份。

(၁)။ နိုင်ငံကူးလက်မှတ်။ သက်တမ်း (၆)လအထက်၊ ဗီဇာ စာမျက်နှာ အလွတ် ပါရှိသော နိုင်ငံကူး လက်မှတ်မူရင်းနှင့် နိုင်ငံကူးလက်မှတ် ဓါတ်ပုံ အချက်အလက် စာမျက်နှာ မိတ္တူ။ ၁ စောင် ။

（2）签证申请表及照片：1 份《中华人民共和国签证申请表》及 1 张粘贴在申请表上的近期正面免冠浅色背景彩色护照照片。

(၂)။ ဗီဇာလျှောက်တင်ရန်စာရင်းဇယားနှင့်ဓါတ်ပုံ။ "တရုတ်ပြည်သူ့သမ္မတနိုင်ငံဗီဇာ လျှောက်တင်ရန်

စာရင်းဇယား"၁စောင်၊ လျှောက်လွှာပေါ်ကပ်ထားရန်ယခုတလော ရိုက်ကူးထားသည့်ဦးထုတ်မဆောင်းသော ကိုယ်တစ်ပိုင်းအရောင်ဖျော့အောက်ခံရောင်စုံ ဓါတ်ပုံတစ်ပုံ။

（3）合法停留或居留证明（适用于不在国籍国申请签证者）：如不在国籍国申请签证，需提供在所在国合法停留、居留、工作、学习的有效证明或有效签证的原件和复印件。

(၃)။ တရားဝင်ရပ်နားနေထိုင်ခြင်းနှင့် မှီတင်းနေထိုင်ခြင်းအထောက်အထားများ။ (နိုင်ငံသားအဖြစ်နိုင်ငံ တွင်ဗီဇာလျှောက်တင်းခြင်းမဟုတ်သူနှင့်ကိုက်ညီသည်)။ ခင်များသည် နိုင်ငံသားအဖြစ်နိုင်ငံတွင်ဗီဇာလျှောက် တင်ခြင်းမပြုပါက နေထိုင်လျက်ရှိသောနိုင်ငံတွင် တရားဝင် ရပ်နားနေထိုင်ရန်၊ မှီတင်းနေထိုင်ရန်၊ အလုပ်လုပ် ရန်နှင့်စာသင်ရန်ဖြစ်သည့် တရားဝင်အထောက်အထားများနှင့်အတည်ဖြစ်ဗီဇာတို့၏မူရင်းနှင့်မိတ္တူကူးစရွက် ကို တင်ပေးရမည်။

（4）原中国护照或原中国签证（适用于曾有中国国籍，后加入外国国籍者）：如系首次申请中国签证，须提供原中国护照原件及护照照片资料页复印件；如曾获中国签证并持新换发的外国护照申请签证，须提供原外国护照照片资料页及曾获得的中国签证复印件（如果新护照所记载的姓名与原护照不一致，还须提供有关官方出具的更改姓名的证明文件）。

(၄)။ တရုတ်နိုင်ငံကူးလက်မှတ်ဟောင်း သို့မဟုတ်တရုတ်ဗီဇာဟောင်း(တရုတ်နိုင်ငံ သားဟောင်းဖြစ်သူ၊ နောက်တော့နိုင်ငံခြားသားဖြစ်သွားသောသူများအတွက်အသုံးပြုသည်)။ ဥပမာအားဖြင့်ပထမဦးဆုံးတရုတ် ဗီဇာကိုလျှောက်တင်လျှင်မူလတရုတ်နိုင်ငံကူး လက်မှတ်မူရင်းနှင့် နိုင်ငံကူးလက်မှတ်ပါဓါတ်ပုံစာတမ်းစရွက် မိတ္တူ။စရွက် ကိုတင်ပေး ရမည်။ ဥပမာအားဖြင့်တရုတ်ဗီဇာကိုရရှိခဲ့ဘူးသည်ဖြစ်၍ လဲလည်အသစ်ထုတ်ပေး သော နိုင်ငံခြား နိုင်ငံကူးလက်မှတ်ကို ကိုင်ဆောင်၍တရုတ်ဗီဇာကို လျှောက်တင်ပါက မူလနိုင်ငံခြား နိုင်ငံကူး လက်မှတ်ထဲက ဓါတ်ပုံပါစာတမ်းစရွက်နှင့် ရရှိခဲ့ဘူးသော တရုတ်ဗီဇာ မိတ္တူ။စရွက်တို့ကို တင်ပေးရမည်။ (နိုင်ငံကူးလက်မှတ်သစ်တွင် ဖော်ပြသောနာမည်နှင့် မူလနိုင်ငံကူးလက်မှတ်တွင်ဖော်ပြသောနာမည်မတူလျှင် အစိုးရဘက် ထုတ်ပေးသော နာမည်ပြောင်းလဲခြင်းသက်သေခံ ထောက်ခံစာကို တင်ပေးရမည်။

（5）以下材料之一：

（၅）။ အောက်ပါစာရွက်စာတမ်းအနက်ထဲတစ်ခု။

①人力资源和社会保障部门签发的《外国人就业许可证书》；工作期限不超过 90 日的，还需提供《外国人在中国短期工作证明》。且申请人须在《外国人在中国短期工作证明》上注明的起始日期前申请签证，工作时间不能超过《外国人在中国短期工作证明》所注期限。

（က） လူ့အင်အားအရင်းအမြစ်နှင့်လူမှုဖူလုံရေးဌာနထုတ်ပေးသော "နိုင်ငံခြားသားများအတွက် အလုပ်အကိုင်ခွင့်ပြုချက်လက်မှတ်"။ အလုပ်သက်တမ်း (၉၀) ရက်အောက်လျှင် "နိုင်ငံခြားသားများ တရုတ်ပြည်အတွင်းတွင် ရက်တိုအလုပ်လုပ်ရန်ထောက်ခံစာ" တင်ပေးရမည့်အပြင် လျှောက်တင်သူ သည် "နိုင်ငံခြားသားများတရုတ်ပြည်အတွင်းတွင် ရက်တိုအလုပ်လုပ်ရန် ထောက်ခံစာ"ပေါ်တွင်အစအဆုံး ရက်စွဲမတိုင်ခင် ဗီဇာ လျှောက်တင်ခြင်းကို ရေးသားရမည်၊ အလုပ်လုပ်ရန်သက်တမ်းသည် "နိုင်ငံခြားသားများ တရုတ်ပြည်အတွင်းတွင် ရက်တိုအလုပ်လုပ်ရန် ထောက်ခံစာ"တွင်ရေးသားထားသော သက်တမ်းကို မကျော် လွန်ရ။

②外国专家局签发的《外国专家来华工作许可证》或《外国人工作许可通知》。

（ခ）။ နိုင်ငံခြားပါရဂူဆိုင်ရာဌာနမှ ထုတ်ပေးသော "နိုင်ငံခြားပါရဂူများတရုတ်နိုင်ငံသို့ လာရောက်၍ အလုပ်အကိုင်ခွင့်ပြုချက်လက်မှတ်" သို့မဟုတ် "နိုင်ငံခြားသားများအတွက် အလုပ်အကိုင် ခွင့်ပြုရန် အကြောင်းကြားစာ"။

③工商行政管理部门签发的《外国（地区）企业常驻代表机构登记证明》。

（ဂ）။ စက်မှုနှင့်ကုန်သွယ်ရေးစီမံအုပ်ချုပ်ရေးဌာနမှ ထုတ်ပေးသော"နိုင်ငံခြား(ဒေသ)များမှ အမြဲတမ်း ကိုယ်စားလှယ်အဖွဲ့အစည်းမှတ်ပုံတင်အထောက်အထား"

④文化行政主管部门签发的营业性文艺演出批件（只适用于来华进行营业性演出的申请人）；演出期限不超过 90 日的，还需提供《外国人在中国短期工作证明》，且申请人须在《外国人在中国短期工作证明》上注明的起始日期前申请签证，演出时间不能超过《外国人在中国短期工作证明》所注期限。

(ယ)။ ယဉ်ကျေးမှုစီမံအုပ်ချုပ်ရေးဌာနမှ ထုတ်ပေးသောလုပ်ကိုင်ဆောင်ရွက်မှုဖြစ်သည့် ယဉ်ကျေးမှု အနုပညာတင်ဆက်ပြသမှုအတည်ပြုစာတမ်း၊ (တရုတ်နိုင်ငံသို့လာရောက်၍ လုပ်ကိုင်ဆောင်ရွက်မှုတင် ဆက်ပြသရန် လျှောက်တင်သူသာ အသုံးပြုနိုင်သည်၊) တင်ဆက် ပြသသောအချိန်ကာလမှာ ရက်ပေါင်း(၉၀) ထက်မပိုစေသည့်အပြင် "နိုင်ငံခြားသားများ တရုတ်နိုင်ငံတွင် ရက်တိုအလုပ်လုပ်ရန် အထောက်အထား"တင် ပေးရမည့်အပြင် လျှောက်တင်သူသည် "နိုင်ငံခြားသားများတရုတ်ပြည်အတွင်းတွင် ရက်တိုအလုပ်လုပ်ရန် အထောက်အထား"ပေါ်တွင်အစအဆုံးရက်စွဲမတိုင်ခင်ဗီဇာလျှောက်တင်ခြင်းကိုမှတ်ချက်ရေးသားရမည်၊တင် ဆက်ပြသရန်သက်တမ်းမှာ "နိုင်ငံခြားသားများတရုတ်နိုင်ငံအတွင်းတွင်ရက်တိုအလုပ် လုပ်ရန်အထောက်အ ထား"တွင်ရေးသားထားသောသက်တမ်းကိုမကျော်လွန် ရ။

⑤中国海洋石油总公司签发的《外国人在中华人民共和国从事海上石油作业邀请信》。

(c)။ တရုတ်ပင်လယ်ရေနံဆီအထွေထွေကုမ္ပဏီထုတ်ပေးသော "နိုင်ငံခြားသားများ အတွက်တရုတ်ပြည် သူ့သမ္မတနိုင်ငံတွင်ပင်လယ်ရေနံလုပ်ငန်းအလုပ်လုပ်ရန်ဖိတ်ကြားစာ။"

【请注意】持证人入境中国后须在 30 日内向拟居留地县级以上地方人民政府公安机关出入 境管理机构申请办理居留证件，但停留期为 30 日且签证上标注 "工作时间不得超出工作证明 所注期限" 的除外。

(သတိပြုရန်)။ လက်မှတ်ကိုင်ဆောင်သူသည် တရုတ်နိုင်ငံသို့ဝင်ရောက်လာ၍ ရက်ပေါင်း(၃၀)အတွင်း တွင်ရည်မှန်းနေထိုင်သောခရိုင်အဆင့်အထက်ဒေသန္တရပြည်သူ့အစိုးရမှ ပြည်သူ့လုံခြုံရေးဌာနမှ ပြည်ဝင် ပြည်ထွက်စီမံအုပ်ချုပ်ရေးဌာနသို့ မှီတင်းနေထိုင်ရန် လက်မှတ်ကိုလျှောက်တင်ဆောင်ရွက်ရမည်၊ သို့သော် ရပ်နားနေထိုင်ရန်သက်တမ်းမှာ ရက်ပေါင်း (၃၀)ဖြစ်ပြီးသို့ဗီဇာတွင်"အလုပ်သက်တမ်းသည်အလုပ်လုပ်ရန် သက်သေခံထောက်ခံစာတွင်ရေးသားဖော်ပြသည့်သက်တမ်းထက်မပိုလွန်ရ"မပါဝင်ပါဟု မှတ်ချက်ရေးသားရ မည်။

三、外国人符合什么条件可免办就业许可和就业证？

၃။ နိုင်ငံခြားသားများသည် မည်သည့် အခြေအနေများနှင့်ကိုက်ညီရမည်ဖြစ်ပြီး အလုပ်အကိုင် ခွင့်ပြု ခြင်းနှင့် အလုပ်အကိုင်ခွင့်ပြုချက်လက်မှတ်များ ထုတ်ပေးရန်မလို ချေ။

（1）由我国政府直接出资聘请的外籍专业技术和管理人员，或由国家机关和事业单位出资聘请，具有本国或国际权威技术管理部门或行业协会确认的高级技术职称或特殊技能资格证书的外籍专业技术和管理人员，并持有外国专家局签发的《外国专家证》的外国人。

（၁）။ ကျွန်တော်တို့နိုင်ငံအစိုးရ ငွေတိုက်ရိုက်ထုတ်၍ ဖိတ်ခေါ်သော နိုင်ငံခြားသီးခြား အတတ်ပညာရှင် နှင့်စီမံခန့်ခွဲမှုပြုလုပ်ဆောင်ရွက်သူ၊ သို့မဟုတ်နိုင်ငံတော်အဖွဲ့အစည်းနှင့် လုပ်ငန်းကိစ္စရပ်ဆောင်ရွက်ရေးဌာန များမှ ငွေထုတ်၍ဖိတ်ခေါ်သောကျွန်တော်တို့နိုင်ငံတွင်၊ သို့မဟုတ်အပြည်ပြည်ဆိုင်ရာတွင် သြဇာကြီးမားသော အတတ်ပညာစီမံခန့်ခွဲရေးဌာန၊ သို့မဟုတ်လုပ်ငန်းရပ်အသင်းအတည်ပြုသတ်မှတ်ထားသော အတတ်ပညာ ရာထူးအမည် အရည်ရှိခြင်း၊ သို့မဟုတ်အထူးအတတ်ပညာအရည်အချင်းလက်မှတ်ရှိသော နိုင်ငံခြား သီးခြား အတတ်ပညာရှင်နှင့်စီမံခန့်ခွဲမှု ပြုလုပ်ဆောင်ရွက်သူဖြစ်၍ နိုင်ငံခြားသီးခြား ပါရဂူရေးရာဌာနမှထုတ်ပေး သော "နိုင်ငံခြားပါရဂူလက်မှတ်"ကို ကိုင်ဆောင်သော နိုင်ငံခြားသားများဖြစ်ရမည်။

（2）持有《外国人在中华人民共和国从事海上石油作业工作准证》从事海上石油作业、不需登陆、有特殊技能的外籍劳务人员。

（၂）။ "နိုင်ငံခြားသားများ တရုတ်ပြည်သူ့သမ္မတနိုင်ငံတွင် ပင်လယ်ရေပြင်ပေါ်ရေနံအလုပ် လုပ် ခွင့်ပြုလက်မှတ်"ကို ကိုင်ဆောင်၍ ပင်လယ်ရေပြင်ပေါ်ရေနံအလုပ်သာလုပ်၍ ကုန်းတက်ရန် မလိုသူ၊ အထူး အတတ်ပညာရှိသောနိုင်ငံခြားအလုပ်သမားများ၊

（3）经文化部批准持《临时营业演出许可证》进行营业性文艺演出的外国人。

（၃）။ ယဉ်ကျေးမှုဝန်ကြီးဌာနအတည်ပြုပြီး "ယာယီလုပ်ကိုင်ဆောင်ရွက်မှုတင်ဆက်ပြသရန် ခွင့်ပြု လက်မှတ်"ကို ကိုင်ဆောင်၍ ဆောင်ရွက်မှုအနုပညာတင်ဆက်ပြသသော နိုင်ငံခြားသား များ။

四、在德宏州就业的境外边民应当具备哪些条件？

၄။ တက်ဟုန်ပြည်နယ်ခွဲတွင် အလုပ်လုပ်သော ပြည်ပနယ်စပ်သူနယ်စပ်သားများသည် မည်သည့် အခြေအနေရှိရမည်နည်း။

根据《德宏州外籍人员入境就业（务工）管理办法》规定，在德宏州就业的境外边民应当具备下列条件：

"တက်ဟုန်းပြည်နယ်ခွဲတွင်အလုပ်လုပ်သည့်နိုင်ငံခြားသားများကိုစီမံအုပ်ချုပ်ရန်နည်းလမ်း"၏သတ်မှတ်ချက်အရတက်ဟုန်းပြည်နယ်ခွဲတွင်အလုပ်လုပ်ရန်ပြည်ပနယ်စပ်သူနယ်သားများသည်အောက်ပါအခြေအနေများရှိရမည်။

（1）遵守中华人民共和国的法律法规。

(၁)။ တရုတ်ပြည်သူ့သမ္မတနိုင်ငံတည်ဆဲဥပဒေများကိုလိုက်နာရမည်။

（2）年满 18 周岁，身体健康。

(၂)။ အသက်(၁၈)နှစ်ပြည့်၍ ကိုယ်ခန္ဓာကျန်းမာခြင်းရှိရမည်။

（3）具有从事其工作所必需的专业技能。

(၃)။ သူလုပ်သည့်အလုပ်နှင့်သက်ဆိုင်သော သီးခြားကျွမ်းကျင်မှုအတတ်ပညာရှိရမည်။

（4）无违法犯罪记录。

(၄)။တရားဥပဒေချိုးဖောက်ခြင်းနှင့် ပြစ်မှုကျူးလွန်ခြင်းမှတ်တမ်း ကင်းရှင်းခြင်းရှိ ရမည်။

（5）有确定的聘用主体。

(၅)။ လက်ခံအသုံးပြုသူတိကျမှန်ကန်မှုရှိရမည်။

（6）持有合法有效的身份证明、《入出境通行证》《国际旅行健康检查证明书》《境外边民入境就业（务工）登记证》《云南省边境地区境外边民临时居留证》。从事公共场所相关服务行业、餐饮业的，需按国务院颁布的《公共场所卫生管理条例》规定取得《健康合格证》和《培训合格证》。

(၆)။ တရားဝင်ကိုယ်ရေးသက်သေခံလက်မှတ်နှင့် နယ်စပ်ဖြတ်ကျော်သွားလာခွင့် လက်မှတ်၊"ကမ္ဘာ့လှည့်ခရီးသွားကျန်းမာရေးစစ်ဆေးခြင်းသက်သေခံလက်မှတ်၊"၊ "ပြည်ပ နယ်စပ်သူနယ်စပ်သားအလုပ်လုပ်ရန်မှတ်ပုံတင်လက်မှတ်၊"၊ "ယူနန်ပြည်နယ်နယ်စပ်ဒေသ ပြည်ပနယ်စပ်သူနယ်စပ်သားယာယီနေထိုင်ခွင့်လက်မှတ်"စသည်များကို ကိုင်ဆောင်၍ အများပြည်သူသွားလာဝင်ထွက်သောနေရာတွင် ဝန်ဆောင်မှုလုပ်ငန်းရပ်တွင် အလုပ် လုပ်ခြင်း၊ အစားအသောက်လုပ်ငန်းးတွင် အလုပ်လုပ်သူများသည် နိုင်ငံတော်ကောင်စီ ထုန်ပြန်သော "အများပြည်သူသွားလာဝင်ထွက်သောနေရာမှ ကျန်းမာရေးစီမံခန့်ခွဲ အုပ်ချုပ်ရေးဖော်ဆောင်ရန် စည်းမျဉ်း"၏သတ်မှတ်ချက်အရ "ကျန်းမားရေးစံချိန်မှီ လက်မှတ်"၊ "လေ့ကျင့် ရေးစံချိန်မှီ လက်မှတ်"တွေကို ရရှိရမည်။

五、在瑞丽市聘用外国人的企业需要办理什么证件，办理该证件需要什么条件?

၅။ ရွှေလီမြို့တွင်နိုင်ငံခြားသားများဖိတ်ခေါ်အသုံးပြုသော လုပ်ငန်းများသည် မည်သည့် လက်မှတ်ပြုလုပ်ရမည်နည်း၊ လက်မှတ်ပြုလုပ်ရာတွင် မည်သည့်အခြေအနေများကို လိုအပ်ပါသလဲ။

该企业需要给外籍人员办理《境外边民入境务工登记证》。申请办理《境外边民入境务工登记证》须具备以下条件：

၎င်းလုပ်ငန်းသည် နိုင်ငံခြားသားများအတွက် "ပြည်ပနယ်စပ်သူနယ်စပ်သား ပြည်ဝင်အလုပ်လုပ်မှတ်ပုံတင်လက်မှတ်"ပြုလုပ်ဖို့လိုအပ်ပါသည်။ "ပြည်ပနယ်စပ်သူ နယ်စပ်သားပြည်ဝင်အလုပ်လုပ်မှတ်ပုံတင်လက်မှတ်"ကိုလျှောက်တင်ရန်အောက်ပါအခြေအနေများရှိရမည်။

（1）有固定的工作场所。

(၁)။ မပြောင်းမလွဲသောအလုပ်လုပ်နေရာရှိရမည်။

（2）被聘用人员年满 18 周岁，身体健康，具有一定技能，无犯罪记录，有固定的居住场所。

(၂)။ ဖိတ်ခေါ်အသုံးပြုခံရသူသည် အသက် (၁၈) နှစ်ပြည့်ရမည်၊ ကိုယ်ခန္ဓာကျန်းမာခြင်း ရှိရမည်၊ သင့်တော်သောအတတ်ပညာရှိရမည်၊မပြောင်းမလွဲသောအလုပ်လုပ်နေရာရှိရမည်။

（3）满足以上条件，并提供下列材料：

(၃)။ အထက်ပါအခြေအနေများရှိရမည်ဖြစ်ပြီး အောက်ပါစာရွက်စာတမ်းများတင်ပြရမည်။

① 被聘用外籍人员培训证书。

(က)။ ဖိတ်ခေါ်ခြင်းခံရသောနိုင်ငံခြားသား၏သင်တန်းလေ့ကျင့်ခြင်းလက်မှတ်။

② 企业、厂矿的营业执照副本原件及复印件。

(ခ)။ လုပ်ငန်း၊ စက်ရုံနှင့်သတ္တု လုပ်ငန်းလိုင်စင်မိတ္တူမူရင်းနှင့်မိတ္တူကူးစာရွက်။

③ 法人代表或者个人身份证原件及复印件。

(ဂ)။ တရားမမှုတွင်ပါဝင်ဆောင်ရွက်သူသို့မဟုတ်ကိုယ်ပိုင်ကတ်မူရင်းနှင့် မိတ္တူကူး စာရွက်။

④ 聘用岗位和岗位人数。

(ဃ)။ ဖိတ်ခေါ်ရန်လုပ်ငန်းခွင့်နှင့်လုပ်ငန်းခွင်အရေအတွက်။

⑤ 用人单位聘用担保书或者用人个人承诺书。

(င)။ လူအသုံးပြုသောဌာန၏အာမခံစာသို့မဟုတ်လူအသုံးပြုသူ၏ကတိသစ္စာပြုစာ။

⑥ 被聘用人员的身份证原件及复印件，《出入境通行证》原件及复印件。

(စ)။ အသုံးပြုခံရသူ၏ကိုယ်ပိုင်ကတ်မူရင်းနှင့်မိတ္တူကူးစာရွက်၊ ပြည်ဝင်ပြည်ထွက် သွားလာခွင့် လက်မှတ်မူရင်းနှင့်မိတ်တူကူးစာရွက်။

⑦ 被聘用外籍人员近期 2 寸正面半身免冠照片 2 张。

(ဆ)။ အသုံးပြုခံရသောနိုင်ငံခြားသား၏ယခုတလောအချိန်တွင် ရိုက်ကူးထားသော ဦးထုပ် မဆောင်း သည့်ကိုယ်တစ်ပိုင်းဓါတ်ပုံနှစ်ပုံ။

六、外国人有哪些身体情况不能在中国就业？

၅။ နိုင်ငံခြားသားများသည် မည်သည့်ကိုယ်ခန္ဓာအကြောင်းရှိလျှင် တရုတ်ပြည်တွင် အလုပ်လုပ်ခွင့်မပြုရ။

患有严重精神障碍、传染性肺结核或者可能对公共卫生造成重大危害的其他传染病的外籍人员，检验检疫机关不予签发《国际旅行健康检查证明书》，无法在中国就业。

ပြင်းထန်သောစိတ်ရောဂါရှိသူများ၊ ကူးစက်တတ်သော အဆုတ်တီဘီ ရောဂါရှိသူများ၊ သို့မဟုတ်အများ ပြည်သူ့ကျန်းမာရေးကို ကြီးမားသောထိခိုက်မှု ဖြစ်စေတတ်သော အခြားကူးစက်တတ်သည့်ရောဂါရှိသော နိုင်ငံခြားသားများ၊ စမ်းသတ်စစ်ဆေးရေးနှင့် ကူးစက်တတ်သည့် ရောဂါမပြန့်ပွားစေရန် စစ်ဆေးထိန်းချုပ်ရေး ဌာနသည်"ကမ္ဘာလှည့် ခရီးသွားကျန်းမာရေး စစ်ဆေးရေးသက်သေခံလက်မှတ်စာအုပ်"ကို လက်မှတ်ရေးထိုး ထုတ်ပေးခြင်းမပြုပေးသူသည်တရုတ်နိုင်ငံတွင်အလုပ်လုပ်ခွင့်မရ။

第三节 就业的法律责任
အခန်းခွဲ(၃)။ အလုပ်လုပ်ကိုင်ခြင်း၏ဥပဒေတာဝန်ဝတ္တရားများ

一、被聘用的外籍人员与用人单位发生劳动纠纷怎么办?

၁။ ဖိတ်ခေါ်အသုံးပြုခံရသည့်နိုင်ငံခြားသားများသည် လူသုံးအပြုသည့်ဌာနနှင့် အလုပ်သမားရေးရာ အငြင်းအခုံဖြစ်ပွားလျှင်ဘယ်လိုကိုင်တွယ်ဖြေရှင်းရမလဲ။

按照劳动协议处理或按照《中华人民共和国劳动法》等有关法律法规办理。外国人在中国 就业也受劳动法的保障。

အလုပ်သမားသဘောတူညီချက်နှင့်အညီ သို့မဟုတ် "တရုတ်ပြည်သူ့သမ္မတနိုင်ငံအလုပ်သမား ဥပဒေ" စသည်များနှင့် သက်ဆိုင်သောဥပဒေများနှင့် စည်းမျဉ်းများနှင့်အညီကိုင်တွယ်ဆောင်ရွက် ရမည်။ တရုတ်နိုင်ငံ တွင် နိုင်ငံခြားသားများ၏ အလုပ်အကိုင်ကိုလည်း အလုပ်သမားဥပဒေဖြင့် အကာအကွယ်ပေးထားသည်။

二、在瑞丽市,如果外籍人员被公安机关取消居留资格的,会被取消就业资格吗?

၂။ ရွှေလီမြို့တွင် နိုင်ငံခြားသားများမှီတင်းနေထိုင်ခွင့်အရည်အချင်းကို ပြည်သူ့ လုံခြုံရေးဌာန၏ ဖျက်သိမ်းခြင်းခံရပါက အလုပ်လုပ်ရန်အရည်အချင်းကိုပါ၍ ဖျက်သိမ်း ခံရနိုင်သလား။

会被取消就业资格,公安机关会通知人力资源和社会保障部门吊销外籍人员的《境外边民 入境务工登记证》。

အလုပ်လုပ်ရန်အရည်အချင်းကို ဖျက်သိမ်းခြင်းခံတော့မည်ဆိုလျှင်၊ ပြည်သူ့လုံခြုံရေး ဌာနသည် လူ့ အင်အားအရင်းအမြစ်နှင့် လူမှုရေးဖူလုံရေးဌာနသို့ အကြောင်းကြားပြီး" နိုင်ငံခြားသား၏ "ပြည်ပနယ်စပ်သူ နယ်စပ်သားပြည်ဝင်၍ အလုပ်လုပ်ရန်မှတ်ပုံတင် လက်မှတ်"ကို ဖျက်သိမ်းလိုက်သည်။

三、外国人有哪些行为属于非法就业?

၃။ နိုင်ငံခြားသားများသည်မည်သည့်ပြုလုပ်ဆောင်ရွက်မှုမှာတရားမဝင်အလုပ်လုပ်ခြင်း ဖြစ်သည်။

(１) 未按照规定取得工作许可和工作类居留证件却在中国境内工作的。

(၁)။ သတ်မှတ်ချက်အရ အလုပ်လုပ်ရန်ခွင့်ပြုခြင်းနှင့် အလုပ်လုပ်ရန်အမျိုးအစား မှီတင်းနေထိုင်ရန် လက်မှတ်ရရှိခြင်းကို မရှိပဲနဲ့ တရုတ်ပြည်တွင် အလုပ်လုပ်ခြင်း ။

(２) 超出工作许可限定范围在中国境内工作的。

(၂)။ အလုပ်လုပ်ရန်ခွင့်ပြုသောအကန့်အသတ်ကျော်လွန်၍ တရုတ်ပြည်တွင်အလုပ် လုပ်ခြင်း။

(３) 外国留学生违反勤工助学管理规定，超出规定的岗位范围或者时限在中国境内工作的。

(၃)။ နိုင်ငံခြားပညာတော်သင်သည် တစ်ဖက်စာသင်တစ်ဖက်အလုပ်လုပ်ခြင်းစီမံခန့်ခွဲ အုပ်ချုပ်မှု စည်းကမ်းကိုဖောက်ဖျက်၍ သတ်မှတ်ထားသော လုပ်ရန်ခွင့်အကန့်အသတ်ကို ကျော်လွန်ခြင်း သို့မဟုတ် အချိန်ကာလအကန့်အသတ်ကျော်လွန်၍ တရုတ်ပြည်တွင် အလုပ်လုပ်ခြင်း။

四、伪造、涂改、冒用、转让、买卖就业证和许可证书的外国人和用人单位可能面临什么 样的惩罚?

၄။ အလုပ်လုပ်ရန်လက်မှတ်နှင့် အလုပ်လုပ်ရန်ခွင့်ပြုချက်လက်မှတ်ကိုအတုလုပ်ခြင်း၊ ဖျက်၍ ပြန်ရေး ခြင်း၊ သူတပါး၏လက်မှတ်ကိုအသုံးပြုခြင်း၊ လက်မှတ်လွှဲပြောင်းခြင်း၊ ရောင်းဝယ်ခြင်း စသည်ဆောင်ရွက်မှု ကို ပြုလုပ်သောနိုင်ငံခြားသားများနှင့် လူအသုံးပြုသည့်ဌာနတို့သည် မည်သည့် ဒဏ်ရိုက်မှုကိုခံရနိုင်သလဲ။

根据《外国人在中国就业管理规定》的规定，由劳动行政部门收缴就业证和许可证书，没 收其非法所得，并处以1万元以上10万元以下的罚款；情节严重构成犯罪的，移交司法机关依法追究刑事责任。

"နိုင်ငံခြားသားများတရုတ်ပြည်တွင် အလုပ်လုပ်ရန်စီမံခန့်ခွဲရေး သတ်မှတ်ချက်"၏ ပြဋ္ဌာန်းချက်အရ အလုပ်သမားရေးရာဌာနမှ အလုပ်လုပ်ရန်လက်မှတ်နှင့် အလုပ်လုပ် ခွင့်ပြုလက်မှတ်ကို ရုပ်သိမ်းပြီး တရားမ ဝင်ရရှိသောပစ္စည်းဥစ္စာကို ဥပဒေအရသိမ်းပိုက်၍ ယွမ်တစ်သောင်းအထက် တစ်သိန်းအောက်ဒဏ်ငွေရိုက် ရမည်။ အခြေအနေဆိုးရွားရ၍ ပြစ်မှုဖြစ်စေလျှင် တရားစီရင်ရေးရာဌာနသို့လွှဲပေးပြီးရာဇဝတ်မှုတာဝန်ဖြင့် အရေးယူမည်။

五、介绍外籍人员非法就业（务工）的会有什么惩罚？

၅။ နိုင်ငံခြားသားများတရားမဝင်အလုပ်ကိုမိတ်ဆက်ပေးလျှင် မည်သည့်ဒဏ်ရိုက်မှုကို ခံရသလဲ။

由公安机关依据《中华人民共和国出境入境管理法》第八十条第二款规定，对个人处以每非法介绍一人处 5000 元，总额不超过 5 万元的罚款；对单位处以每非法介绍一人处 5000 元，总额不超过 10 万元的罚款；有违法所得的，依法没收违法所得。

ပြည်သူ့လုံခြုံရေးဌာနသည် "တရုတ်ပြည်သူ့သမ္မတနိုင်ငံပြည်ဝင်ပြည်ထွက်အုပ်ချုပ်မှု ဥပဒေ"ပုဒ်မ(၈၀) ခ၏ပြဋ္ဌာန်းချက်အရတစ်ဦးစီကို မိတ်ဆက်ပေးခြင်းအတွက်ယွမ်ငွေ ၅ ထောင်ကိုရိုက်ရမည်၊ စုစုပေါင်းယွမ် ၅ ထောင်ကိုမကျော်လွန်ရ။ ဌာနကိုတစ်ဌာနစီကို ယွမ်ငွေ ၅ ထောင်ရိုက်ရမည်၊ စုစုပေါင်းယွမ်တစ်သိန်းမ ကျော်လွန်ရ။ တရားမဝင်ရရှိသော ပစ္စည်းဥစ္စာ ရှိလျှင် ဥပဒေအရသိမ်းပိုက်ရမည်။

第三章 经 商

အခန်း(၃)။ အရောင်းအဝယ်ပြုလုပ်ခြင်း

第一节 经商资质

အခန်းခွဲ(၁)။ အရောင်းအဝယ်ပြုလုပ်ရန်အရည်အချင်း

一、外商投资行为指的是什么？

၁။ နိုင်ငံခြားရင်းနှီးမြှုပ်နှံမှု အပြုအမူ မှာ ဘာကို ဆိုလို တာ လဲ။

外商投资，是指外国的自然人、企业或者其他组织（以下称外国投资者）直接或者间接在中国境内进行的投资活动。包括下列情形：

နိုင်ငံခြားရင်းနှီးမြှုပ်နှံမှုဆိုသည်မှာ နိုင်ငံခြားမှ လူပုဂ္ဂိုလ်များ၊ လုပ်ငန်းများသို့မဟုတ်အခြားသောအဖွဲ့အစည်း(အောက်တွင်နိုင်ငံခြားရင်းနှီးမြှုပ်နှံသူဟူ၍ခေါ်သည်များသည် တိုက်ရိုက်ခြင်း၊ သို့မဟုတ်သွယ်ဝိုက်ခြင်းဖြင့် တရုတ်နိုင်ငံအတွင်းတွင် ရင်းနှီးမြှုပ်နှံ ရန်လှုပ်ရှားခြင်းဆိုလိုသည်၊အောက်ပါအကြောင်းအရာများ ပါဝင်သည်။

（1）外国投资者单独或者与其他投资者共同在中国境内设立外商投资企业。

(၁)။ နိုင်ငံခြားရင်းနှီးမြှုပ်နှံသူတစ်ယောက်တည်း၊ သို့မဟုတ်အခြားရင်းနှီးမြှုပ်နှံသူနှင့်အတူ တရုတ်ပြည်အတွင်းတွင်နိုင်ငံခြားကုန်သည်ရင်းနှီးမြှုပ်နှံရန်လုပ်ငန်းရပ်တည်ထောင်ခဲ့သည်။

（2）外国投资者取得中国境内企业的股份、股权、财产份额或者其他类似权益。

(၂)။ နိုင်ငံခြားရင်းနှီးမြှုပ်နှံသူများသည် တရုတ်နိုင်ငံအတွင်းရှိလုပ်ငန်း၏အစုရှယ်ယာ၊ အစုရှယ်ယာပါဝင်မှုဦ့မှ မှုအာဏာ (equity)၊ သတ်မှတ်ထားသောပစ္စည်းဥစ္စာအရေအတွက်၊ သို့မဟုတ်အခြားတူညီသောအကျိုးခံစား မှုများကိုရယူကြသည်။

（3）外国投资者单独或者与其他投资者共同在中国境内投资新建项目。

(၃)။ နိုင်ငံခြားရင်းနှီးမြှုပ်နှံသူတစ်ယောက်တည်း၊ သို့မဟုတ်အခြားရင်းနှီးမြှုပ်နှံသူနှင့်အတူ တရုတ်နိုင်ငံ အတွင်းတွင်ရင်းနှီးမြှုပ်နှံ၍လုပ်ငန်းအသစ်ကိုတည်ထောင်ခဲ့သည်။

（4）法律、行政法规或者国务院规定的其他方式的投资。

(၄)။ ဥပဒေ၊ စီမံအုပ်ချုပ်ရေးစည်းမျဉ်း၊ သို့မဟုတ်နိုင်ငံတော်ကောင်စီသတ်မှတ်ထားသော အခြားနည်း လမ်းများဖြင့်ရင်းနှီးမြှုပ်နှံခြင်း။

二、外商是否可以投资我国的所有行业?

၂။ နိုင်ငံခြားကုန်သည်များသည် ကျွန်တော်တို့နိုင်ငံရှိလုပ်ငန်းရပ်အားလုံးကို ရင်းနှီး မြှုပ်နှံနိုင်သလား။

根据《中华人民共和国外商投资法》第二十八条的规定，外商投资准入负面清单规定禁止投资的领域，外国投资者不得投资。外商投资准入负面清单规定限制投资的领域，外国投资者进行投资应当符合负面清单规定的条件。外商投资准入负面清单以外的领域，按照内外资一致的原则实施管理。

"တရုတ်ပြည်သူ့သမ္မတနိုင်ငံနိုင်ငံခြားကုန်သည်ရင်းနှီးမြှုပ်နှံမှုဥပဒေ"ပုဒ်မ(၂၈) ပြဋ္ဌာန်းချက် အရ နိုင်ငံခြားကုန်သည်များရင်းနှီးမြှုပ်နှံရန် အပျက်သဘောစာရင်းတွင် သတ်မှတ်ထားသော ရင်းနှီးမြှုပ်နှံခြင်း ခွင့်မပြုရသည့် နယ်ပယ်တွင် နိုင်ငံခြားရင်းနှီးမြှုပ်နှံသူကရင်းနှီးမြှုပ်နှံရန် ခွင့်မပြုရ။ နိုင်ငံခြားကုန်သည်များ ရင်းနှီးမြှုပ်နှံရန် အပျက်သဘောစာရင်းတွင် သတ်မှတ်ထားသော ရင်းနှီးမြှုပ်နှံခြင်းခွင့်မပြုရသည့်နယ်ပယ်၊ နိုင်ငံခြားကုန်သည် ရင်းနှီးမြှုပ်နှံသူများသည် ရင်းနှီးမြှုပ်နှံမှုများပြုလုပ်သောအခါ အပျက်သဘောစာရင်းတွင် သတ်မှတ်ထားသည့်အချက်နှင့်ကိုက်ညီမည်။ နိုင်ငံခြားကုန်သည် ရင်းနှီးမြှုပ်နှံရန် အပျက်သဘောစာရင်းမပါ

သောနယ်ပယ်မှာ ပြည်တွင်းပြည်ပရင်းနှီးငွေ တန်းတူညီမျှသည့် မူဝါဒဖြင့်စီမံခန့်ခွဲအုပ်ချုပ်ကြသည်။

三、外商在投资中国教育行业时有什么规定？

၃။ နိုင်ငံခြားကုန်သည်များသည် တရုတ်နိုင်ငံပညာရေးလုပ်ငန်းရပ်တွင် ရင်းနှီးမြှုပ်နှံသော အခါမည်သည့် သတ်မှတ်ချက်ရှိပါသလဲ။

学前、普通高中和高等教育机构限于中外合作办学，须由中方主导（校长或者主要行政负责人应当具有中国国籍，理事会、董事会或者联合管理委员会的中方组成人员不得少于1/2）。禁止外商投资义务教育机构、宗教教育机构。

မူကြိုကျောင်း၊ သာမန်အထက်တန်းကျောင်းနှင့် အဆင့်မြင့်ပညာသင်ကြားပို့ချရေးအဖွဲ့အစည်းတို့သည် တရုတ်-နိုင်ငံခြားဖက်စပ်သော စာသင်ကျောင်းကိုသာပြုလုပ်နိုင်သည်၊ တရုတ်ဘက်မှရှေ့ဆောင်ရှေ့ရွက် ပြုပိုင်ခွင့်ရှိရမည်၊ (ကျောင်းအုပ်၊ သို့မဟုတ်အဓိက စီမံခန့်ခွဲအုပ်ချုပ်သူသည် တရုတ်နိုင်ငံသားဖြစ်ရမည်၊ ကောင်စီ၊ ဒါရိုက်တာအဖွဲ့၊ သို့မဟုတ် စီမံခန့်ခွဲအုပ်ချုပ်ရေးကော်မတီ၏အဖွဲ့ဝင်များ၏ထက်ဝက်မနည်းစေရ)။ မသင်မနေရ ပညာရေးအဖွဲ့အစည်းနှင့်ဘာသာရေးပညာရေးအဖွဲ့အစည်းတွင်ရင်းနှီးမြှုပ်နှံရန်ခွင့်မပြုရ။

四、外商在投资中国采矿业时有什么规定？

၄။ နိုင်ငံခြားကုန်သည်များသည် တရုတ်နိုင်ငံသတ္တုတူးဖော်ရေးလုပ်ငန်းရပ်တွင် ရင်းနှီးမြှုပ်နှံသော အခါ မည်သည့်သတ်မှတ်ချက်ရှိပါသလဲ။

外商禁止投资稀土、放射性矿产、钨勘查、开采及选矿。

နိုင်ငံခြားကုန်သည်များသည်ရှားပါးမြေတူးဖော်ခြင်း၊ ရေဒီယိုသတ္တုရှိသတ္တုထုတ်လုပ်ခြင်း၊ တန်စတင်စုံစမ်း ခြင်း၊ တူးဖော်ခြင်းနှင့်သတ္တုရွေးချယ်ခြင်းတို့ခွင့်မပြုရ။

五、在我国瑞丽市经商有哪些条件？

၅။ ကျွန်တော်တို့နိုင်ငံရွှေလီမြို့တွင် အရောင်းအဝယ်ပြုလုပ်လျှင် မည်သည့် အခြေအနေကို လိုအပ် သလဲ။

在瑞丽辖区内经商的外籍人员，由瑞丽市市场监督管理局负责管理。在瑞丽辖区内从事生产、经营和服务的外籍人员，必须到瑞丽市市场监督管理局进行登记注册，领取营业执照。申请办理工商注册登记应具备以下条件：

ရွှေလီအုပ်ချုပ်သောနယ်ပယ်တွင်အရောင်းအဝယ်ပြုလုပ်သောနိုင်ငံခြားသားများသည်မြို့စျေးကွက်များကြီးကြပ်အုပ်ချုပ်ရေးဌာနမှ တာဝန်ယူ စီမံခန့်ခွဲသည်။ ရွှေလီ အုပ်ချုပ်သောနယ်ပယ်တွင် ထုတ်လုပ်ရေး၊ လုပ်ကိုင်ဆောင်ရွက်ရေးနှင့် ဝန်ဆောင်မှု ဆောင်ရွက်သော နိုင်ငံခြားသားများသည် မြို့စျေးကွက်များကြီးကြပ် အုပ်ချုပ်ရေးဌာနသို့သွား၍ မှတ်ပုံတင်ပြီး ဆောင်ရွက်ရန်လိုင်စင်ကို ထုတ်ယူရမည်။ စက်မှုနှင့်ကုန်သွယ်ရေး မှတ်ပုံတင်လျှောက်တင်ဆောင်ရွက်ရန်အောက်ပါအခြေအနေများ ကို ပြည့်ဝစေရမည်။

（1）有固定的经营场所、设施。

（၁）။ မရွှေ့ပြောင်းနိုင်သောလုပ်ကိုင်ဆောင်ရွက်ရန်နေရာနှင့် တပ်ဆင်မှုအဆောက် အအုံရှိရမည်။

（2）从事专业技术服务的，具有专业技术技能。

（၂）။ သီးခြားအတတ်ပညာဝန်ဆောင်မှုပြုလုပ်လျှင် သီးခြားအတတ်ပညာရှိရမည်။

（3）符合治安、道路通行、消防、环保、环境卫生等要求。

（၃）။ ငြိမ်ဝပ်ပိပြားရေး၊ လမ်းပန်းဆက်သွယ်ရေး၊ မီးသတ်ရေး၊ ပတ်ဝန်းကျင်ထိန်းသိမ်းရေး၊ ပတ်ဝန်းကျင် သန့်ရှင်းရေးစသည့်သတ်မှတ်ချက်နှင့်ကိုက်ညီရမည်။

（4）满足以上条件，并提供以下材料：

（၄）။ အထက်ပါအခြေအနေများပြည့်ဝစေပြီးအောက်ပါစာရွက်စာတမ်းများတင်ပြရမည်။

①原国籍的 Z 签证护照及中文翻译件证明材料。

（က）။ မူရင်းနိုင်ငံသား Z ဗီဇာနိုင်ငံ ကူးလက်မှတ်နှင့် တရုတ်စာဖြင့်ဘာသာပြန်ခဲ့သည့် အထောက်အထား၏စာရွက်စာတမ်းများရှိရမည်။

②中国境内银行资金证明（不低于人民币 5 万元）。

（ခ)။ တရုတ်နိုင်ငံအတွင်းရှိဘဏ်တိုက်တွင်ငွေစာရင်းရှိအထောက်အထားများရှိရမည်။(ယွမ်ငါးသောင်း အထက်မနည်းစေရ)

③从事的经营项目需前置许可审批的，有许可审批手续。

(ဂ)॥ ဆောင်ရွက်သောလုပ်ငန်းရပ်အတွက်ရှေ့တွင်ခွင့်ပြုချက်အတည်ပြုကြောင်းထားခြင်း လိုအပ်လျှင် အတည်ပြုချက်ဆောင်ရွက်မှုရှိရမည်॥

六、外籍人员在瑞丽开展经营活动必须并负有哪些义务？

၆॥ နိုင်ငံခြားသားများသည် ရွှေလီတွင် လုပ်ကိုင်ဆောင်ရွက်မှုပြုလုပ်လျှင် မည်သည့်တာဝန် ဝတ္တရားများ ကိုထမ်းဆောင်ရမလဲ॥

（1）诚实守信、文明经商。

(၁)॥ ရိုးသားဖြောင့်မတ်၍ယုံကြည်သစ္စာစောင့်ခြင်းနှင့် ယဉ်ကျေးစွာအရောင်းအဝယ် ပြုလုပ်ခြင်းရှိရ မည်॥

（2）公平竞争、守法经营。

(၂)॥ တန်းတူညီမျှစွာပြိုင်ဆိုင်ခြင်းနှင့်တရားဥပဒေကိုလိုက်နာ၍ ပြုလုပ်ဆောင်ရွက်ခြင်း ရှိရမည်॥

（3）按时、如实申报缴纳税费。

(၃) အခွန်နှင့်စရိတ်များကိုအချိန်နှင့်အညီတင်ပြပေးဆောင်ရမည်॥

（4）爱护环境、讲究卫生、礼貌待人。

(၄)॥ ပတ်ဝန်ကျင်ကို ရှိသေမြတ်နိုးရမည်၊ ကျန်းမာရေးသန့်ရှင်းခြင်းကို ဂရုပြုရမည်၊ သူတပါးကိုယဉ် ကျေးစွာဆက်ဆံရမည်॥

（5）尊重民族风俗习惯。

(၅)॥ တိုင်းရင်းသားလူမျိုးစုများ၏ဓလေ့ထုံးစံကိုရှိသေလေးစားရမည်॥

外国人的投资不能违反《中华人民共和国外商投资法》的要求。

နိုင်ငံခြားသားများ၏ရင်းနှီးမြှုပ်နှံမှုမှာ"တရုတ်ပြည်သူ့သမ္မတနိုင်ငံ နိုင်ငံခြားကုန်သည် ရင်းနှီးမြှုပ်နှံမှု ဥပဒေ"ကိုချိုး ဖောက်ခြင်းမပြုရ॥

第二节 办理手续

အခန်းခွဲ(၂)။ သက်ဆိုင်ရာဆောင်ရွက်ချက်ပြုလုပ်ခြင်း

一、外商投资是否需要办理手续?

၁။ နိုင်ငံခြားရင်းနှီးမြှုပ်နှံလျှင်သက်ဆိုင်ရာဆောင်ရွက်ချက်လုပ်ဖို့လိုအပ်သလား။

根据《中华人民共和国外商投资法》第三十条的规定,外国投资者在依法需要取得许可的行业、领域进行投资的,应当依法办理相关许可手续。有关主管部门应当按照与内资一致的条件和程序,审核外国投资者的许可申请,法律、行政法规另有规定的除外。

"တရုတ်ပြည်သူ့သမ္မတနိုင်ငံနိုင်ငံခြားရင်းနှီးမြှုပ်နှံမှုဥပဒေ"ပုဒ်မ (၃၀) ပြဋ္ဌာန်းချက် အရ နိုင်ငံခြားရင်းနှီးမြှုပ်နှံသူများသည် တရားဥပဒေအရ ခွင့်ပြုသောလုပ်ငန်းရပ်နှင့်နယ်ပယ်တွင် ရင်းနှီးမြှုပ်နှံရန် လိုအပ်လျှင် ဥပဒေအရ သက်ဆိုင်သောခွင့်ပြုချက်ဆောင်ရွက်မှုကို လျှောက်တင်ဆောင်ရွက်သင့်သည်။ သက်ဆိုင်ရာ အုပ်ချုပ်ရေးဌာနတို့သည် ပြည်တွင်း ငွေရင်းနှီးမြှုပ်နှံခြင်းနှင့်တူညီသော အခြေအနေနှင့်အစီအစဉ်အလိုက် နိုင်ငံခြားရင်းနှီး မြှုပ်နှံသူ၏ခွင့်ပြုရန်လျှောက်တင်ခြင်းကို စစ်ဆေးရမည်၊ ဥပဒေ၊ စီမံအုပ်ချုပ်ရေး စည်းမျဉ်း များအခြားသတ်မှတ်ချက်ရှိပါကမပါဝင်ပါဘူး။

二、外商投资企业的投资行为是否适用国内法律的规定?

၂။ နိုင်ငံခြားရင်းနှီးမြှုပ်နှံရေးလုပ်ငန်း ရင်းနှီးမြှုပ်နှံခြင်းပြုလုပ်ဆောင်ရွက်မှုမှာ ပြည်တွင်းဥပဒေ သတ်မှတ်ချက်များနှင့်အသုံးဝင်သလား.

外商投资企业的组织形式、组织机构及其活动准则适用《中华人民共和国公司法》《中华人民共和国合伙企业法》等法律的规定。根据《中华人民共和国外商投资法》第三十二条的规定,外商投资企业开展生产经营活动,应当遵守法律、行政法规有关劳动保护、社会保险的规定,依照法律、行政法规和国家有关规定办理税收、会计、外汇等事宜,并接受相关主管部门依法实施的监督检查。

နိုင်ငံခြား ရင်းနှီးမြှုပ်နှံမှုလုပ်ငန်း၏ဖွဲ့စည်းပုံ၊ အဖွဲ့အစည်းနှင့်သူတို့၏အပြု အမူသည် "တရုတ်ပြည်သူ့ သမ္မတနိုင်ငံကုမ္ပဏီဥပဒေ"၊ "တရုတ်ပြည်သူ့သမ္မတနိုင်ငံ လုပ်ငန်းပူးပေါင်းဆောင်ရွက်ရေးဥပဒေ"စသည့် ဥပဒေသတ်မှတ်ချက်နှင့်အသုံးဝင်ကြသည်။"တရုတ်ပြည်သူ့သမ္မတနိုင်ငံနိုင်ငံခြားကုန်သည် ရင်းနှီးမြှုပ်နှံမှု ဥပဒေ"ပုဒ်မ (၃၂) အရ နိုင်ငံခြားရင်းနှီးမြှုပ်နှံရေးလုပ်ငန်းရပ်ပြုလုပ်ဆောင်ရွက်မှုသည် တရားဥပဒေနှင့် စီမံခန့်ခွဲအုပ်ချုပ်ရေး စည်းမျဉ်းများနှင့်သက်ဆိုင်သော အလုပ်လုပ်ခြင်းကာကွယ် စောင့်ရှောက်ခြင်းနှင့် လူမှုအာမခံခြင်းဆိုသည့်သတ်မှတ်ချက်ကို လိုက်နာရမည်၊ ဥပဒေ၊ စီမံခန့်ခွဲအုပ်ချုပ်ရေးစည်းမျဉ်းများနှင့် သက်ဆိုင်သော နိုင်ငံတော်သတ်မှတ်ချက်များအရ အခွန်ဆောင်းခြင်း၊ စာရင်းကိုင်ခြင်း၊ နိုင်ငံခြားငွေ စသည့် ကိစ္စရပ်များကို ပြုလုပ် ဆောင်ရွက်သည့်အပြင် သက်ဆိုင်သောအုပ်ချုပ်ရေးဌာနတို့ ဥပဒေအရပြုလုပ်သည့် ကြီးကြပ်စစ်ဆေးခြင်းကို လက်ခံရမည်။

三、外商投资企业和外国企业所得税的应纳税所得包括哪些?

၃။ နိုင်ငံခြား ရင်းနှီးမြှုပ်နှံရေးလုပ်ငန်းနှင့် နိုင်ငံခြားလုပ်ငန်းရရှိသော အမြတ် အခွန်ပေးဆောင်သင့်သည့် အခွန်သည်မည်တွေများဖြစ်သည်နည်း။

外商投资企业和外国企业所得税的应纳税所得包括以下三个方面:

နိုင်ငံခြား ရင်းနှီးမြှုပ်နှံရေးလုပ်ငန်းနှင့် နိုင်ငံခြားလုပ်ငန်းရရှိသော အမြတ် အခွန်ပေးဆောင်သင့်သည့် အခွန်မှာအောက်ပါသုံးချက်ဖြစ်သည်.

（1）在中国境内，外商投资企业生产、经营所得和其他所得以及总机构设在中国境内取得 来源于中国境外的生产经营所得和其他所得。

(၁) တရုတ်ပြည်အတွင်းတွင် နိုင်ငံခြားကုန်သည် ရင်းနှီးမြှုပ်နှံရေးလုပ်ငန်းထုတ်လုပ်မှု၊ လုပ် ကိုင် ဆောင်ရွက်မှု၏အမြတ်နှင့်အခြားရရှိသောအမြတ်၊ တရုတ်ပြည်တွင်တည်ထောင်သော အဖွဲ့ချုပ်ရရှိသော ပြည်ပတွင်ထုတ်လုပ်မှုနှင့် လုပ်ကိုင်ဆောင်ရွက်မှုရရှိသော အမြတ်နှင့် အခြားပြုလုပ်မှုရရှိသောအမြတ် ဖြစ်သည်။

（2）在中国境内，外国企业生产、经营所得和其他所得以及发生在中国境内、境外与外国企业在中国境内设立的机构、场所有实际联系的利润（股息、红利）、利息、租金、特许权使用费和其他所得。

(၂)॥ တရုတ်နိုင်ငံအတွင်းတွင်နိုင်ငံခြားလုပ်ငန်းမှထုတ်လုပ်မှု၊ လုပ်ကိုင်ဆောင်ရွက်မှုရှိသော အမြတ်နှင့် အခြားဝင်ငွေများနှင့် တရုတ်နိုင်ငံပြည်တွင်း၊ ပြည်ပတွင် နိုင်ငံခြားလုပ်ငန်းများ တရုတ်နိုင်ငံတွင် တည်ထောင် သောအဖွဲ့အစည်းများ၊ နေရာများနှင့်လက်တွေ့ဆက်နွယ်မှု ရှိသောအကျိုး အမြတ် (စုရှယ်ယာအတိုး၊ အမြတ်)၊ အတိုး၊ ငှားရမ်းခ၊ အထူးခွင့်ပြုထားသောအသုံးပြုရိတ်နှင့်အခြားဘက်မှရရှိသောဝင်ငွေ ဖြစ်သည်॥

（3）外国企业在中国境内未设立机构、场所，或虽设有机构、场所，但与其机构场所没有实际联系，所取得的来源于中国境内的利润（股息、红利）、利息、租金、特许权使用费和其他所得。

(၃)॥ နိုင်ငံခြားလုပ်ငန်းသည် တရုတ်နိုင်ငံတွင် အဖွဲ့အစည်းနှင့်နေရာကို တည်ထောင်ခြင်း မရှိခြင်း၊ သို့မဟုတ်အဖွဲ့အစည်းနှင့် နေရာကိုတည်ထောင်ခဲ့သော်လည်း ၎င်းအဖွဲ့အစည်းနှင့် နေရာကို လက်တွေ့ ဆက်နွယ်မှုမရှိခြင်း၊ တရုတ်ပြည်မှရရှိသော အကျိုးအမြတ် (စုရှယ်ယာအတိုး၊ အတိုး) အတိုး၊ ငှားရမ်းခ၊ အထူး ခွင့်ပြုထားသော အသုံးပြုစရိတ်နှင့် အခြားမှရရှိသောဝင်ငွေဖြစ်သည်॥

第三节　检验检疫

အခန်းခွဲ(၃)॥　စစ်ဆေးခြင်းနှင့်ကူးစက်တတ်သောရောဂါ ကာကွယ် ထိန်းချုပ်ခြင်း

一、有哪些与检验检疫有关的法律法规？

၁॥ စစ်ဆေးနှင့် ကူးစက်တတ်ရောဂါ ကာကွယ်ထိန်းချုပ်ခြင်းနှင့် ဆက်စပ်သောဥပဒေများနှင့်စည်းမျဉ်း များဘာများရှိပါသနည်း॥

与检验检疫相关的法律法法规有《中华人民共和国进出口商品检验法》《中华人民共和国

进出口商品检验法实施条例》《中华人民共和国进出境动植物检疫法》《中华人民共和国进出境动植物检疫法实施条例》《中华人民共和国国境卫生检疫法》《中华人民共和国国境卫生检疫法实施细则》《中华人民共和国食品安全法》《中华人民共和国刑法》等。

စစ်ဆေးခြင်းနှင့်ကူးစက်တတ်သောရောဂါ ကာကွယ်ထိန်းချုပ်ခြင်းနှင့် ဆက်စပ်သော ဥပဒေများနှင့်စည်းမျဉ်းများမှာ "တရုတ်ပြည်သူ့သမ္မတနိုင်ငံသွင်းကုန်ပို့ကုန်ကုန်စည်စစ်ဆေး ရေး ဥပဒေ"၊ "တရုတ်ပြည်သူ့သမ္မတနိုင်ငံ သွင်းကုန်ပို့ကုန်ကုန်စည်းစစ်ဆေးရေးဥပဒေ အကောင်အထည်ဖော်စည်းမျဉ်း"၊ "တရုတ်ပြည်သူ့သမ္မတနိုင်ငံ ပြည်ဝင်ပြည်ထွက်တိရစ္ဆာန် များနှင့် ရုက္ခပင်များအတွက် ကူးစက်တတ်သောရောဂါ စစ်ဆေးရေးနှင့်ကာကွယ်ထိန်းချုပ် ရေးဥပဒေ"၊ "တရုတ်ပြည်သူ့သမ္မတနိုင်ငံပြည်ဝင်ပြည်ထွက်တိရစ္ဆာန်များနှင့်ရုက္ခပင်များ အတွက်ကူး စက်တတ်သောရောဂါစစ်ဆေးရေးနှင့်ကာကွယ်ထိန်းချုပ်ရေးဥပဒေအကောင် အထည်ဖော်စည်းမျဉ်း"၊ "တရုတ်ပြည်သူ့သမ္မတနိုင်ငံနယ်နိမိတ်ကျန်းမာရေးနှင့်ကူးစက် တတ်သောရောဂါကာကွယ် ထိန်းချုပ်ရေးဥပဒေ"၊ "တရုတ်ပြည်သူ့သမ္မတနိုင်ငံနယ်နိမိတ်ကျန်းမာရေးနှင့်ကူးစက်တတ်သောရောဂါ ကာကွယ်ထိန်းချုပ်ရေးဥပဒေအကောင်အထည် ဖော်စည်းမျဉ်း"၊ "တရုတ်ပြည်သူ့သမ္မတနိုင်ငံအစားအစာ လုံခြုံရေးဥပဒေ"၊ "တရုတ်ပြည်သူ့သမ္မတနိုင်ငံရာဇဝတ်ဆိုင်ရာဥပဒေ"စသည်များရှိသည်။

二、对于进出口伪劣产品有什么处罚?

၂။ အတုကုန်နှင့်ညံ့ဖျင်းထုတ်ကုန်သွင်းခြင်းပို့ခြင်းအတွက်မည်သည့်ပြစ်ဒဏ်ပေးခြင်း ရှိပါသလဲ။

根据《中华人民共和国进出口商品检验法》第三十三条的规定,进口或者出口属于掺杂掺假、以假充真、以次充好的商品或者以不合格进出口商品冒充合格进出口商品的,由商检机构责令停止进口或者出口,没收违法所得,并处货值金额百分之五十以上三倍以下的罚款;构成犯罪的,依法追究刑事责任。

"တရုတ်ပြည်သူ့သမ္မတနိုင်ငံသွင်းကုန်ပို့ကုန် စစ်ဆေးစမ်းသပ်ရေး ဥပဒေ"ပုဒ်မ (၃၅) ပြဋ္ဌာန်းချက် အရ သွင်းကုန်သို့မဟုတ်ပို့ကုန်များကို အတုရောခြင်း၊ မကောင်းသည်များရောခြင်း၊ အတုဖြင့်အစစ်ကို အဖြစ်အထားထိုးပြခြင်း၊ အရည်အသွေးမမီပစ္စည်းဖြင့် အရည်အသွေးမီ ပစ္စည်းကို အဖြစ်အထားထိုးပြ

ခြင်း၊ သို့မဟုတ်စံချိန်မမှီသွင်းကုန်ပို့ကုန်ကို စံချိန်မှီသွင်းကုန် ပို့ကုန် အဖြစ်စားထိုးပြုခြင်း စသည်များရှိပါက ကုန်ပစ္စည်းစစ်ဆေးရေးဌာနမှ ကုန်သွင်းခြင်း သို့မဟုတ်ကုန်ပို့ခြင်းကို အမိန့်ချခြင်းဖြင့်ရပ်ဆိုင်း၍ မတရားရရှိ သောပစ္စည်းဥစ္စာကို သိမ်းပိုက်ကာ ကုန်ပစ္စည်း တန်ဖိုး၏ရာခိုင်နှုန်း(၅၀)အထက် (၃) ဆ အောက်ဒဏ်ငွေ ရိုက်မည်၊ ပြစ်မှုကျူးလွန်ခြင်းဖြစ်လျှင် တရားဥပဒေအရ ရာဇဝတ်မှုဖြင့်အရေးယူရမည်။

第四节　经商者义务

အခန်းခွဲ(၄)။　အရောင်းအဝယ်ပြုလုပ်သူ၏တာဝန်ဝတ္တရားများ

一、在华经商需要遵守哪些法律规定？

၁။ တရုတ်နိုင်ငံတွင်အရောင်းအဝယ်ပြုလုပ်ခြင်းသည်မည်သည့်ဥပဒေသတ်မှတ်ချက်ကို လိုက်နာရမည် နည်း။

根据《中华人民共和国消费者权益保护法》规定：

"တရုတ်ပြည်သူ့သမ္မတနိုင်ငံတော်စားသုံးသူများ၏အခွင့်အရေးထိန်းသိမ်းကာကွယ်ရေးဥပဒေ"၏ ပြဋ္ဌာန်းချက်အရ၊

（1）经营者向消费者提供商品或者服务，应当依照本法和其他有关法律、法规的规定履行义务。

(၁)။ လုပ်ကိုင်ဆောင်ရွက်သူသည်စားသုံးသူကိုကုန်ပစ္စည်းရောင်းချခြင်းနှင့်ဝန်ဆောင်မှု ပေးခြင်း ပြုလုပ်ရာတွင်ဤဥပဒေနှင့်အခြားဥပဒေ၊ စည်းမျဉ်းများ၏ သတ်မှတ်ချက်အရ တာဝန်ဝတ္တရားကိုလိုက်နာ ဆောင်ရွက်သင့်သည်။

（2）经营者应当听取消费者对其提供的商品或者服务的意见，接受消费者的监督。

(၂)။ လုပ်ကိုင်ဆောင်ရွက်သူသည် မိမိရောင်းချသောကုန်ပစ္စည်း သို့မဟုတ် ဝန်ဆောင်မှုများအပေါ်

စားသုံးသူများဖော်ပြသောသဘောမကျခြင်းကို နာကြားသင့် သည့်အပြင် စားသုံးသူများ၏ကြီးကြပ်မှုကို လည်းလက်ခံရမည်။

（3）经营者应当保证其提供的商品或者服务符合保障人身、财产安全的要求。

(၃)။ လုပ်ကိုင်ဆောင်ရွက်သူသည် မိမိရောင်းချသောကုန်ပစ္စည်း၊ သို့မဟုတ် ဝန်ဆောင်မှုများသည် လူ ပုဂ္ဂိုလ်ကိုယ်ခန္ဓာနှင့် ပစ္စည်းဉစ္စာလုံခြုံမှုအာမခံရန် သတ်မှတ်ချက်နှင့်ကိုက်ညီသည်ကိုကတိသစ္စာပြုရမည်။

（4）经营者发现其提供的商品或者服务存在缺陷，有危及人身、财产安全危险的，应当立即向有关行政部门报告和告知消费者，并采取停止销售、警示、召回、无害化处理、销毁、停止生产或者服务等措施。

(၄)။ လုပ်ကိုင်ဆောင်ရွက်သူသည် မိမိရောင်းချသော ကုန်ပစ္စည်း၊ သို့မဟုတ် ဝန်ဆောင်မှုများ ချွတ်ယွင်းချက်ရှိ၍လူပုဂ္ဂိုလ်ကိုယ်ခန္ဓာနှင့် ပစ္စည်းဉစ္စာလုံခြုံမှုအန္တရာယ် ဖြစ်စေနိုင်ကြောင်းတွေ့ရှိပါက သက်ဆိုင်ရာစီမံအုပ်ချုပ်ရေးဌာနသို့သတင်းပို့ပေးပြီး စားသုံးသူများအား အကြောင်းကြားပေးရမည့်အပြင် ရောင်းချခြင်းကို ရပ်ဆိုင်းခြင်း၊ သတိပေးခြင်း၊ ရောင်းပြီးသားကုန်ပစ္စည်းများကို ရုပ်သိမ်းရန်ဆော်ဩခြင်း၊ ဘေးအန္တရာယ်ကင်းရှင်းရန်ဆောင်ရွက်ခြင်း၊ ပစ္စည်းဖျက်ပစ်ခြင်း၊ ထုတ်လုပ်မှု သို့မဟုတ်ဝန်ဆောင်မှုကို ရပ်ဆိုင်းခြင်းစသည့်နည်းလမ်းများပြုလုပ်သင့်သည်။

（5）经营者向消费者提供有关商品或者服务的质量、性能、用途、有效期限等信息，应当真实、全面，不得作虚假或者引人误解的宣传。

(၅)။ လုပ်ကိုင်ပ်ဆောင်ရွက်သူသည် စားသုံးသူအတွက် ကုန်ပစ္စည်းရောင်းချခြင်း သို့မဟုတ်ဝန်ဆောင်မှု ပေးခြင်းနှင့်သက်ဆိုင်သော ပစ္စည်းအရည်အသွေး၊ အစွမ်းသတ္တိ၊ အသုံးဝင်၊ အတည်ဖြစ်သက်တမ်း စသည့် သတင်းများသည် မှန်ကန် ပြည့်စုံခြင်းရှိရမည်၊ အတုအပ၊ သို့မဟုတ်သူတပါးအထင်အမြင်လွဲမှားစေတတ် သော ထုတ်ပြန်ကြေညာခြင်းခွင့်မပြုရ။

（6）经营者应当标明其真实名称和标记。

(၆)။ လုပ်ကိုင်ဆောင်ရွက်သူသည် စစ်မှန်သောနာမည်နှင့် အမှတ်အသားကို ရေးသား ဖော်ပြသင့်သည်။

（7）经营者提供商品或者服务，应当按照国家有关规定或者商业惯例向消费者出具发票等购货凭证或者服务单据；消费者索要发票等购货凭证或者服务单据的，经营者必须出具。

(၇)။ လုပ်ကိုင်ဆောင်ရွက်သူသည် ကုန်ပစ္စည်းနှင့် ဝန်ဆောင်မှုပြုလုပ်ရာတွင် သက်ဆိုင်သော နိုင်ငံတော် သတ်မှတ်ချက်နှင့် ကုန်သွယ်ရေးလုပ်ရိုးလုပ်စဉ်ဖြင့် စားသုံးသူကို ဘောက်ချာစသည့်ပစ္စည်းဝယ်ယူရန် သက်သေခံလက်မှတ် သို့မဟုတ် ဝန်ဆောင်ပေးမှုချာလန်များကို ထုတ်ပေးသင့်သည်၊ စားသုံးသူများသည် ဘောက်ချာ စသည့်ပစ္စည်းဝယ်ယူရန် သက်သေခံလက်မှတ် သို့မဟုတ်ဝန်ဆောင်ပေးမှု ချာလန်များကို တောင်းယူလျှင်ပြုလုပ်ဆောင်ရွက်သူသည် မပြုမပြီးထုတ်ပေးရမည်။

（8）经营者应当保证在正常使用商品或者接受服务的情况下其提供的商品或者服务应当具有的质量、性能、用途和有效期限；但消费者在购买该商品或者接受该服务前已经知道其存在瑕疵，且存在该瑕疵不违反法律强制性规定的除外。

(၈)။ လုပ်ကိုင်ဆောင်ရွက်သူသည် ကုန်ပစ္စည်းကိုပုံမှန်အသုံးပြုရာတွင်၊ သို့မဟုတ် ဝန်ဆောင်ပေးမှု လက်ခံရာတွင်သုံးပြုသောကုန်ပစ္စည်းနှင့်ဝန်ဆောင်မှုနှင့်သက်ဆိုင်သော ပစ္စည်းအရည်အသွေး၊ အစွမ်းသတ္တိ၊ အသုံးပြုနိုင်သည့်နေရာ၊ အတည်ဖြစ်သက်တမ်း စသည်တွေ့ကို ရှိရမည်ဟုအာမခံကတိပြုသည်၊ သို့သော် စားသုံးသူသည်ငင်းပစ္စည်း မဝယ်ခင်၊ သို့မဟုတ် ဝန်ဆောင်ပေးမှုမလက်ခံခင် ငင်းတွေ့ချွတ်ယွင်းမပြည့်စုံခြင်း အကြောင်းသိခြင်း၊ ၍ချွတ်ယွင်းမပြည့်စုံခြင်းသည် တရားဥပဒေအတင်းအကြပ် သတ်မှတ်ချက်ကို မချိုးဖောက်လျှင်မပါဝင်ပါ။

（9）经营者提供的商品或者服务不符合质量要求的，消费者可以依照国家规定、当事人约定退货，或者要求经营者履行更换、修理等义务。

(၉)။ လုပ်ကိုင်ဆောင်ရွက်သူပေးအပ်သော ကုန်ပစ္စည်းနှင့် ဝန်ဆောင်မှုများသည် အရည်အသွေး သတ်မှတ်ထားသောစံချိန်နှင့်မကိုက်ညီပါကစားသုံးသူသည်နိုင်ငံတော်၏သတ်မှတ်ချက်အရသက်ဆိုင်သူနှင့် ချိန်းချ ဝယ်ထားသောပစ္စည်းကို ပြန်ပေးခြင်း၊ သို့မဟုတ်လုပ်ကိုင်ဆောင်ရွက်သူကိုအသစ်လဲရန်နှင့်ပြုပြင်ရန်

တောင်းဆိုနိုင်ပါသည်။

（10）经营者采用网络、电视、电话、邮购等方式销售商品，消费者有权自收到商品之日起七日内退货，且无需说明理由，但下列商品除外：

(၁၀)။ လုပ်ကိုင်ဆောင်ရွက်သူသည် ကွန်ရက်၊ ရုပ်ရှင်၊ ဖုန်း၊ စာတိုက်မှတဆင့်ငွေပို့၍ ဝယ်ယူခြင်းစသည့်နည်းလမ်းဖြင့် ရောင်းချလျှင် စားသုံးသူများသည်ပစ္စည်းရရှိသည့် အချိန်မှစ၍ (၇) ရက်တာအတွင်းတွင် ပစ္စည်းပြန်ပေးခြင်းအခွင့်အရေးရှိရမည့်အပြင် အကြောင်းအရင်းပြောပြရန်မလို၊ သို့သော်အောက်ပါ ကုန်ပစ္စည်းများတော့မပါဝင်ပါ။

①消费者订做的。

(က)။ စားသုံးသူအော်ဒါဖြင့်မှာထားသောပစ္စည်း။

②鲜活易腐的。

(ခ)။ အသက်ရှိပစ္စည်းနှင့်ပုပ်သိုးလွယ်နိုင်သောပစ္စည်း။

③在线下载或者消费者拆封的音像制品、计算机软件等数字化商品。

(ဂ)။ အွန်လိုင်းကူးချခြင်း၊ သို့မဟုတ်စားသုံးသူသည် ရုပ်သံပစ္စည်း၏အပိတ်အဖုံးကို ဖွင့်ချခြင်း၊ ကွန်ပြူတာဆော့ဖ်ဝဲလ်စသည့်ဒစ်ဂျီတယ်ကုန်ပစ္စည်းများ။

④交付的报纸、期刊。

(ဃ)။ ပေးအပ်သောသတင်းစာနှင့်ပုံမှန်ထုတ်စာစောင်။

（11）经营者在经营活动中使用格式条款的，应当以显著方式提请消费者注意商品或者服务的数量和质量、价款或者费用、履行期限和方式、安全注意事项和风险警示、售后服务、民事责任等与消费者有重大利害关系的内容，并按照消费者的要求予以说明。

(၁၁)။ လုပ်ကိုင်ဆောင်ရွက်သူသည် လုပ်ကိုင်ဆောင်ရွက်ရာတွင် ပုံစံအပိုဒ်သုံးပြုလျှင် ကုန်ပစ္စည်းနှင့် ဝန်ဆောင်ပေးမှု၏အရည်အသွေးနှင့် အရေအတွက်၊ စျေးနှုန်း၊ သို့မဟုတ် ကုန်ကျစရိတ်၊ ပြုလုပ်ရန်သက်တမ်းနှင့် နည်းပုံစံ၊ လုံခြုံမှုရရှိပြုရန် ကိစ္စရပ်များနှင့် အန္တရာယ်ရှိကြောင်းသတိပေးခြင်း၊ ရောင်းချပြီး

နောက်ဝန်ဆောင်မှုပေးခြင်း၊ တရားမတာဝန် စသည့်စားသုံးသူ၏အကျိုးစီးပွားရေးနှင့် နစ်နာဆုံးရှုံးမှုနှင့် သက်ဆိုင်သော အချက် အလက်များကို ထင်ရှားသောနေရာတွင် စားသုံးသူအားသတိပြုရန်ပြုလုပ်သင့်သည်၊ စားသုံးသူ၏တောင်းဆိုချက်အရ ရှင်းလင်းရှင်းပြပေးရမည်။

（12）经营者不得对消费者进行侮辱、诽谤，不得搜查消费者的身体及其携带的物品，不得侵犯消费者的人身自由。

(၁၂)။ လုပ်ကိုင်ဆောင်ရွက်သူသည် စားသုံးသူကိုစော်ကားခြင်း၊ ပုတ်ခတ်စွပ်စွဲခြင်း၊ စားသုံးသူကိုယ်ခန္ဓာ နှင့် ပါလာသောပစ္စည်းများအား ရှာဖွေစစ်ဆေးခြင်း ခွင့်မပြုရ၊ စားသုံးသူပုဂ္ဂိုလ်ဆိုင်ရာလွတ်လပ်ခွင့်ကို ကျူးကျော်ထိပါးခြင်းခွင့်မပြုရ။

（13）采用网络、电视、电话、邮购等方式提供商品或者服务的经营者，以及提供证券、保险、银行等金融服务的经营者，应当向消费者提供经营地址、联系方式、商品或者服务的数量和质量、价款或者费用、履行期限和方式、安全注意事项和风险警示、售后服务、民事责任等信息。

(၁၃)။ ကွန်ရက်၊ ရုပ်ရှင်၊ ဖုန်း၊ စာတိုက်မှတဆင့်ငွေပို့၍ ဝယ်ယူခြင်းစသည် နည်းလမ်းဖြင့် ရောင်းချခြင်း နှင့်ဝန်ဆောင်မှုပေးခြင်းလုပ်ကိုင်ဆောင်ရွက်သူနှင့်အစုရှယ်ယာ လက်မှတ်၊ အာမခံလုပ်ငန်း၊ ဘဏ်လုပ်ငန်း စသည့်ငွေကြေးဝန်ဆောင်မှုလုပ်ကိုင်ဆောင်ရွက် သူတို့သည် စားသုံးသူကို လုပ်ကိုင်ဆောင်ရွက်သောနေရပ် လိပ်စာ၊ ဆက်သွယ်ရန် နည်းလမ်း၊ ကုန်ပစ္စည်းနှင့် ဝန်ဆောင်ပေးမှု၏အရည်အသွေးနှင့် အရေအတွက်၊ စျေးနှုန်း၊ သို့မဟုတ်ကုန်ကျစရိတ်၊ ပြုလုပ်ရန်သက်တမ်းနှင့်နည်းပုံစံ၊ လုံခြုံမှုရှုပြုရန် ကိစ္စရပ်များနှင့် အန္တရာယ်ရှိကြောင်းသတိပေးခြင်း၊ ရောင်းချပြီးနောက်ဝန်ဆောင်မှုပေးခြင်း၊ တရားမတာဝန် စသည့် သတင်း အချက် အလက်များအားတင်ပြရမည်။

（14）经营者收集、使用消费者个人信息，应当遵循合法、正当、必要的原则，明示收集、使用信息的目的、方式和范围，并经消费者同意。

(၁၄)။ လုပ်ကိုင်ဆောင်ရွက်သူသည် စားသုံးသူ၏ သတင်းအချက်အလက်များစုဆောင်း ခြင်း၊ အသုံးပြု

ခြင်းပြုလုပ်ပါက တရားဝင်ခြင်း၊ မှန်ကန်ခြင်း အပ်ခြင်းဆိုသည့်မူကို လိုက်နာရမည်၊ သတင်းအချက်အလက် စုဆောင်းခြင်း၊ အသုံးပြုခြင်း၏ရည်ရွယ်ချက်၊ နည်းပုံစံနှင့် အကန့်အသတ်ကို ရှင်းလင်း၍ စားသုံးသူ၏ သဘောတူညီခြင်းကိုရရှိရမည်။

第四章　消费购物

အခန်း(၄)။　စားသုံးခြင်းနှင့်ပစ္စည်းဝယ်ယူခြင်း

第一节　权益保护

အခန်းခွဲ(၁)။　အခွင့်အရေးနှင့်အကျိုးခံစားမှုထိန်းသိမ်းကာကွယ်ခြင်း

一、外国人在中国购物享有哪些权利？

၁။ နိုင်ငံခြားသားများသည် တရုတ်နိုင်ငံအတွင်းတွင် ပစ္စည်းဝယ်ယူရန် မည်သည့်အခွင့်အရေး ရှိပါသလဲ။

根据《中华人民共和国消费者权益保护法》规定：

"တရုတ်ပြည်သူ့သမ္မတနိုင်ငံ စားသုံးသူအခွင့်အရေးနှင့်အကျိုးခံစားမှုထိန်းသိမ်း ကာကွယ်ရေးဥပဒေ"

ပြဋ္ဌာန်းချက်အရ

（1）消费者在购买、使用商品和接受服务时享有人身、财产安全不受损害的权利。

(၁)။ စားသုံးသူသည်ပစ္စည်းဝယ်ယူခြင်း၊ ကုန်စည်အသုံးပြုခြင်းနှင့် ဝန်ဆောင်မှုလက်ခံရရှိ သည့် အချိန်တွင်ကိုယ်ခန္ဓာ၊ ပစ္စည်းဥစ္စာ၏လုံခြုံမှုကို မထိခိုက်စေရန် အခွင့်အရေးရှိသည်။

（2）消费者享有知悉其购买、使用的商品或者接受的服务的真实情况的权利。

(၂)။ စားသုံးသူသည် မိမိဝယ်ယူခြင်း၊ အသုံးပြုခြင်းဖြစ်သောကုန်ပစ္စည်းသို့မဟုတ် လက်ခံသော ဝန်ဆောင်မှု၏ စစ်မှန်သောအကြောင်းကိုသိရန်အခွင့်အရေးရှိသည်။

（3）消费者享有自主选择商品或者服务的权利。

(၄)॥ စားသုံးသူသည်မိမိကိုမိမိကုန်ပစ္စည်းရွေးချယ်ရန်၊ သို့မဟုတ်ဝန်ဆောင်မှုရွေးချယ်ရန် အခွင့်အရေးရှိ သည်॥

（4）消费者享有公平交易的权利。

(၄)॥ စားသုံးသူသည်တန်းတူညီမျှခြင်းဖြင့်အရောင်းအဝယ်ပြုလုပ်သောအခွင့်အရေးရှိသည်॥

（5）消费者因购买、使用商品或者接受服务受到人身、财产损害的，享有依法获得赔偿的权利。

(၅)॥ စားသုံးသူသည် ပစ္စည်းဝယ်ယူခြင်း၊ ကုန်စည်အသုံးပြုခြင်း၊ သို့မဟုတ် ဝန်ဆောင်မှု လက်ခံခြင်း ကြောင့်ကိုယ်ခန္ဓာ၊ ပစ္စည်းဥစ္စာကို ထိခိုက်ခြင်းခံရလျှင် တရားဥပဒေအရ လျော်ကြေးပေးခြင်းခံရသော အခွင့်အရေးရှိသည်॥

（6）消费者享有依法成立维护自身合法权益的社会组织的权利。

(၆)॥ စားသုံးသူသည်တရားဥပဒေအရ မိမိတရားဝင်အခွင့်အရေးနှင့် အကျိုးစီးပွားကို ကာကွယ်ရန်လူမှု အဖွဲ့အစည်းတည်ထောင်သောအခွင့်အရေးရှိသည်॥

（7）消费者享有获得有关消费和消费者权益保护方面的知识的权利。

(၇)॥ စားသုံးသူသည် စားသုံးခြင်းနှင့် စားသုံးသူအခွင့်အရေးနှင့် အကျိုးစီးပွားကို ကာကွယ်ရေးဆိုင်ရာ ဗဟုသုတရယူရန်အခွင့်အရေးရှိသည်॥

（8）消费者应当努力掌握所需商品或者服务的知识和使用技能，正确使用商品，提高自我保护意识。

(၈)॥ စားသုံးသူသည်လိုအပ်သောကုန်ပစ္စည်း၊ သို့မဟုတ်ဝန်ဆောင်မှုဆိုင်ရာဗဟုသုတနှင့် အသုံးပြု ရန်နည်းပညာများကို ကြိုးစားစွာလေ့လာ၍ ပိုင်နိုင်တတ်မြောက်ပြီးကုန်ပစ္စည်းကို မှန်အောင်အသုံးပြုခြင်းဖြင့် မိမိကိုမိမိကာကွယ်သောအမြင်မြှင့်တင်သင့်သည်॥

（9）消费者在购买、使用商品和接受服务时，享有人格尊严、民族风俗习惯得到尊重的权利，享有个人信息依法得到保护的权利。

（၉）။ စားသုံးသူသည်ပစ္စည်းဝယ်ယူခြင်း၊ကုန်ပစ္စည်းအသုံးပြုခြင်းနှင့်ဝန်ဆောင်မှုလက်ခံ သော အခါ လူ ဂုဏ်သိက္ခာ၊ လူမျိုးစုခမ္လေ့ထုံးစံများကို လေးစားခြင်းခံစားရသောအခွင့်အရေး ရရှိနိုင်သည်၊မိမိသတင်းကိုကာ ကွယ်ထိန်းသိမ်းခြင်းခံရသောအခွင့်အရေးရရနိုင်ပါသည်။

（10）消费者享有对商品和服务以及保护消费者权益工作进行监督的权利。

(၁၀)။ စားသုံးသူသည်ကုန်ပစ္စည်း၊ ဝန်ဆောင်မှုနှင့်စားသုံးသူအခွင့်အရေးနှင့်အကျိုးခံစားမှု ကာကွယ် ထိန်းသိမ်းရေးအလုပ်ကိုကြီးကြပ်သောအခွင့်အရေးရှိသည်။

第二节 争议解决

အခန်းခွဲ(၂)။ အငြင်းအခုံဖြေရှင်းခြင်း

一、如果在中国买卖东西时发生争议，应该怎么办？

၁။ တရုတ်နိုင်ငံမှာပစ္စည်းဝယ်ယူရာတွင်အငြင်းအခုံဖြစ်ပွားပါကဘယ်လိုလုပ်ရမလဲ။

消费者和经营者发生消费者权益争议的，可以通过下列途径解决：

စားသုံးသူနှင့်လုပ်ကိုင်ဆောင်ရွက်သူအကြားစားသုံးသူအခွင့်အရေးနှင့်အကျိုးခံစားမှု အတွက်အငြင်းအ ခုံဖြစ်ပွားပါကအောက်ပါလမ်းကြောင်းများဖြင့်ဖြေရှင်းနိုင်ပါသည်။

（1）与经营者协商和解。

(၁)။ လုပ်ကိုင်ဆောင်ရွက်သူနှင့်စေ့စပ်ဆွေးနွေးခြင်းဖြင့်ဖြေရှင်းသည်။

（2）请求消费者协会或者依法成立的其他调解组织调解。

(၂)။ စားသုံးသူအသင်းသို့မဟုတ်တရားဥပဒေအရဖွဲ့စည်းထားသောအခြားကြားဝင် ဖြန်ဖြေရေး အဖွဲ့ အစည်းကိုဖိတ်ခေါ်၍ကူညီဖြေရှင်းသည်။

（3）向有关行政部门投诉。

(၃)။ သက်ဆိုင်ရာအုပ်ချုပ်ရေးဌာနသို့တိုင်ကြားလျှောက်တင်နိုင်သည်၊

（4）根据与经营者达成的仲裁协议提请仲裁机构仲裁。

(၄)။ လုပ်ကိုင်ဆောင်ရွက်သူနှင့်ရရှိသောအော်ပရေတာသဘောတူညီချက်ကို ခုံတင်ဆုံးဖြတ်ရေးအဖွဲ့ အစည်းသို့တင်ပြ၍ဆုံးဖြတ်လိုက်သည်။

（5）向人民法院提起诉讼。

(၅)။ ပြည်သူ့တရားရုံးသို့တရားစွဲဆိုမှုတင်ပြသည်။

二、当你的权益受到侵害想要进行投诉时，有什么情形市场监管部门是不予受理的?

၂။ သင်၏အခွင့်အရေးနှင့်အကျိုးခံစားမှုကိုထိခိုက်ခြင်းခံရသော အခါမည်သည့်အခြေအနေ မျိုး ဖြစ်၍ဈေးကွက်ကြီးကြပ်ရေးဌာနမှလက်မခံခြင်းဖြစ်သလဲ။

（1）投诉事项不属于市场监管部门职责，或者本行政机关不具有处理权限的。

(၁)။ တိုင်ကြားလျှောက်တင်သောကိစ္စရပ်သည် ဈေးကွက်ကြီးကြပ်ရေးဌာန၏တာဝန် မဟုတ်ပါ၊ သို့မဟုတ်ဤစီမံအုပ်ချုပ်ရေးဌာနသည်ဖြေရှင်းရန်အာဏာမရှိချေ။

（2）法院、仲裁机构、市场监管部门或者其他行政机关、消费者协会或者依法成立的其他调解组织已经受理或者处理过同一消费者权益争议的。

တရားရုံး၊ ခုံတင်ဖြေရှင်းရန်အဖွဲ့အစည်း၊ ဈေးကွက်ကြီးကြပ်အုပ်ချုပ်ရေးဌာနသို့မဟုတ် အခြားစီမံ အုပ်ချုပ်ရေးအဖွဲ့အစည်း၊ စားသုံးသူများအသင်း၊ သို့မဟုတ်တရားဥပဒေအရ တည်ထောင်သော အခြားစေ့စပ် ဆွေးနွေးရေးအဖွဲ့အစည်းသည် တစ်ခုတည်းသော စားသုံးသူ၏ အခွင့်အရေးနှင့်အကျိုးစီးပွားကို လက်ခံခြင်း သို့မဟုတ်ဖြေရှင်းပေးခြင်း ပြုလုပ်ခဲ့ကြောင်း။

（3）不是为生活消费需要购买、使用商品或者接受服务，或者不能证明与被投诉人之间存在消费者权益争议的。

(၂)။ နေထိုင်မှုစားသုံးရန်အတွက် မဟုတ်သောပစ္စည်းဝယ်ခြင်း၊ ကုန်ပစ္စည်းအသုံးပြုခြင်း သို့မဟုတ် ဝန်ဆောင်မှုလက်ခံခြင်း၊ သို့မဟုတ်တိုင်ကြားလျှောက်တင်ခြင်း ခံရသူနှင့် စားသုံးသူ အခွင့်အရေးနှင့် အကျိုးစီးပွားရှိကြောင်းမှန်ကန်ခြင်းကို သက်သေခံ မရှိကြောင်း။

（4）除法律另有规定外，投诉人知道或者应当知道自己的权益受到被投诉人侵害之日起超过三年的。

(၄)။ ဥပဒေတွင်အခြားသတ်မှတ်ချက်ရှိခြင်းကလွဲ၍ တိုင်ကြားလျှောက်တင်သူသိရှိခြင်း သို့မဟုတ်မိမိ အခွင့်အရေးနှင့်အကျိုးစီးပွားတိုင်ကြားခံရသူ၏ ထိခိုက်ခြင်းကို သိရသည့်နေ့မှစ၍သုံးနှစ်တာမကျော်လွန်ခြင်း ရှိကြောင်း။

（5）未提供《市场监督管理投诉举报处理暂行办法》第九条第一款和第十条规定的材料的。

(၄)။ "ဈေးကွက်ကြီးကြပ်ရေးအုပ်ချုပ်မှု တိုင်ကြားလျှောက်တင်ခြင်း ဖြေရှင်းရေး ယာယီနည်းစနစ်"ပုဒ်မ (၉)၊ အပုဒ်(က)နှင့်ပုဒ်မ(၁၀)သတ်မှတ်ထားသောစာရွက်စာတမ်းကို တင်ပေးခြင်းမရှိကြောင်း။

（6）法律、法规、规章规定不予受理的其他情形。

(၆)။ တရားဥပဒေ၊ ဥပဒေစည်းမျဉ်းများ၊ စည်းကမ်းများသတ်မှတ်ထားသော လက်မခံသည့် အခြား အခြေအနေများရှိကြောင်း။

网络消费一定要擦亮眼睛，遇到权益侵害可以投诉到相关部门

ကွန်ရက်တွင်စားသုံးခြင်းပြုလုပ်လျှင်မျက်စေ့ကိုကောင်းအောင်ဖွင့်ထားရမည်။ အခွင့်အရေးနှင့်အကျိုး ခံစားမှုကိုထိခိုက်ခြင်းကြုံတွေ့ပါကသက်ဆိုင်ရာဌာနသို့တိုင်ကြား လျှောက်တင်ရမည်။

第三节　赔　偿

အခန်းခွဲ(၃)။ လျော်ကြေးပေးခြင်း

一、哪些情况可以向销售者或服务者要求赔偿?

၁။ မည်သည့်အခြေအနေရှိ၍ ကုန်စည်ရောင်းချသူ သို့မဟုတ်ဝန်ဆောင်မှုပေးသူတို့ကို လျော်ကြေးပေး ရန်တောင်းဆိုနိုင်ပါသည်နည်း။

根据《中华人民共和国消费者权益保护法》规定:

"တရုတ်ပြည်သူ့သမ္မတနိုင်ငံ စားသုံးသူအခွင့်အရေးနှင့် အကျိုးစီးပွားထိန်းသိမ်းကာကွယ်ရေး ဥပဒေ"ပြဋ္ဌာန်းချက်အရ

（1）消费者在购买、使用商品时，其合法权益受到损害的，可以向销售者要求赔偿。

(၁)။ စားသုံးသူသည် ကုန်ပစ္စည်းကို ဝယ်ယူခြင်းနှင့် အသုံးပြုခြင်းပြုလုပ်သော အခါ တရားဝင် အခွင့်အရေးနှင့်အကျိုးခံစားမှုကိုထိခိုက်မှုခံရလျှင် ကုန်စည် ရောင်းချသူအား လျော်ကြေးပေးရန်တောင်းဆိုနိုင် ပါသည်။

（2）消费者或者其他受害人因商品缺陷造成人身、财产损害的，可以向销售者要求赔偿，也可以向生产者要求赔偿。

(၂)။ စားသုံးသူသို့မဟုတ်အခြားထိခိုက်မှုခံရသူသည် ကုန်ပစ္စည်းချို့ယွင်းမှုကြောင့် ကိုယ်ခန္ဓာ၊ ပစ္စည်းဥစ္စာ ကိုထိခိုက်မှုခံရလျှင်ကုန်ပစ္စည်းရောင်းချသူကို သို့မဟုတ်ကုန်ပစ္စည်း ထုတ်လုပ်သူကို လျော်ကြေးပေးရန် တောင်းဆိုနိုင်ပါသည်။

（3）消费者在接受服务时，其合法权益受到损害的，可以向服务者要求赔偿。

(၃)။ စားသုံးသူသည် ဝန်ဆောင်မှုလက်ခံသောအခါ ၎င်းတို့တရားဝင်အခွင့်အရေးနှင့် အကျိုးခံစားမှုကို

စီးပွားခြင်းခံရလျှင် ဝန်ဆောင်မှုပေးသူကို လျော်ကြေးပေးရန် တောင်းဆိုနိုင်ပါသည်။

（4）消费者在购买、使用商品或者接受服务时，其合法权益受到损害，因原企业分立、合并的，可以向变更后承受其权利义务的企业要求赔偿。

（၄）။ စားသုံးသူသည် ကုန်ပစ္စည်းကို ဝယ်ယူခြင်းနှင့် အသုံးပြုခြင်း သို့မဟုတ် ဝန်ဆောင်မှုလက်ခံ သောအခါ ၎င်းတို့တရားဝင်အခွင့်အရေးနှင့် အကျိုးခံစားမှုကို ထိခိုက်မှုခံရလျှင် မူလလုပ်ငန်းရပ်ခွဲခွါခြင်း၊ ပေါင်းစပ်ခြင်းရှိသောကြောင့်မူလလုပ်ငန်း ရှာမရပါက ပြောင်းလဲပြီးအခွင့်အရေးနှင့်တာဝန်ကို ဆက်ခံသော လုပ်ငန်းရပ်သို့ လျော်ကြေးပေးရန် တောင်းဆိုနိုင်ပါသည်။

（5）使用他人营业执照的违法经营者提供商品或者服务，损害消费者合法权益的，消费者可以向其要求赔偿，也可以向营业执照的持有人要求赔偿。

（၅）။ သူတပါး၏လုပ်ကိုင်ဆောင်ရွက်ရန်လိုင်စင်ကို အသုံးပြုပြီး တရားမဝင်ကုန်ပစ္စည်း ရောင်းချခြင်း နှင့် ဝန်ဆောင်မှုပေးခြင်းပြုလုပ်၍ စားသုံးသူ၏ တရားဝင်အခွင့်အရေး နှင့် အကျိုးခံစားမှုကို ထိခိုက်လျှင် စားသုံးသူသည် ၎င်းကိုလျော်ကြေးပေးရန် တောင်းဆိုနိုင်သည့်အပြင် လိုင်စင်ပိုင်ရှင်ကိုလျော်ကြေးပေးရန် လည်းတောင်းဆိုနိုင်ပါသည်။

（6）消费者在展销会、租赁柜台购买商品或者接受服务，其合法权益受到损害的，可以向销售者或者服务者要求赔偿。

（၆）။ စားသုံးသူသည် ကုန်စည်ပြပွဲတွင်လည်းကောင်း၊ ငှားရမ်းသောကောင်တာတွင် လည်းကောင်း ကုန်ပစ္စည်းဝယ်ယူခြင်း သို့မဟုတ်ဝန်ဆောင်မှု လက်ခံခြင်းပြုလုပ်ရာတွင် တရားဝင်အခွင့်အရေးနှင့် အကျိုး ခံစားမှုကို ထိခိုက်မှုခံရလျှင် ရောင်းချသူ၊ သို့မဟုတ်ဝန်ဆောင်မှု ပေးသူအား လျော်ကြေးပေးရန်တောင်းဆိုနိုင် ပါသည်။

（7）消费者通过网络交易平台购买商品或者接受服务，其合法权益受到损害的，可以向销售者或者服务者要求赔偿。

（၇）။စားသုံးသူသည်ကွန်ရက်ရောင်းဝယ်ရေးစင်တာမှတစ်ဆင့်ကုန်စည်ဝယ်ယူခြင်းနှင့်ဝန်ဆောင်မှု

လက်ခံခြင်းပြုလုပ်ရာတွင် ၎င်းတို့တရားဝင်အခွင့်အရေးနှင့် အကျိုးခံစားမှုကို ထိခိုက်မှုခံရလျှင် ရောင်းချသူ၊ သို့မဟုတ်ဝန်ဆောင်မှု ပေးသူအား လျော်ကြေးပေးရန်တောင်းဆိုနိုင်ပါသည်။

（8）消费者因经营者利用虚假广告或者其他虚假宣传方式提供商品或者服务，其合法权益受到损害的，可以向经营者要求赔偿。

(၈)။ စားသုံးသူသည်ပြုလုပ်ဆောင်ရွက်သူမှကြော်ငြာအတုသို့မဟုတ်အခြားအတုဖြစ် သောဝါဒဖြန့်နည်း လမ်းဖြင့် ကုန်ပစ္စည်း ရောင်းချခြင်းသို့မဟုတ်ဝန်ဆောင်မှုပေးခြင်း ကြောင့်စားသုံးသူ တရားဝင်အခွင့် အရေး နှင့် အကျိုးခံစားမှုကို ထိခိုက်မှုခံရလျှင် ရောင်းချသူကို လျော်ကြေးပေးရန် တောင်းဆို နိုင်ပါသည်။

二、除了向销售者或服务者要求赔偿外，还有哪些方法可以维权？

၂။ ရောင်းချသူနှင့်ဝန်ဆောင်မှုပေးသူတို့ကို လျော်ကြေးပေးရန် တောင်းဆိုသည့်အပြင် မည်သည့် အခွင့်အရေးကာကွယ်နိုင်သောနည်းလမ်းရှိသေးသလဲ။

（1）消费者向有关行政部门投诉的，该部门应当自收到投诉之日起七个工作日内，予以处理并告知消费者。

(၁)။ စားသုံးသူသည်သက်ဆိုင်ရာစီမံအုပ်ချုပ်ရေးဌာနသို့တိုင်ကြားလျှောက်တင်ပါက လက်ခံသောဌာန သည် တိုင်စာရရှိသည့်နေ့မှစ၍ အလုပ်ရက်၇ရက်အတွင်းတွင် ဖြေရှင်းပြီးစားသုံးသူကိုအကြောင်းကြားပေး မည်။

（2）对侵害众多消费者合法权益的行为，中国消费者协会以及在省、自治区、直辖市设立的消费者协会，可以向人民法院提起诉讼。

(၂)။ အများအပြားသောစားသုံးသူ၏ တရားဝင်အခွင့်အရေးနှင့် အကျိုးခံစားမှုကို ထိခိုက်သောအပြုအမူ အတွက်တရုတ်နိုင်ငံစားသုံးသူများအသင်းသည် ပြည်နယ်၊ ကိုယ်ပိုင် အုပ်ချုပ်ခွင့်ရဒေသ၊ တိုက်ရိုက်အုပ်ချုပ် သောမြို့တွင် တည်ထောင်ထားသော စားသုံးသူ အသင်းသည် ပြည်သူ့တရားရုံးသို့တရားစွဲဆိုချက်တင်ပြ နိုင်သည်။

第五章　婚姻家庭

အခန်း(၅)။ အိမ်ထောင်ရေးနှင့်မိသားစု

第一节　结婚与离婚

အခန်းခွဲ(၁)။ လက်ထပ်ထိမ်းမြားခြင်းနှင့်ကွာရှင်းခြင်း

一、在中国，如何理解婚姻自由？

၁။ တရုတ်နိုင်ငံတွင် လွတ်လပ်စွာ လက်ထပ်ထိမ်းမြားရေးကို မည်သို့နားလည်နိုင်မည်နည်း။

根据《中华人民共和国民法典》第五编婚姻家庭规定，禁止包办、买卖婚姻和其他干涉婚姻自由的行为。禁止借婚姻索取财物。禁止重婚。禁止有配偶者与他人同居。禁止家庭暴力。禁止家庭成员间的虐待和遗弃。结婚应当男女双方完全自愿，禁止任何一方对另一方加以强迫，禁止任何组织或者个人加以干涉。夫妻应当互相忠实，互相尊重，互相关爱；家庭成员之间应当敬老爱幼，互相帮助，维护平等、和睦、文明的婚姻家庭关系。

"တရုတ်ပြည်သူ့သမ္မတနိုင်ငံတော် ပြည်သူများနှင့်သက်ဆိုင်သောကိုဓဥပဒေ(civil code)" အပိုင်း(၅) တွင် အိမ်ထောင်ရေးနှင့် မိသားစုဆိုင်ရာ ပြဋ္ဌာန်းချက်များအရ ထိမ်းမြား လက်ထပ်ရန် အစားထိုးဒိုင်ခံစီစဉ် ပေးခြင်း၊ ဝယ်ယူခြင်း၊ ရောင်းချခြင်းနှင့်အိမ်ထောင်ရေး လွတ်လပ်မှုကို အနှောင့်အယှက်ဖြစ်စေသော အခြား လုပ်ရပ်များကို တားမြစ် သည်။ အိမ်ထောင်ပြုခြင်း အားဖြင့် ဥစ္စာပစ္စည်းများတောင်းယူခြင်းကို တားမြစ်

သည်။ အိမ်ထောင်ဖက်ရှိလျက်နှင့်နောက်အိမ်ထောင်ပြုခြင်းကို တားမြစ်ထားသည်။ ကြင်ဖော်ရှိသောသူ သည် အခြားသူနှင့် အတူနေထိုင်ခြင်းကို တားမြစ် သည်။ အိမ်တွင်းအကြမ်းဖက်မှုကို တားမြစ်သည်။ မိသားစု ဝင်များအကြား နှိပ်စက်ခြင်းနှင့် စွန့်ပစ်ခြင်းကို တားမြစ်သည်။ ထိမ်းမြားလက်ထပ် ခြင်းသည် ယောက်ျားနှင့် မိန်းမနှစ်ဦးစုံလုံး၏ သဘောတူညီချက်အပြည့်အဝရှိသင့် သည်ဖြစ်ပြီး ဘယ်ဘက်မဆို အခြားတစ်ဘက်ကို အတင်းအဓမ္မပြုရန် တားမြစ်သည်၊ မည်သည့်အဖွဲ့အစည်း သို့မဟုတ် တစ်ဦးတစ်ယောက် မဆို ဝင်ရောက် စွက်ဖက်ခြင်းကို တားမြစ် သည်။ လင်မယားတို့သည် အချင်းချင်းသစ္စာထားခြင်း၊ အချင်းချင်းလေးစားခြင်း၊ အချင်းချင်းဂရုစိုက်ခြင်းပြုသင့်သည်။ မိသားစုဝင်များသည် အသက်ကြီးသူများကို လေးစားပြီး အသက်ငယ် သူများကို ချစ်ခြင်း၊ တစ်ယောက်ကို တစ်ယောက်ကူညီ ပေးခြင်းပြုသင့်ပြီး တန်းတူညီမျှခြင်း၊ သင့်မြတ်ခြင်း၊ ယဉ်ကျေးမှုရှိသည့် အိမ်ထောင်ရေးနှင့် မိသားစုဆက်ဆံရေးကို ထိန်းသိမ်းရန်ပြုလုပ်သင့်သည်

二、在中国的合法结婚年龄是几岁?

၂။ တရုတ်နိုင်ငံတွင် တရားဝင်လက်ထပ်ထိမ်းမြားသည့်အသက်အရွယ်သည် ဘယ်လောက် ရှိရမည်နည်း။

根据《中华人民共和国民法典》第五编婚姻家庭规定，男不得早于二十二周岁，女不得早于二十周岁。

"တရုတ်ပြည်သူ့သမ္မတနိုင်ငံတော် ပြည်သူများနှင့်သက်ဆိုင်သောကိုဒ်ဥပဒေ(civil code) " အပိုင်း(၅) တွင် အိမ်ထောင်ရေးနှင့် မိသားစုဆိုင်ရာ ပြဋ္ဌာန်းချက်များအရ အမျိုးသားမှာ (၂၂) နှစ်ထက်မနည်းစေရခြင်းနှင့် အမျိုးသမီးမှာ နှစ် (၂၀) ထက် မနည်းစေရခြင်းတို့ ဖြစ်သည်။

三、如何进行婚姻登记?

၃။ အိမ်ထောင်ပြုရန်ဘယ်လိုမှတ်ပုံတင်ရမည်နည်း။

根据《中华人民共和国民法典》第五编婚姻家庭规定，要求结婚的男女双方应当亲自到婚姻登记机关申请结婚登记。符合本法规定的，予以登记，发给结婚证。完成结婚登记，即确立婚姻关系。未办理结婚登记的，应当补办登记。登记结婚后，按照男女双方约定，女方可以成为男方家庭的成员，男方可以成为女方家庭的成员。

《တရုတ်ပြည်သူ့သမ္မတနိုင်ငံတော် ပြည်သူများနှင့်သက်ဆိုင်သောကိုဗည္ဓပဒေ(civil code) "အပိုင်း(၅) တွင် အိမ်ထောင်ရေးနှင့် မိသားစုဆိုင်ရာ ပြဋ္ဌာန်းချက်များအရ အိမ်ထောင်ပြု လိုသူ အမျိုးသားနှင့် အမျိုးသမီး နှစ်ဦးစလုံးတို့သည် လူကိုယ်တိုင်အိမ်ထောင်ရေးမှတ်ပုံတင် ရုံးသို့ သွားရောက်၍ထိမ်းမြားလက်ထပ်ရန် လျှောက်ထားရမည်ဖြစ်သည်။ ၍ဥပဒေပါ ပြဋ္ဌာန်းချက်များနှင့် ကိုက်ညီသူများကို မှတ်ပုံတင်ပြီး လက်ထပ် စာချုပ် ထုတ်ပေးရမည်။ ထိမ်းမြားလက်ထပ်ရန် မှတ်ပုံတင်စာရင်းကို ပြီးမြောက်အောင်ပြုလုပ်လျှင် အိမ်ထောင်ရေး ဆက်ဆံရေးကို တည်ထောင်ခဲ့သည်။ အိမ်ထောင်စာရင်းမသွင်းရသေးသူများသည် မှတ်ပုံတင် စာရင်းသွင်းဖြည့်စွက်ရန် လျှောက်ထားသင့်သည်။ ထိမ်းမြားလက်ထပ်ပြီးနောက် အမျိုးသားနှင့်အမျိုးသမီး နှစ်ဘက်စလုံး၏ သဘောတူညီချက်အရ အမျိုးသမီးသည် ယောက်ျား၏မိသားစုဝင်ဖြစ်နိုင်ပြီး အမျိုးသားက လည်း အမျိုးသမီး၏မိသားစုဝင်ဖြစ်နိုင် သည်။

四、外国人在中国进行婚姻登记的注意事项是什么?

၄။ နိုင်ငံခြားသားသည် တရုတ်နိုင်ငံတွင် အိမ်ထောင်ရေးမှတ်ပုံတင်ရန် မည်သို့သတိထား ရမည်နည်း။

根据全国人大华侨委员会办公室法案室《侨务法律法规实用手册》规定，中国公民同外国人（包括常驻我国和临时来华的外国人、外籍华人、定居我国的侨民）在中国境内自愿结婚的，男女双方当事人必须共同到中国公民一方户口所在地的省、自治区、直辖市人民政府指定的婚姻登记机关申请登记。

ပြည်လုံးဆိုင်ရာပြည်သူ့ကွန်ဂရက်ပင်လယ်ရပ်ခြားကော်မတီရုံးဥပဒေအကြမ်းအဆိုပြုရုံးခဲ့ "ပင်လယ်ရပ်ခြားရေးရာ ဥပဒေနှင့် စည်းမျဉ်းဥပဒေများဆိုင်ရာလက်တွေ့အသုံးပြု လက်စွဲစာအုပ်" ၏ ပြဋ္ဌာန်းချက်များအရ တရုတ် နိုင်ငံသားနှင့် နိုင်ငံခြားသားတို့ (တရုတ် နိုင်ငံအတွင်း အမြဲတမ်းနေထိုင်ခြင်းနှင့် တရုတ်နိုင်ငံသို့ ခေတ္တလာရောက်သည့် နိုင်ငံခြားသားများ၊ နိုင်ငံခြားသားအဖြစ်ခံယူသော တရုတ်အမျိုးသား များနှင့် တရုတ်နိုင်ငံတွင် အခြေချနေထိုင်သော ပင်လယ်ရပ်ခြားများ အပါအဝင်) တရုတ်နိုင်ငံအတွင်းမိမိ ဆန္ဒ အလျောက် ထိမ်းမြားလက်ထပ်ရန် လိုအပ်လျှင် အမျိုးသားနှင့် အမျိုးသမီး နှစ်ဘက်စလုံး သည် တရုတ် နိုင်ငံသားများ၏ အိမ်ထောင်စုလူဦးရေးစာရင်းသွင်းထားသည့် ပြည်နယ်၊ ကိုယ်ပိုင်အုပ်ချုပ်ခွင့်ရဒေသ၊ ဗဟို

မှတိုက်ရိုက်အုပ်ချုပ်သောမြို့ပြည်သူ့အစိုးရလက်အောက် ရှိ သတ်မှတ်ထားသော အိမ်ထောင်ရေးမှတ်ပုံတင်

ဌာနတွင် မှတ်ပုံတင်ရန်လျှောက်ထား ရမည် ဖြစ်သည်။

申请结婚登记的中国公民和外国人，须分别持有下列证件：

လက်ထပ်မှတ်ပုံတင်လျှောက်ထားသည့် တရုတ်နိုင်ငံသားများနှင့် နိုင်ငံခြားသား များသည် အောက်ပါ

စာရွက်စာတမ်းများ ကိုင်ဆောင်ထားရမည်ဖြစ်ပါသည်။

甲、中国公民：

(က)။ တရုတ်နိုင်ငံသား

（1）本人的户籍证明。

(၁) လူကိုယ်တိုင်၏ အိမ်ထောင်စုလူဦးရေးစာရင်း အထောက်အထားများ။

（2）本人户口所在地的县级人民政府或工作所在单位的县级以上机关、学校、事业、企业单位出具的本人姓名、性别、出生年月、民族、婚姻状况（未婚、离婚、丧偶，下同）、职业、工作性质、申请与何人结婚的证明。

(၂) လူကိုယ်တိုင်၏ အိမ်ထောင်စုလူဦးရေစာရင်းသွင်းထား သော ခရိုင်အဆင့် ပြည်သူ့အစိုးရ သို့မဟုတ် အလုပ်ဌာနရှိ ခရိုင်အဆင့် အထက် ရုံးဌာနများ၊ ကျောင်းများ၊ အဖွဲ့အစည်းများနှင့် လုပ်ငန်းဌာန များမှ ထုတ်ပေးသောအထောက်အထားများတွင် အမည်၊ ကျား/မ၊ မွေးသက္ကရာဇ်၊ လူမျိုး၊ အိမ်ထောင်ရေး အခြေအနေ (လက်မထပ်ရသေးခြင်း၊ ကွာရှင်းပြတ်စဲခြင်း၊ ကြင်ဖော်ဆုံးခြင်း၊ အောက်မှာ အတူတူပါပဲ)၊ အလုပ်အကိုင်၊ အလုပ်အမျိုးအစားနှင့် လျှောက်ထားသူသည် မည်သူနှင့် လက်ထပ်ကြောင်းပါရမည်။

乙、外国人：

(ခ)။ နိုင်ငံခြားသား

（1）本人护照或其他身份、国籍证件。

(၁) လူကိုယ်တိုင်၏နိုင်ငံကူးလက်မှတ် သို့မဟုတ် အခြားအထောက်အထားနှင့်နိုင်ငံသား လက်မှတ်များ၊

（2）公安机关签发的《外国人居留证》，或外事部门颁发的身份证件，或临时来华的入境、居留证件。

（၂）ပြည်သူ့လုံခြုံရေးဌာနမှထုတ်ပေးသော "နိုင်ငံခြားသားနေထိုင်ခွင့်ရလက်မှတ်" ၊ သို့မဟုတ် သက်ဆိုင်ရာနိုင်ငံခြားရေးရာဌာနမှထုတ်ပေးသောမှတ်ပုံတင်၊ သို့မဟုတ် တရုတ်နိုင်ငံသို့ ယာယီဝင်ရောက်ရန် ပြည်ဝင်ခွင့်ရခြင်းနှင့် နေထိုင်ခွင့်ရခြင်းအထောက် အထား လက်မှတ်များဖြစ်ရမည်။

（3）经本国外交部（或外交部授权机关）和我国驻该国使、领馆认证的由本国公证机关出具的婚姻状况证明；或该国驻华使、领馆出具的婚姻状况证明。

（၃) ကိုယ့်နိုင်ငံ၏နိုင်ငံခြားရေးဝန်ကြီးဌာန (သို့မဟုတ် နိုင်ငံခြားရေးဝန်ကြီးဌာနမှ အာဏာအပ်နှင်းသော သက်ဆိုင်ရာရုံးဌာန) နှင့် ထိုနိုင်ငံရှိ ကျွန်ုပ်တို့၏ သံရုံး သို့မဟုတ် ကောင်စစ်ဝန်ရုံးမှ အသိအမှတ်ပြုထားသော ကိုယ့်နိုင်ငံမှအသိအမှတ်ပြုထားသောခုံသမာဓိ ဌာနမှ ထုတ်ပေးသောအိမ်ထောင်ရေးအခြေအနေ အထောက်အထားများ။ သို့မဟုတ် တရုတ်နိုင်ငံရှိ ထိုနိုင်ငံ၏သံရုံး၊ ကောင်စစ်ဝန်ရုံးမှ ထုတ်ပေးသော အိမ်ထောင်ရေး အခြေအနေအထောက်အထားများဖြစ်ရမည်။

丙、外国侨民：

ဂ။ နိုင်ငံခြားပင်လယ်ရပ်ခြား

（1）本人护照或代替护照的身份、国籍证件（无国籍者免交）。

（၁) လူကိုယ်တိုင်၏နိုင်ငံကူးလက်မှတ်သို့မဟုတ် နိုင်ငံကူးလက်မှတ်ကိုအစားထိုးသည့် မှတ်ပုံတင် အထောက်အထား၊ နိုင်ငံသားအထောက်အထား(နိုင်ငံသားမဲ့သူများဆိုလျှင်ပေးရန် မလိုဘူး)။

（2）公安机关签发的《外国人居留证》。

（၂) သက်ဆိုင်ရာပြည်သူ့လုံခြုံရေးဌာနမှထုတ်ပေးသော "နိုင်ငံခြားသားနေထိုင်ခွင့်ရလက်မှတ်များ)

（3）本人户口所在地县级人民政府或工作所在单位的县级以上机关、学校、事业、企业单位出具的本人姓名、性别、出生年月、婚姻状况、职业、申请与何人结婚的证明。此外，申请结婚的男女双方，还须提交婚姻登记机关指定医院出具的婚前健康检查证明。

(၃) လူကိုယ်တိုင်၏ အိမ်ထောင်စုလူဦးရေစာရင်းသွင်းထားသော ခရိုင်အဆင့် ပြည်သူ့အစိုးရ သို့မဟုတ် အလုပ်ဌာနရှိ ခရိုင်အဆင့် အထက် ရုံးဌာနများ၊ ကျောင်းများ၊ အဖွဲ့အစည်းများနှင့် လုပ်ငန်းဌာနများမှ ထုတ်ပေးသောအထောက်အထားများတွင် အမည်၊ ကျား/မ၊ မွေးသက္ကရာဇ်၊ အိမ်ထောင်ရေးအခြေအနေ၊ အလုပ်အကိုင်နှင့်လျှောက်ထားသူ သည် မည်သူနှင့် လက်ထပ်ကြောင်းပါရမည်။ ထို့အပြင် အိမ်ထောင်ပြု ရန် လျှောက်ထားသူ အမျိုးသားနှင့် အမျိုးသမီး နှစ်ဘက်စလုံးသည် အိမ်ထောင်ရေး မှတ်ပုံတင် သက်ဆိုင်ရာ ဌာနမှ သတ်မှတ်ထားသော ဆေးရုံမှ ထုတ်ပေးသော အိမ်ထောင်ရေး အကြို၊ ကျန်းမာရေး စစ်ဆေး မှု အထောက်အထားများ ကိုလည်း တင်ပြရမည်ဖြစ်သည်။

五、哪些情况婚姻无效?

၅။ ဘယ်လိုအခြေအနေမျိုးမှာ အိမ်ထောင်မဖြစ်တာလဲ။

（1）重婚。

(၁) အိမ်ထောင်ဘက်ရှိလျက်နှင့်နောက်ထပ်အိမ်ထောင်ပြုခြင်း။

（2）有我国法律禁止结婚的亲属关系。

(၂) လက်ထပ်ထိမ်းမြားရန် ခွင့်မပြုသည့် ဆွေမျိုးတော်စပ်မှုရှိခြင်း။

（3）未到法定婚龄。

(၃) လက်ထပ်ထိမ်းမြားရန် တရားဝင်သတ်မှတ်ထားသောအသက်အရွယ် မရောက်သူ ဖြစ်ခြင်း။

下列中国公民不准同外国人结婚：

အောက်ဖော်ပြပါ တရုတ်နိုင်ငံသားများကို နိုင်ငံခြားသားများနှင့် လက်ထပ်ခွင့်မပြုပါ။

（1）现役军人、外交人员、公安人员、机要人员和其他掌握重大机密的人员。

(၁) စစ်မှုထမ်းဆဲစစ်မှုထမ်းများ၊ သံတမန်ရေးရာဝန်ထမ်းများ၊ ပြည်သူ့လုံခြုံရေး ဝန်ထမ်းများ၊ အရေးပါ လျှို့ဝှက်ဝန်ထမ်းများနှင့် အရေးကြီးလျှို့ဝှက်ချက်များကို ကိုင်ဆောင်ထားသည့် အခြားဝန်ထမ်းများဖြစ်ခြင်း။

（2）正在接受劳动教养或服刑的人。

(၂) လုပ်အားမှုတစ်ဆင့်စာရိတ္တ ပြန်လည် ပြုပြင်ပေးခြင်းခံရသူများနှင့်ထောင်ဒဏ် ကျခံနေရသူများဖြစ်ခြင်း။

六、如何提出离婚申请？

၆။ ကွာရှင်းပြတ်စဲရန် မည်ကဲ့သို့ လျှောက်ထားရမည်နည်း။

根据《中华人民共和国民法典》第五编婚姻家庭规定，夫妻双方自愿离婚的，应当签订书面离婚协议，并亲自到婚姻登记机关申请离婚登记。离婚协议应当载明双方自愿离婚的意思表示和对子女抚养、财产以及债务处理等事项协商一致的意见。

"တရုတ်ပြည်သူ့သမ္မတနိုင်ငံတော် ပြည်သူများနှင့်သက်ဆိုင်သောကိုဒ္ဓဥပဒေ(civil code) "အပိုင်း(၅) တွင် အိမ်ထောင်ရေးနှင့် မိသားစုဆိုင်ရာ ပြဋ္ဌာန်းချက်များအရ လင်မယားတို့သည် ကွာရှင်းပြတ်စဲပါက ဆန္ဒ အလျောက် ကွာရှင်းစာချုပ်ကို စာဖြင့်ရေးထိုးကာ လူကိုယ်တိုင် ကွာရှင်းမှတ်ပုံတင်သက်ဆိုင်ရာဌာနသို့ သွားရောက်၍လျှောက်ထားရမည်။ ကွာရှင်းစာချုပ် ထဲတွင် နှစ်ဖက်စလုံး၏ ဆန္ဒအလျောက် ကွာရှင်းခြင်း ဖြစ်ကြောင်း နှင့် သားသမီးများအား ပြုစုစောင့်ရှောက်ခြင်း၊ ဥစ္စာဓနများပိုင်ဆိုင်ခြင်းနှင့် အကြွေး ဖြေရှင်းခြင်း စသည့် ကိစ္စရပ်များအတွက် ညှိနှိုင်းဆွေးနွေးမှုမှတစ်ဆင့် သဘောတူရှိကြောင်းရှင်းလင်းစွာ ရေးသားသင့် သည်။

自婚姻登记机关收到离婚登记申请之日起三十日内，任何一方不愿意离婚的，可以向婚姻登记机关撤回离婚登记申请。前款规定期限届满后三十日内，双方应当亲自到婚姻登记机关申请发给离婚证；未申请的，视为撤回离婚登记申请。

အိမ်ထောင်ရေးမှတ်ပုံတင်ဌာနများမှ ကွာရှင်းရန် စာရင်းသွင်းလျှောက်ထားချက် လက်ခံရရှိသည့် နေ့မှစ၍ ရက်ပေါင်း ၃၀ အတွင်းတွင် ဘယ်ဘက်မဆို ကွာရှင်းရန် ဆန္ဒမရှိပါက ကွာရှင်းရန်စာရင်းသွင်း လျှောက်ထားချက်အား အိမ်ထောင်ရေးမှတ်ပုံတင် ဌာနများသို့ ရုပ်သိမ်းရန် လျှောက်ထားနိုင်သည်။ ရှေ့အပိုဒ် ပါသတ်မှတ်ထားသည့်အချိန် ပြည့်ပြီးလျှင် ရက်ပေါင်း ၃၀ အတွင်း နှစ်ဘက်စလုံးများ ကွာရှင်းရန်လက်မှတ် ထုတ်ပေးရန်အတွက် အိမ်ထောင်ရေးမှတ်ပုံတင်ဌာနသို့ လူကိုယ်တိုင် သွားရောက်၍ လျှောက်ထားရမည်ဖြစ် ပြီး လျှောက်ထားရန် ပျက်ကွက်ပါက ကွာရှင်းခွင့် လျှောက်ထားချက်ကို ရုပ်သိမ်းသည်ဟု မှတ်ယူရမည်။

夫妻一方要求离婚的，可以由有关组织进行调解或者直接向人民法院提起离婚诉讼。

လင်မယား၏တစ်ဘက်မှ ကွာရှင်းလိုလျှင် သက်ဆိုင်ရာအဖွဲ့အစည်းသည် ဖျန်ဖြေ ပေးနိုင်သည်။ သို့မဟုတ် လင်မယားတို့သည် ပြည်သူတရားရုံးသို့ ကွာရှင်းပြတ်စဲရန် တိုက်ရိုက်တရားဆွဲဆို နိုင်သည်။

人民法院审理离婚案件，应当进行调解；如果感情确已破裂，调解无效的，应当准予离婚。

တရားရုံးသည် ကွာရှင်းပြတ်စဲခြင်းအမှုကို စစ်ဆေးသောအခါ၊ ဖျန်ဖြေပေးရန် ပြုလုပ် သင့်သည်။ ဆက်ဆံရေး အမှန်တကယ် ပြိုကွဲသွားပါက ဖျန်ဖြေခြင်းဖြင့်ထိရောက်မှု မရှိဘူးဆိုလျှင် ကွာရှင်းခွင့် ပေးသင့် သည်။

夫妻一方或双方有下列情形之一，调解无效的，应当准予离婚：

အောက်ဖော်ပြပါ အခြေအနေများထဲမှတစ်ခုခုတွင် ဖျန်ဖြေခြင်းဖြင့်ထိရောက်မှုမရှိဘူး ဆိုလျှင် ကွာရှင်း ပြတ်စဲခြင်းကို ခွင့်ပြုသင့်သည် ။

（1）重婚或者与他人同居。

(၁) အိမ်ထောင်ဘက်ရှိလျက်နှင့် နောက်ထပ်အိမ်ထောင်ပြုခြင်းနှင့် အခြားသူများနှင့်အတူနေထိုင်ခြင်း။

（2）实施家庭暴力或者虐待、遗弃家庭成员。

(၂) အိမ်တွင်းအကြမ်းဖက်မှုပြုလုပ်ခြင်း သို့မဟုတ် နှိပ်စက်ညှဉ်းပန်းခြင်း၊ မိသားစုဝင် များကို စွန့်ပစ်ခြင်း။

（3）有赌博、吸毒等恶习屡教不改。

(၃) လောင်းကစားခြင်းနှင့် မူးယစ်ဆေးဝါးသုံးစွဲခြင်းစသည့် အကျင့်ဆိုးများ ရှိ၍ ကြိမ်ဖန်များစွာ သွန်သင် သော်လည်းမ ပြုပြင်ပဲနေခြင်း။

（4）因感情不和分居满二年。

(၄) စိတ်ပိုင်းဆိုင်ရာ သဘောထားကွဲလွဲမှုကြောင့် ခွဲခွာနေထိုင်မှု နှစ်နှစ်ပြည့်ခြင်း။

（5）其他导致夫妻感情破裂的情形。

(၅) လင်မယားကြား ဆက်ဆံရေး ပြိုကွဲသွားစေသည့် အခြားအခြေအနေများရှိခြင်း။

一方被宣告失踪，另一方提起离婚诉讼的，应当准予离婚。

တစ်ဖက်က ပျောက်ဆုံးကြောင်း ကြေငြာပြီး အခြားတစ်ဖက်ကကွာရှင်းပြတ်စဲရန် တရား စွဲဆိုမှု လျှောက်တင်ပါက ကွာရှင်းခွင့်ကို ခွင့်ပြုပေးသင့်သည်။

经人民法院判决不准离婚后，双方又分居满一年，一方再次提起离婚诉讼的，应当准予离婚。

ပြည်သူ့တရားရုံးမှ ကွာရှင်းရန်ခွင့်မပြုကြောင်း စီရင်ချက်ချပြီးနောက် နှစ်ဘက်စလုံး တို့သည် နောက် သီးခြားနေထိုင်ခြင်းတစ်နှစ်ပြည့်ပြီးလျှင် တစ်ဘက်မှ ကွာရှင်းရန် ထပ်တစ်ခေါက် တရား စွဲဆိုမှုလျှောက်တင် ပါက ကွာရှင်းခွင့်ကို ခွင့်ပြုပေးသင့်သည်။

第二节　子　女

အခန်းခွဲ(၂)။　သားသမီးများ

一、父母对子女的抚养义务包括哪些内容？

၁။ သားသမီးများကို ပြုစုစောင့်ရှောက်ရန် မိဘတွင် ဘယ်လို တာဝန်ဝတ္တရားအကြောင်း အရာများကို ပါဝင်လဲ။

根据《中华人民共和国民法典》第五编婚姻家庭规定，父母不履行抚养义务的，未成年子女或者不能独立生活的成年子女，有要求父母给付抚养费的权利。

"တရုတ်ပြည်သူ့သမ္မတနိုင်ငံတော် ပြည်သူများနှင့်သက်ဆိုင်သောကိုဏပဒေ(civil code) "အပိုင်း(၅)တွင် အိမ်ထောင်ရေးနှင့် မိသားစုဆိုင်ရာ ပြဋ္ဌာန်းချက်များအရ မိဘများသည် ပြုစုစောင့်ရှောင့်သော တာဝန်ဝတ္တရား များကို ကျေပွန်အောင် ထမ်းဆောင်ရန် ပျက်ကွက် ပါက အရွယ်မရောက်သေးသောသားသမီးများ သို့မဟုတ် လွတ်လပ်စွာမနေနိုင်သော အရွယ်ရောက်သားသမီးများသည် ၎င်းတို့၏ မိဘများအား ပြုစုစောင့်ရှောက်

ထောက်ပံ့ ကြေးပေးရန် တောင်းဆိုပိုင်ခွင့်ရှိသည်။

父母有教育、保护未成年子女的权利和义务。未成年子女造成他人损害的，父母应当依法承担民事责任。

မိဘများသည် ၎င်းတို့၏ အရွယ်မရောက်သေးသောသားသမီးများကို ပညာသင်ကြား ရန်နှင့် ကာကွယ်ရန် အခွင့်အရေးနှင့် တာဝန်ဝတ္တရားရှိသည်။ အရွယ်မရောက်သေးသော သားသမီးများမှ သူတစ်ပါးကို ထိခိုက်နစ်နာစေသည်ဆိုလျှင် မိဘများတွင် ဥပဒေနဲ့အညီ တရားမမှု တာဝန်ယူရသင့်သည်။

非婚生子女享有与婚生子女同等的权利，任何组织或者个人不得加以危害和歧视。

လက်မထပ်ဘဲမွေးဖွားသောသားသမီးများသည် လက်ထပ်ပြီးမွေးဖွားသောသားသမီး များကဲ့သို့တူညီ သောအခွင့်အရေးများရှိပြီး မည်သည့်အဖွဲ့အစည်း သို့မဟုတ်တစ်ဦး တစ်ယောက် မှ ၎င်းတို့အား အန္တရာယ်ပြု ခြင်း သို့မဟုတ် ခွဲခြားဆက်ဆံခြင်းမပြုရပါ။

不直接抚养非婚生子女的生父或者生母，应当负担未成年子女或者不能独立生活的成年子女的抚养费。

လက်မထပ်ဘဲ မွေးဖွားလာသော သားသမီးများကို တိုက်ရိုက်ပြုစုစောင့်ရှောင့် မပြုသောဖခင်အရင်း သို့မဟုတ် မိခင်အရင်းသည် အရွယ်မရောက်သေးသောသားသမီးများ သို့မဟုတ် လွတ်လပ်စွာမနေနိုင်သော အရွယ်ရောက်သားသမီးများအတွက်ပြုစုစောင့်ရှောက် ရေးကုန်ကျစရိတ်များ ကို တာဝန်ယူပေးဆောင်ရ မည်။

二、如果父母离婚，子女与父母的关系有什么变化？

၂။ 2. မိဘများ ကွာရှင်းပြတ်စဲပါက သားသမီးများနှင့် မိဘများကြား ဆက်ဆံရေးမှာ မည်သို့ဖြစ်သွားမည် နည်း။

根据《中华人民共和国民法典》第五编婚姻家庭规定，父母与子女间的关系，不因父母离婚而消除。离婚后，子女无论由父或者母直接抚养，仍是父母双方的子女。

"တရုတ်ပြည်သူ့သမ္မတနိုင်ငံတော် ပြည်သူများနှင့်သက်ဆိုင်သောကိုဥပဒေ(civil code) "အပိုင်း(၅)တွင်

အိမ်ထောင်ရေးနှင့် မိသားစုဆိုင်ရာ ပြဋ္ဌာန်းချက်များအရ မိဘနှင့် သားသမီးတို့နှင့် ဆက်ဆံရေးသည် မိဘများ ကွာရှင်းခြင်းကြောင့် မပျောက်ရ။ ကွာရှင်းပြီးနောက် ဖခင်ဖြစ်စေ၊ မိခင်ဖြစ်စေဘယ်ဘက်မဆို သားသမီး များကို တိုက်ရိုက် ပြုစုစောင့်ရှောက်ခြင်းဖြစ်သော်လည်း မိဘနှစ်ပါးစလုံး၏သားသမီးများဖြစ်နေ သေး သည်။

离婚后，父母对于子女仍有抚养、教育、保护的权利和义务。

ကွာရှင်းပြီးနောက် မိဘများသည် ၎င်းတို့၏ သားသမီးများကို ပညာသင်ကြားရန်နှင့် ကာကွယ်ရန် အခွင့်အရေးနှင့် တာဝန်ဝတ္တရားရှိနေသေးသည်။ သားသမီးများသည် အသက်၈နှစ်အရွယ်ရောက်လျှင် သူတို့ ၏စစ်မှန်သောဆန္ဒကို လေးစားကြရမည်။

离婚后，不满两周岁的子女，以由母亲直接抚养为原则。已满两周岁的子女，父母双方对抚养问题协议不成的，由人民法院根据双方的具体情况，按照最有利于未成年子女的原则判决。子女已满八周岁的，应当尊重其真实意愿。

ကွာရှင်းပြတ်စဲပြီးနောက် အသက်(၂)နှစ်အောက် သားသမီးများကို ၎င်းတို့၏မိခင် များမှ မူအရ တိုက်ရိုက်ပြုစုစောင့်ရှောက်စေရမည်။. အသက် (၂)နှစ် ပြည့်ပြီးသော သားသမီးများအား မိဘများသည် ပြုစု စောင့်ရှောက်ရေးကိစ္စနှင့်ပတ်သက်၍သဘောတူညီမှု မရရှိလျှင် သက်ဆိုင်ရာတရားရုံးသည် နှစ်ဖက်စလုံး၏ တိကျသော အခြေအနေများအပေါ် အခြေခံ၍အရွယ်မရောက်သေးသော သားသမီးများအတွက် အကျိုးအရှိ ဆုံးမှုနှင့်အညီ ဆုံးဖြတ်ချက်ချရမည်။ သားသမီးများသည် အသက်(၈)နှစ်အရွယ်ရောက်လျှင် သူတို့၏စစ် မှန်သောဆန္ဒကို လေးစားကြရမည်။

离婚后，子女由一方直接抚养的，另一方应当负担部分或者全部抚养费。负担费用的多少和期限的长短，由双方协议；协议不成的，由人民法院判决。

ကွာရှင်းပြတ်စဲပြီးနောက်သားသမီးများကို တစ်ဘက်တည်းမှ တိုက်ရိုက်ပြုစု စောင့်ရှောက်လျှင် အခြား တစ်ဖက်မှ သားသမီးပြုစုစောင့်ရှောက်ရန်အသုံးစရိတ်များ တစ်စိတ်တစ်ပိုင်း သို့မဟုတ် အားလုံးကို ပေး ဆောင်ရန်တာဝန်ယူရမည်။ ပေးဆောင် ရမည့် ကုန်ကျစရိတ်ပမာဏနှင့် အချိန်ကန့်သတ်ချက်အတိုအရှည်ကို

နှစ်ဖက်စလုံးသဘောတူချက် ရအောင်စေ့စပ်ဆွေးနွေးရမည်။ သဘောတူညီမှုမရပါက ပြည်သူ့တရားရုံးမှ စီရင်ဆုံးဖြတ် ရမည်ဖြစ်သည်။

前款规定的协议或者判决，不妨碍子女在必要时向父母任何一方提出超过协议或者判决原定数额的合理要求。

ရှေ့အပိုဒ်တွင်ဖော်ပြထားသော သဘောတူညီချက် သို့မဟုတ်စီရင်ချက်သည် သား သမီးများအား လိုအပ် လျှင် မိဘတစ်ဦးဦးထံ သဘောတူညီချက်ကျော်လွန်သော သို့မဟုတ် စီရင်ချမှတ်သောမူလပမာဏဖြစ်သော အကျိုးသင့်အကြောင်းသင့်ရှိတောင်းဆိုချက်ကို တားဆီးနှောက်ယှက်စေမည်မဟုတ်ပေ။

离婚后，不直接抚养子女的父或者母，有探望子女的权利，另一方有协助的义务。行使探望权利的方式、时间由当事人协议；协议不成的，由人民法院判决。

ကွာရှင်းပြတ်စဲပြီးနောက်၊ သားသမီးများကို တိုက်ရိုက်မပြုစုပေးသောမိခင်သို့မဟုတ် ဖခင်သည် သားသမီးများကို သွားရောက်ကြည့်ရှုခွင့်ရှိသည်။ အခြား တစ်ဘက်တွင် ကူညီ ရန် တာဝန် ရှိသည် ။ ကြည့်ရှု ခွင့်လုပ်ဆောင်ရန်နည်းလမ်းနှင့်အချိန်ကို ပါတီများသည် သဘောတူညီချက်တစ်ခုရမည်ဖြစ်သည်။ သဘောတူ ညီချက်မအောင်မြင်ပါကပြည်သူ့ တရားရုံးက စီရင်ဆုံးဖြတ်ရမည်ဖြစ်သည်။

父或者母探望子女，不利于子女身心健康的，由人民法院依法中止探望；中止的事由消失后，应当恢复探望。

မိခင်သို့မဟုတ် ဖခင်သည် သားသမီးကို သွားရောက်ကြည့်ရှုခြင်းကြောင့် သားသမီး၏ရုပ်ပိုင်းဆိုင်ရာနှင့် စိတ်ပိုင်းဆိုင်ရာကျန်းမာရေးကို ထိခိုက်စေနိုင်လျှင် ပြည်သူ့ တရားရုံးက ဥပဒေနဲ့အညီ ကြည့်ရှုခြင်းကို ဆိုင်းငံ့ ရမယ်။ ဆိုင်းငံ့ ထား ရန် အကြောင်းရင်း များ ပျောက်ကွယ် သွား ပြီးနောက် ကြည့်ရှုခြင်းကို ပြန်လည်ပြုလုပ် သင့်သည် ။

三、在中国可以领养吗？

၃။ တရုတ်နိုင်ငံတွင် မွေးစားနိုင်သလား။

根据《中华人民共和国民法典》第五编婚姻家庭规定，下列未成年人，可以被收养：

"တရုတ်ပြည်သူ့သမ္မတနိုင်ငံတော် ပြည်သူနှင့်သက်ဆိုင်သောကိုဓဥပဒေ(civil code) "အပိုင်း(၅)တွင် အိမ်ထောင်ရေးနှင့် မိသားစုဆိုင်ရာ ပြဌာန်းချက်များအရ အောက်ပါ အရွယ်မရောက်သေးသူများကို မွေးစား နိုင်သည်-॥

（1）丧失父母的孤儿。

(၁) မိဘများ ဆုံးရှုံးသွားသော မိဘမဲ့ကလေးများ॥

（2）查找不到生父母的未成年人。

(၂) မိဘအရင်းရှာမတွေ့နိုင်သော အရွယ်မရောက်သေးသူများ॥

（3）生父母有特殊困难无力抚养的子女。

(၃) မိဘအရင်းတွင် အထူးအခက်အခဲများရှိပြီး ပြုစုစောင့်ရှောက်ရန် မတတ်နိုင်သည့် သားသမီးများ॥

下列个人、组织可以作送养人：

အောက်ပါတစ်ဦးချင်း နှင့် အဖွဲ့အစည်းများသည် ပြုစုစောင့်ရှောက်ရန်သူများကို ပေးသူ ဖြစ်နိုင်သည်॥

（1）孤儿的监护人。

(၁) မိဘမဲ့ကလေး၏စောင့်ရှောက်သူများ॥

（2）儿童福利机构。

(၂) ကလေး စောင့်ရှောက်ရေးအဖွဲ့အစည်းများ၊

（3）有特殊困难无力抚养子女的生父母。

(၃) အထူးအခက်အခဲများရှိပြီး သားသမီးများကို မပြုစုစောင့်ရှောက်နိုင်သည့် မိဘအရင်း ဖြစ်တယ်॥

四、收养人应该具备什么条件?

၄။ မွေးစားသူတွင် မည်သည့်အခြေအနေများရှိသင့်သလဲ॥

根据《中华人民共和国民法典》第五编婚姻家庭规定，收养人应当同时具备下列条件：

"တရုတ်ပြည်သူ့သမ္မတနိုင်ငံတော် ပြည်သူများနှင့်သက်ဆိုင်သောကိုဓဥပဒေ(civil code) "အပိုင်း(၅)တွင် အိမ်ထောင်ရေးနှင့် မိသားစုဆိုင်ရာ ပြဌာန်းချက်များအရ မွေးစားသူသည် အောက်ပါအခြေအနေများကို တစ်

ချိန်တည်းတွင်ရှိသင့်သည်-

（1）无子女或者只有一名子女。

(၁) ကလေးမရှိ သို့မဟုတ် ကလေးတစ်ယောက်ပဲရှိခြင်း။

（2）有抚养、教育和保护被收养人的能力。

(၂) မွေးစားသူအား ပြုစုစောင့်ရှောက်ပေးခြင်း၊ ပညာပေးခြင်းနှင့်အကာအကွယ်ပေး နိုင်စွမ်းရှိခြင်း၊

（3）未患有在医学上认为不应当收养子女的疾病。

(၃) ဆေးပညာအရ မွေးစားခြင်းအတွက် မသင့်လျော်ဟု ယူဆရသော ရောဂါဝေဒနာ ရှိခြင်း၊

（4）无不利于被收养人健康成长的违法犯罪记录。

(၄) မွေးစား သူ၏ ကျန်းမာတိုးပွားမှုကို အထောက်အကူ မပြု သည့် ရာဇ ဝတ်မှု မှတ်တမ်း မရှိခြင်း။

（5）年满三十周岁。

(၅) အနည်းဆုံး အသက် (၃၀) ပြည့်ခြင်း။

无子女的收养人可以收养两名子女；有子女的收养人只能收养一名子女。

သားသမီးမရှိသော မွေးစားသူသည် သားသမီးနှစ်ယောက်ကို မွေးစားနိုင်ပြီး သားသမီးရှိသောမွေးစားသူသည် သားသမီးတစ်ယောက်တည်း မွေးစားနိုင်သည်။

收养孤儿、残疾未成年人或者儿童福利机构抚养的查找不到生父母的未成年人，可以不受前款和上一条规定的限制。

မိဘမဲ့ကလေးများ၊ မသန်စွမ်းသောအရွယ်မရောက်သေးသူများ သို့မဟုတ် ကလေး စောင့်ရှောက်ရေး အဖွဲ့အစည်းများမှ ပြုစုစောင့်ရှောက်သော မိဘအရင်းရှာမတွေ့နိုင်သော အရွယ်မရောက်သေးသူများကို မွေးစားခြင်းသည် ရှေ့စာပိုဒ်နှင့် အထက်ပါဖော်ပြချက်၏ ကန့်သတ်ချက်များနှင့် မသက်ဆိုင်ပါ။

五、收养成功后应向什么部门进行登记？

၄။ မွေးစားခြင်းအောင်မြင်ပြီးနောက် မည်သည့်ဌာနတွင် မှတ်ပုံတင်သင့်သနည်း။

根据《中华人民共和国民法典》第五编婚姻家庭规定，收养应当向县级以上人民政府民政部门登记。收养关系自登记之日起成立。

"တရုတ်ပြည်သူ့သမ္မတနိုင်ငံတော် ပြည်သူများနှင့်သက်ဆိုင်သောကိုဗ္ဗပဒေ(civil code) "အပိုင်း(၅)

တွင် အိမ်ထောင်ရေးနှင့် မိသားစုဆိုင်ရာ ပြဋ္ဌာန်းချက်များအရ မွေးစားခြင်းကို ခရိုင်အဆင့် သို့မဟုတ် ပြည်သူ့

အစိုးရ၏ ပြည်သူ့ရေးရာဌာနတွင် မှတ်ပုံတင်ရမည်။

收养查找不到生父母的未成年人的，办理登记的民政部门应当在登记前予以公告。

မိဘအရင်းများကို ရှာမတွေ့ရှိနိုင် သော အရွယ် မ ရောက်သေးသူများကို မွေးစား လျှင် မှတ်ပုံတင်ရန်

တာဝန်ထမ်းဆောင်နေသော ပြည်သူ့ရေးရာဌာနတွင် မှတ်ပုံတင် မသွင်းခင် ကြော်ငြာချက် ပြုလုပ် ရမည်။

收养关系当事人愿意签订收养协议的，可以签订收养协议。

မွေးစားခြင်းဆိုင်ရာ ဆက်စပ်ပါတီများသည် မွေးစားခြင်းသဘောတူညီချက်ကို လက်မှတ်ရေးထိုးရန်

ဆန္ဒရှိပါက ၎င်းတို့သည် မွေးစားခြင်းသဘောတူစာချုပ်ကို လက်မှတ်ရေးထိုးနိုင်သည်။

收养关系当事人各方或者一方要求办理收养公证的，应当办理收养公证。

မွေးစားခြင်းဆိုင်ရာ ဆက်စပ်ပါတီများ သို့မဟုတ် တစ်ဘက်မှ မွေးစားခြင်းဆိုင်ရာ ခံသမာဓိပြုခြင်းကို

တောင်းဆိုပါက၊ မွေးစားခြင်းဆိုင်ရာခံသမာဓိပြုခြင်းကို လုပ်ဆောင်သင့် သည်။

县级以上人民政府民政部门应当依法进行收养评估。

ခရိုင် အဆင့် အထက်ရှိ ပြည်သူ့ အစိုးရ များ ၏ ပြည်သူ့ ရေးရာ ဌာန များ သည် ဥပဒေ နှင့် အညီ မွေးစား

ခြင်း သုံးသပ်ချက် များကို ဆောင်ရွက် ရ မည် ။

收养关系成立后，公安机关应当按照国家有关规定为被收养人办理户口登记。

မွေးစားခြင်းဆက်ဆံရေးကို ထူထောင်ပြီးနောက်၊ ပြည်သူ့လုံခြုံရေးအဖွဲ့သည် သက်ဆိုင်ရာနိုင်ငံတော်

စည်းမျဉ်းများနှင့်အညီ မွေးစားသူအတွက် အိမ်ထောင်စုစာရင်းကို စာရင်းသွင်းဆောင်ရွက်ရမည်။

第三节 继 承

အခန်းခွဲ(၃)။ အမွေခံခြင်း

一、遗产继承的顺序是什么？

၁။ အမွေဆက်ခံခြင်းမှာ အစီအစဉ်အဘယ်နည်း။

根据《中华人民共和国民法典》第五编婚姻家庭规定，遗产按照下列顺序继承：

"တရုတ်ပြည်သူ့သမ္မတနိုင်ငံတော် ပြည်သူများနှင့်သက်ဆိုင်သောကိုဒ္ဒပဒေ(civil code) "အပိုင်း(၅)တွင် အိမ်ထောင်ရေးနှင့် မိသားစုဆိုင်ရာ ပြဋ္ဌာန်းချက်များအရ အမွေကို အောက်ပါအစီအစဉ်အတိုင်း အမွေဆက်ခံသည်-

（1）第一顺序：配偶、子女、父母。

(၁) ပထမအစီအစဉ်တွင် အိမ်ထောင်ဖက်၊ သားသမီး၊ မိဘများဖြစ်ခြင်း။

（2）第二顺序：兄弟姐妹、祖父母、外祖父母。

(၂) ဒုတိယအစီအစဉ်တွင်ညီအကိုမောင်နှမ၊ ဘိုးဖခင်ဘွား၊ မိခင်ဘိုးဘွားများဖြစ်ခြင်း။

继承开始后，由第一顺序继承人继承，第二顺序继承人不继承；没有第一顺序继承人继承的，由第二顺序继承人继承。

အမွေခံခြင်းစတင်ပြီးနောက် ပထမအစီအစဉ်အမွေခံသူစတင်အမွေခံသည်၊ ဒုတိယ အစီအစဉ်အမွေမခံ နိုင်။ ပထမအစီအစဉ်အမွေခံသူမရှိပါက ဒုတိယအစီအစဉ်အမွေမခံသူ အမွေခံသည်။

本节所称子女，包括婚生子女、非婚生子女、养子女和有扶养关系的继子女。

၅။အပိုင်းထဲတွင်ခေါ်ဆိုသော သားသမီးများတွင် အိမ်ထောင်ပြု၍မွေဖွား သော သားသမီးများ၊ အိမ်ထောင်မပြုဘဲ မွေးဖွားသောသားသမီးများ၊ မွေးစားသားသမီးများ နှင့်ပြုစုစောင့်ရှောက်ရေးဆက်ဆံမှုရှိ

သောလင်ပါမယားပါသားသမီးများပါဝင်ပါသည်။

本节所称父母，包括生父母、养父母和有扶养关系的继父母。

ဤအပိုင်းထဲတွင်ခေါ်ဆိုသောမိဘတွင်မိဘအရင်း၊ မွေးစားမိဘနှင့်ပြုစုစောင့်ရှောက်ရေးဆက်ဆံမှုရှိသော မိထွေးဘထွေးများပါဝင်ပါသည်။

本节所称兄弟姐妹，包括同父母的兄弟姐妹、同父异母或者同母异父的兄弟姐妹、养兄弟姐妹、有扶养关系的继兄弟姐妹。

ဤအပိုင်းထဲတွင်ခေါ်ဆိုသောညီအစ်ကိုမောင်နှမတွင် မိဘ၏ညီအစ်ကိုမောင်နှမများ၊ အဖေတူအမေကွဲ သို့မဟုတ်အမေတူအဖေကွဲ၏ညီအစ်ကိုမောင်နှမများ၊ မွေးစားညီအစ်ကို မောင်နှမများ၊ ပြုစုစောင့်ရှောက်ရေး ဆက်ဆံမှုရှိသောလင်ပါမယားပါညီအစ်ကိုမောင်နှမများပါဝင်ပါသည်။

被继承人的子女先于被继承人死亡的，由被继承人的子女的直系晚辈血亲代位继承。

အမွေပိုင်ဆိုင်သူ၏သားသမီးများသည် အမွေပိုင်ဆိုင်သူ၏ရှေ့တွင် သေဆုံးသွားလျှင်အမွေပိုင်ဆိုင်သူ၏ တိုက်ရိုက်ဆက်နွယ်ပုံရှိသောလူငယ်ပိုင်းသွေးသားအနီးစပ်ဆုံးတော်စပ်သူများအစားထိုးဆက်ခံရသည်။

被继承人的兄弟姐妹先于被继承人死亡的，由被继承人的兄弟姐妹的子女代位继承。

အမွေပိုင်ဆိုင်သူ၏ညီအကိုမောင်နှမများသည် အမွေပိုင်ဆိုင်သူ၏ ရှေ့တွင်သေဆုံး သွားလျှင် အမွေ ပိုင်ဆိုင်သူ၏ ညီအကိုမောင်နှမများ၏ သားသမီးများအစားထိုး ဆက်ခံရသည်။

代位继承人一般只能继承被代位继承人有权继承的遗产份额。

အစားထိုး ဆက်ခံသူသည် ယေဘုယျအားဖြင့် အစားထိုးခံရသောဆက်ခံသူတွင် အမွေဆက်ခံပိုင်ခွင့်ရှိ သော ပိုင်ဆိုင်မှု၏ဝေစုကိုသာ အမွေဆက်ခံနိုင်သည်။

丧偶儿媳对公婆，丧偶女婿对岳父母，尽了主要赡养义务的，作为第一顺序继承人。

မုဆိုးမ ချွေးမသည် လင်ယောက်ျား၏ဖခင်နှင့်မိခင်များအတွက်၊ မုဆိုးဖိုသားမက်သည် မယား၏ဖခင်နှင့်မိ ခင်းများအတွက် အဓိကလုပ်ကျွေးမှုတာဝန်များကို ကျေပွန်ခဲ့ကြသူများ အနေဖြင့် ပထမအစီအစဉ်အမွေခံသူ အဖြစ် ဆက်ခံရသည်။

同一顺序继承人继承遗产的份额，一般应当均等。

တူညီသောအစီအစဉ်အမွေဆက်ခံသူများသည် ယေဘုယျအားဖြင့် အမွေခွဲဝေမှု တူညီရမည်။

对生活有特殊困难又缺乏劳动能力的继承人，分配遗产时，应当予以照顾。

အသက်မွေးဝမ်းကျောင်းတွင် အထူးအခက်အခဲများရှိပြီး အလုပ်လုပ်နိုင်စွမ်းမရှိသည့် အမွေခံများအား အမွေခွဲဝေရာတွင် ဂရုစိုက်သင့်သည်။

对被继承人尽了主要扶养义务或者与被继承人共同生活的继承人，分配遗产时，可以多分。

အမွေပိုင်ဆိုင်သူများအား အဓိကပြုစုစောင့်ရှောက်မှုတာဝန်ကို ကျေပွန်အောင် ထမ်းဆောင်သောသူများ သို့မဟုတ် အမွေပိုင်ဆိုင်သူနှင့် အတူနေထိုင်သောအမွေဆက်ခံသူ များအတွက် အမွေခွဲဝေရာတွင် ပို၍ခွဲဝေ နိုင်သည်။

有扶养能力和有扶养条件的继承人，不尽扶养义务的，分配遗产时，应当不分或者少分。

စောင့်ရှောက်ကျွေးမွေးနိုင်သော အမွေဆက်ခံသူများနှင့် စောင့်ရှောက်ကျွေးမွေးရန် အခြေအနေ များရှိ သည့် အမွေဆက်ခံသူများသည် ၎င်းတို့၏ စောင့်ရှောက်ကျွေးမွေးရန် တာဝန်ဝတ္တရားများကို မကျေပွန်သူများ အတွက် အမွေခွဲဝေရာတွင် မခွဲဝေ သို့ မဟုတ် နည်းအောင် ခွဲဝေသင့်သည်။

继承人协商同意的，也可以不均等。

အမွေဆက်ခံသူများဆွေးနွေးညှိနှိုင်းခြင်းဖြင့် သဘောတူလျှင်မညီမျှခြင်းလည်းဖြစ်နိုင်သည်။

对继承人以外的依靠被继承人扶养的人，或者继承人以外的对被继承人扶养较多的人，可以分给适当的遗产。

အမွေဆက်ခံသူမှလွဲ၍ အမွေပိုင်ဆိုင်သူ၏ ပြုစုစောင့်ရှောက်မှုမီခိုအားကိုသောသူ သို့မဟုတ် အမွေဆက်ခံသူမှလွဲ၍ဖြစ်သော အမွေပိုင်ဆိုင်သူမှပြုစုစောင့်ရှောက်မှု ခံရသည့်မြောက်များသောသူများအား သင့်လျော်သော အမွေကို ခွဲဝေပေးနိုင်သည်။

继承人应当本着互谅互让、和睦团结的精神，协商处理继承问题。遗产分割的时间、办法和份额，由继承人协商确定；协商不成的，可以由人民调解委员会调解或者向人民法院提起诉讼。

အမွေဆက်ခံသူများ သည် အပြန်အလှန်နားလည်မှု၊ သင့်မြတ်နေထိုင်မှု၊ စည်းလုံး ညီညွတ်မှု စိတ်ဓာတ် နှင့်အညီ အမွေဆက်ခံခြင်းနှင့်သက်ဆိုင်သော ပြဿနာများကို ဖြေရှင်းရန် ညှိနှိုင်းဆွေးနွေးသင့်သည်။ အမွေခွဲ ဝေသောအချိန်၊ နည်းလမ်းနှင့်ဝေစုများကို ဆက်ခံသူများညှိနှိုင်းဆွေးနွေးဖြင့်ဆုံးဖြတ်သည်။ ဆွေးနွေးညှိနှိုင်းမှု မအောင်မြင်နေလျှင် ပြည်သူ့ ဖျန်ဖြေရေးကော်မတီသည် ဖျန်ဖြေရန်လုပ်ဆောင်ပေးခြင်းသို့မဟုတ်ပြည်သူ့ တရားရုံးသို့ တရားစွဲဆိုရန်လျှောက်တင်နိုင်သည်။

二、继承从什么时候开始?

၂။ အမွေဆက်ခံရန် ဘယ်အချိန်စတင်မည်နည်း။

根据《中华人民共和国民法典》第五编婚姻家庭规定，继承从被继承人死亡时开始。

"တရုတ်ပြည်သူ့သမ္မတနိုင်ငံတော် ပြည်သူများနှင့်သက်ဆိုင်သောကိုဓဉပဒေ(civil code) "အပိုင်း(၅)တွင် အိမ်ထောင်ရေးနှင့် မိသားစုဆိုင်ရာ ပြဌာန်းချက်များအရ ဆက်ခံရန် အမွေပိုင်ဆိုင်သူသေဆုံးသည့်အချိန်စတင် မည်ဖြစ်သည်။

相互有继承关系的数人在同一事件中死亡，难以确定死亡时间的，推定没有其他继承人的人先死亡。都有其他继承人，辈份不同的，推定长辈先死亡；辈份相同的，推定同时死亡，相互不发生继承。

အမွေဆက်ခံရေးဆက်စပ်မှုအပြန်အလှန်ရှိသောသူများသည် အမှုတစ်ခုတည်းတွင် သေဆုံးသွားပြီး သေဆုံးသောအချိန်သေချာရန်ခက်ခဲသောသူများအတွက် တခြားအမွေ ဆက်ခံသူ မရှိသောသူကို အရင် သေဆုံးသွားသည်ဟုထင်မှတ်ပါသည်။ တခြားအမွေ ဆက်ခံသူရှိသောသူများအတွက်လည်း ဆွေးမျိုးအစဉ် အဆက်မတူလျှင် အသက်ကြီးသူများကို အရင်သေဆုံးသွားသည်ဟုထင်မှတ်ပါသည်။ ဆွေးမျိုးအစဉ်အဆက် တူသောသူများအတွက် တစ်ချိန်တည်းတွင် သေဆုံးသည်ဟု ထင်မှတ် ပြီး တစ်ဦးနှင့်တစ်ဦး အမွေဆက်ခံရန် မရှိပါ။

遗产是自然人死亡时遗留的个人合法财产。依照法律规定或者根据其性质不得继承的遗产，不得继承。继承开始后，按照法定继承办理；有遗嘱的，按照遗嘱继承或者遗赠办理；有遗赠扶养协议的，按照协议办理。

အမွေအနှစ်သည် သဘာဝလူ သေဆုံး ရာတွင် ကျန်ရစ် ခဲ့ သော တစ်ဦးချင်း၏ တရားဝင် ပိုင်ဆိုင်မှု ဖြစ် သည်။ ဥပဒေသတ်မှတ်ချက်များနှင့်အညီ သို့မဟုတ်၎င်း၏အမျိုးအစားနှင့်အညီဆက်ခံနိုင်ခြင်းမရ သောအမွေအနှစ်များကို ဆက်ခံခြင်းမရပါ။ ဆက်ခံခြင်းစတင်ပြီးနောက် ဥပဒေသတ်မှတ်ထားသောဆက်ခံ ရေးအလိုက် လုပ်ဆောင်ရမည်။ သေတမ်းစာရှိလျှင် သေတမ်းစာနှင့်အညီဆက်ခံရမည်ဖြစ်ခြင်း သို့မဟုတ် သေတမ်းစား အတိုင်းလက်ဆောင်ပေးရန် လုပ်ဆောင်ရမည်။ ပြုစုစောင့်ရှောက်ခြင်းသေတမ်းစား အတိုင်း လက်ဆောင်ပေးစာချုပ်ရှိလျှင် စာချုပ်နှင့်အညီလုပ်ဆောင်ရမည်။

继承开始后，继承人放弃继承的，应当在遗产处理前，以书面形式作出放弃继承的表示；没有表示的，视为接受继承。

ဆက်ခံခြင်းစတင်ပြီးနောက် ဆက်ခံသူဆက်ခံခြင်းကိုစွန့်လွှတ်လျှင် အမွေအနှစ် ဖြေရှင်းခြင်းမပြုခင် အမွေအနှစ်ကို စွန့်လွှတ်ရန်စာဖြင့် ဖော်ပြထားသင့်သည်။ ဖော်ပြခြင်း မရှိလျှင် အမွေဆက်ခံခြင်းလက်ခံသည် ဟုတင်မှတ်သည်။

受遗赠人应当在知道受遗赠后六十日内，作出接受或者放弃受遗赠的表示；到期没有表示的，视为放弃受遗赠。

သေတမ်းစားအတိုင်း လက်ဆောင်ပေးခြင်းခံရသူသည် သေတမ်းစားအတိုင်း လက်ဆောင်ပေးခြင်း အကြောင်းကိုသိရှိပြီးနောက် ရက်ပေါင်း(၆၀)အတွင်းသေတမ်းစား အတိုင်း လက်ဆောင်ပေးခြင်းအတွက် လက်ခံခြင်းသို့မဟုတ် စွန့်လွှတ်ခြင်းသဘောဖော်ပြရမည်။ အချိန်ပြည့်လျှင်သဘောမဖော်ပြလျှင် သေတမ်း စား အတိုင်း လက်ဆောင်ပေးခံရခြင်းကို စွန့်လွှတ်သည်ဟုတင်မှတ်သည်။

三、遗嘱的形式有哪些？

၃။ သေတမ်းစား၏ပုံစံမှ အဘယ်နည်း။

根据《中华人民共和国民法典》第五编婚姻家庭规定，自然人可以依照本法规定立遗嘱处分个人财产，并可以指定遗嘱执行人。

"တရုတ်ပြည်သူ့သမ္မတနိုင်ငံတော် ပြည်သူများနှင့်သက်ဆိုင်သောကိုးဥပဒေ(civil code) "အပိုင်း(၅)တွင် အိမ်ထောင်ရေးနှင့် မိသားစုဆိုင်ရာ ပြဋ္ဌာန်းချက်များအရ သဘာဝလူသည် ၅ဥပဒေသတ်မှတ်ချက်နှင့်အညီ ကိုယ်ပိုင်ဥစ္စာပစ္စည်းများကိုဖြေရှင်းရန် သေတမ်းစား ကိုဆန္ဒပြုလုပ်နိုင်ပြီး သေတမ်းစား အတိုင်း လုပ်ဆောင်သူ့ကို ခန့်အပ်နိုင်ပါသည်။

自然人可以立遗嘱将个人财产指定由法定继承人中的一人或者数人继承。

သဘာဝလူသည် သေတမ်းစာရေးသားခြင်းဖြင့်ကိုယ့်ပိုင်ဆိုင်မှုကိုတရားဝင်အမွေ ဆက်ခံသူများထဲမှတစ်ယောက်သို့မဟုတ် များစွာသောသူများကို သတ်မှတ်နိုင်သည်။

自然人可以立遗嘱将个人财产赠与国家、集体或者法定继承人以外的组织、个人。

သဘာဝလူများသည်သေတမ်းစာရေးသားခြင်းဖြင့်ကိုယ့်ပိုင်ဆိုင်မှုကို နိုင်ငံတော်၊ စုပေါင်း အဖွဲ့အစည်း များ သို့မဟုတ် တရားဝင် အမွေခံ များမှလွဲ၍ အဖွဲ့အစည်း များ သို့မဟုတ် အခြား တစ်ဦးချင်း စီ အား လက်ဆောင်ပေးနိုင်ပါသည်။

自然人可以依法设立遗嘱信托。

သဘာဝလူ များသည် ဥပဒေ နှင့် အညီ သေတမ်းစာယုံကြည်ခွဲအပ်ရန် တည်ထောင် နိုင် သည် ။

自书遗嘱由遗嘱人亲笔书写，签名，注明年、月、日。

မိမိကိုယ်တိုင်ရေးထားသောသေတမ်းစာအတွက် သေတမ်းစာပြုသူ ကိုယ်တိုင် ရေးသားခြင်း၊ လက်မှတ်ထိုးခြင်း၊ နှစ်၊လ၊ နေ့ ကိုရှင်းလင်းစွာရေးရန်ပြုလုပ်ရမည်။

代书遗嘱应当有两个以上见证人在场见证，由其中一人代书，并由遗嘱人、代书人和其他见证人签名，注明年、月、日。

သေတမ်းစာကိုအစားထိုးရေးရန်လိုအပ်လျှင် သက်သေနှစ်ယောက်ထက်မနည်း ရေးသားသောနေရာတွင် မျက်မြင်သက်သေခံရမည်။ ၄င်းတို့နှစ်ယောက်အနက် တစ်ယောက်မှ အစားထိုးရေးသားပြီးသေတမ်းစာပြု သူ၊ အစားထိုးရေးသူနှင့်အခြား မျက်မြင်သက်သေခံ များလက်မှတ်ထိုး၊ နှစ်၊ လ၊ နေ့ ကိုရှင်းလင်းစွာရေးထားရ မည်။

打印遗嘱应当有两个以上见证人在场见证。遗嘱人和见证人应当在遗嘱每一页签名，注明年、月、日。

သေတမ်းစာပုံနှိပ်ထုတ်ဝေလျှင် သက်သေနှစ်ဦးထက်မနည်း မျက်မြင်သက်သေခံ အဖြစ်ရှိနေခြင်း မျက်မြင်သက်သေရမည်။ သေတမ်းစာပြုသူ၊အစားထိုးရေးသူနှင့် မျက်မြင် သက်သေခံ များလက်မှတ်ထိုးရန်၊ နှစ်၊လ၊ နေ့ ကိုရှင်းလင်းစွာရေးရန်လုပ်ဆောင်ရမည်။

以录音、录像形式立的遗嘱，应当有两个以上见证人在场见证。遗嘱人和见证人应当在录音录像中记录其姓名或者肖像，以及年、月、日。

သေတမ်းစာကို အသံသွင်းခြင်းသို့မဟုတ် ဗီဒီယိုရိုက်ခြင်းပုံစံဖြင့် ပြုလုပ်လျှင် သက်သေနှစ်ဦးထက် မနည်း မျက်မြင်သက်သေခံ အဖြစ်ရှိနေခြင်းမျက်မြင်သက်သေရမည်။ သေတမ်းစာပြုသူနှင့် မျက်မြင် သက်သေခံ များသည် အသံသွင်းထဲသို့မဟုတ် ဗီဒီယိုထဲတွင် ကိုယ့်အမည် သို့မဟုတ်ကိုယ်တပိုင်းဓာတ်ပုံများ မှတ်တမ်းတင်ရမည်။

遗嘱人在危急情况下，可以立口头遗嘱。口头遗嘱应当有两个以上见证人在场见证。危急情况消除后，遗嘱人能够以书面或者录音录像形式立遗嘱的，所立的口头遗嘱无效。

သေတမ်းစားသူသည် အရေးပေါ် အခြေအနေအောက်တွင် နှုတ်ဖြင့်သေတမ်းစား ပြုလုပ် နိုင် သည် ။ နှုတ်ဖြင့်သေတမ်းစား ပြုလုပ်ရာတွင် မျက်မြင်သက်သေခံ နှစ် ယောက် ထက်မနည်းမျက်မြင်သက်သေ ရန် ရှိ သင့်သည်။ အရေးပေါ်အခြေအနေများကို ဖယ်ရှားပြီးနောက်သေတမ်းစာသူသည် စာဖြင့်ရေးသားခြင်း သို့မဟုတ် အသံ-ဗီဒီယိုပုံစံဖြင့် သေတမ်းစာပြုလုပ်နိုင်လျှင် နှုတ်ဖြင့်ပြုလုပ်သောသေတမ်းစားကို အတည်မ ဖြစ်တော့ချေ။

公证遗嘱由遗嘱人经公证机构办理。

ခုံသမာဓိသေတမ်းစာကိုပြုလုပ်လျှင် ခုံသမဓိအဖွဲ့အစည်းမှတစ်ဆင့် လုပ်ဆောင်ရမည်။

下列人员不能作为遗嘱见证人：

အောက်ဖော်ပြပါလူများသည် သေတမ်းစာပြရန် မျက်မြင်သက်သေခံမဖြစ်နိုင်ပါ။

（1）无民事行为能力人、限制民事行为能力人以及其他不具有见证能力的人。

（၁) တရားမမှုအပြုအမူအတွက် စွမ်းရည်မရှိသူ၊ တရားမမှုအပြုအမူ ကန့်သတ်ချက် အတွက် စွမ်းရည်မ ရှိသူနှင့် အခြားမျက်မြင်သက်သေခံနိုင်စွမ်း မရှိသည့်လူများဖြစ်ခြင်း။

（2）继承人、受遗赠人。

（၂) အမွေဆက်ခံသူ၊ သေတမ်းစား အတိုင်း လက်ဆောင်ပေးခြင်းခံရသူများဖြစ်ခြင်း။

（3）与继承人、受遗赠人有利害关系的人。

အမွေဆက်ခံသူ၊ သေတမ်းစား အတိုင်း လက်ဆောင်ပေးခြင်းခံရသူများနှင့်အကျိုးစီးပွားချင်းဆက်စပ်နေ သောသူများဖြစ်ခြင်း။

遗嘱应当为缺乏劳动能力又没有生活来源的继承人保留必要的遗产份额。

သေတမ်းစားသည် အလုပ်လုပ်နိုင်စွမ်းလည်းမရှိ၊ စားဝတ်နေရေးဝင်ငွေလည်းမရှိသောအမွေခံသူတို့ အတွက် လိုအပ်သောအမွေအနှစ်ဝေစုကို ထိန်းသိမ်းထားရမည်။

遗嘱人可以撤回、变更自己所立的遗嘱。立遗嘱后，遗嘱人实施与遗嘱内容相反的民事法 律行为的，视为对遗嘱相关内容的撤回。

သေတမ်းစားသူသည် ကိုယ့်ပြုလုပ်ခဲ့သောသေတမ်းစာကို ရုပ်သိမ်းခြင်း၊ ပြောင်းလဲခြင်းလုပ်ဆောင် နိုင်သည်။

立有数份遗嘱，内容相抵触的，以最后的遗嘱为准。

သေတမ်းစာများစွာရှိပြီး အကြောင်းအရာများရှိကွဲလွဲနေလျှင် နောက်ဆုံးသေတမ်းစာနှင့်အညီ လုပ်ဆောင်ရမည် ဖြစ်သည်။

无民事行为能力人或者限制民事行为能力人所立的遗嘱无效。

တရားမမှုအပြုအမူအတွက် စွမ်းရည်မရှိသူ၊ တရားမမှုအပြုအမူ ကန့်သတ်ချက် အတွက် စွမ်းရည်မရှိ သူများပြုလုပ်သောသေတမ်းစာများကို အတည်မဖြစ်ပေ။

遗嘱必须表示遗嘱人的真实意思，受欺诈、胁迫所立的遗嘱无效。

သေတမ်းစာများသည် သေတမ်းစာသူ၏စစ်မှန်သည့်သဘောကို ဖော်ပြရမည်။ လိမ်လည်မှု၊ အတင်းအကျပ်ပြုလုပ်ထားသောသေတမ်းစာကို အတည်မဖြစ်ပေ။

伪造的遗嘱无效。

သေတမ်းစာအတုကို အတည်မဖြစ်ပေ။

遗嘱被篡改的，篡改的内容无效。

သေတမ်းစာကိုတလွဲတချော်ဖြစ်အောင်ပြင်ဆင်ခြင်းခံရလျှင် ပြင်ဆင်သောအကြောင်းအရာများကို အတည်မဖြစ်ပေ။

遗嘱继承或者遗赠附有义务的，继承人或者受遗赠人应当履行义务。没有正当理由不履行义务的，经利害关系人或者有关组织请求，人民法院可以取消其接受附义务部分遗产的权利。

သေတမ်းစာ ဆက်ခံခြင်း သို့မဟုတ် သေတမ်းစာ အတိုင်းလက်ဆောင်ပေးခြင်း ဆိုင်ရာ တာဝန် ဝတ္တရားများ ရှိပါက အမွေဆက်ခံသူ သို့မဟုတ် သေတမ်းစာအတိုင်းလက်ဆောင် ပေးခြင်း ခံရသူသည် တာဝန်ကို ထမ်းဆောင်ရမည်။ ခိုင်မာသော အကြောင်းပြချက်မရှိ တာဝန်ဝတ္တရားများကို မထမ်းဆောင် လျှင် အကျိုးစီးပွားချင်းဆပ်စပ်သူသို့မဟုတ်သက်ဆိုင်ရာအဖွဲ့အစည်းများ၏တောင်းဆိုခြင်းအားဖြင့် ပြည်သူ့ တရားရုံး သည် တာဝန်ဝတ္တရား များ နှင့်အတူ ပိုင်ဆိုင် မှု ၏ အစိတ်အပိုင်း ကို လက်ခံ ရန် ၎င်း ၏ အခွင့်အရေး ကို ဖျက်သိမ်း နိုင် သည် ။

第六章 子女教育

အခန်း(၆)။ သားသမီးပညာရေး

第一节 中小学教育

အခန်းခွဲ(၁)။ မူလတန်းကျောင်းနှင့်အလယ်တန်းကျောင်းပညာရေး

一、外籍子女在中国读书，父母是否需要常住中国?

၁။ နိုင်ငံခြားသား၏သားသမီးများတရုတ်နိုင်ငံတွင်ကျောင်းတက်လျှင်မိဘသည်တရုတ်နိုင်ငံ တွင် အမြဲနေထိုင်ဖို့လိုအပ်ပါသလား။

根据《云南省学校招收和培养国际学生管理规定》，学校招收未满 18 周岁且父母不在中国境内常住的国际学生，须要求其父母正式委托在中国境内常住的外国人或者中国人作为该国际学生的监护人，并提供相关证明材料。

"ယူနန်ပြည်နယ်ရှိစာသင်ကျောင်းများမှ နိုင်ငံတကာကျောင်းသားသစ်ခေါ်ယူရန်နှင့် မွေးမြူရန်ဆိုင်ရာစီမံအုပ်ချုပ်ရေးစည်းမျဉ်းများ"အရ စာသင်ကျောင်းသည်အသက်(၁၈)နှစ် မပြည့်သေးမီ ဖြစ်ပြီး ၎င်းတို့မိဘလည်းတရုတ်နိုင်ငံတွင်အမြဲနေထိုင်ခြင်းမဟုတ်သော နိုင်ငံတကာ ကျောင်းသားများကိုခေါ်ယူလျှင် ၎င်းတို့မိဘသည်တရုတ်နိုင်ငံတွင်အမြဲနေထိုင် သော နိုင်ငံခြားသားသို့မဟုတ်တရုတ်နိုင်ငံသားကိုစောင့်ကြပ်ကာကွယ်သူအဖြစ်တရားဝင် တာဝန် လွှဲအပ်ရမည်ဖြစ်ပြီးသက်ဆိုင်သည့်အထောက်အထား စာရွက်စာတမ်းများကို

တင်ပြရမည်။

二、外籍中小学生可以到中国进行短期学习吗?

၂။ နိုင်ငံခြားမူလတန်းကျောင်းနှင့်အလယ်တန်းကျောင်းမှ ကျောင်းသားများသည် တရုတ်နိုင်ငံသို့ လာရောက်ပြီး ရက်တိုစာသင်ယူနိုင်ပါသလား။

根据《云南省学校招收和培养国际学生管理规定》，学校可以接受以团组形式短期学习（6个月内）的国际学生，但应当预先与外方派遣单位签订协议。团组国际学生未满 18 周岁的，学校应要求外方派遣单位按其所在国法律规定，预先办理有关组织未成年人出入境所需的法律手续，并派人随团担任国际学生学习期间的监护人。

"ယူနန်ပြည်နယ်ရှိစာသင်ကျောင်းများမှ နိုင်ငံတကာကျောင်းသားသစ်ခေါ်ယူရန်နှင့် မွေးမြူရန်ဆိုင်ရာစီမံအုပ်ချုပ်ရေးစည်းမျဉ်းများ"အရ စာသင်ကျောင်းသည် ကာလတို (၆ လအတွင်း) အဖွဲ့လိုက် စာသင်ယူသော နိုင်ငံတကာကျောင်းသားများကိုလက်ခံနိုင် သည်။ သို့သော်လည်း နိုင်ငံခြားစေလွှတ်ရေးဌာနနှင့် သဘောတူညီချက်ကို ကြိုတင်လက်မှတ် ရေးထိုးသင့်သည်။ အဖွဲ့လိုက်အဖွဲ့များပါရှိသော နိုင်ငံတကာကျောင်းသားများသည် အသက် ၁၈နှစ်မပြည့်လျှင် စာသင်ကျောင်းသည် ၎င်းတို့တည်ရှိရာနိုင်ငံ၏ ဥပဒေများနှင့်စည်းမျဉ်း များအရ အရွယ်မရောက်သေးသူများအတွက် ပြည်ဝင်ပြည်ထွက်ရန် လိုအပ်သော တရားဝင်လုပ်ထုံးလုပ်နည်းများကြိုတင်ဆောင်ရွက်ရမည်ဖြစ်ပြီးနိုင်ငံတကာကျောင်းသားများအတွက် စာသင်ချိန်ကာလအတွင်း အဖွဲ့နှင့်အတူလိုက်ပါ၍တာဝန်ထမ်းဆောင် သောစောင့်ကြပ်ကာကွယ်သူ တစ်စုံတစ်ဦးကိုစေလွှတ်ရန် နိုင်ငံခြားဘက်စေလွှတ်ရေး ဌာနကို တောင်းဆိုသင့်သည်။

三、针对课程和班级有哪些相关规定?

၃။ သင်ရိုးညွှန်းတမ်းများနှင့် အတန်းများအတွက် သက်ဆိုင်ရာ စည်းမျဉ်းများကား အဘယ်နည်း။

国际学生应当按照学校的课程安排和教学计划参加课程学习，并按照规定参加相应的考试或者考核。学校应当如实记录国际学生学习成绩和考勤等日常表现。

နိုင်ငံတကာကျောင်းသားများသည်ကျောင်း၏သင်ရိုးညွှန်းတမ်းအစီအစဉ်နှင့်သင်ကြားပို့ချရေးစီမံကိန်း

နှင့်အလိုက် သင်ရိုးညွှန်းတမ်းသင်ယူရန်ပါဝင်သင့်သည်ဖြစ်ပြီးစည်းမျဉ်းများ နှင့်အညီ သက်ဆိုင်ရာ စာမေးပွဲ များ သို့မဟုတ် စစ်ဆေးခြင်းများကို ပါဝင်ဆောင်ရွက်ပါ သည်။ ကျောင်းများသည် နိုင်ငံတကာ ကျောင်းသား များ၏အောင်မြင်ချက်နှင့် တက်ရောက်မှုကဲ့သို့သော နေ့စဉ်စွမ်းဆောင်ရည်ကို အမှန်အတိုင်း မှတ်တမ်းတင် သင့်သည်။

学校应当对国际学生开展中国法律法规、校纪校规、国情校情、中华优秀传统文化和风俗习惯等方面的教育，帮助其熟悉和适应学习、生活环境。学校须在开学报到时与国际学生签订《告知书》，内容包括遵守中国法律和学校校纪校规的有关内容。

ကျောင်းများသည် နိုင်ငံတကာကျောင်းသားများကို တရုတ်တရားဥပဒေနှင့် ဥပဒေစည်းမျဉ်းများ၊ ကျောင်းစည်းကမ်းစည်းမျဉ်းများ၊ နိုင်ငံ့အခြေအနေ နှင့် ကျောင်းအခြေအနေ၊ တရုတ်နိုင်ငံ၏ ထူးချွန်သော ရိုးရာယဉ်ကျေးမှု၊ ဓလေ့ထုံးတမ်းများနှင့် အလေ့အထများအကြောင်း ပညာပေး ခြင်းဖြင့် ၎င်းတို့ကို စာသင် ယူခြင်းနှင့်နေထိုင်မှုပတ်ဝန်းကျင်နှင့် လိုက်လျောညီထွေအောင်အထောက်အကူ ဖြစ်စေသည်။ ကျောင်းများသည်ကျောင်း ဖွင့်သတင်းပို့သည့်အချိန်တွင် နိုင်ငံတကာ ကျောင်းသားများ နှင့်"သတိပေးအကြောင်းကြားစာ" ကို လက်မှတ် ရေးထိုး ရမည်။ ၎င်းအကြောင်းကြား၏အချက်အလက်မှာ တရုတ် ဥပဒေများနှင့်ကျောင်းစည်းမျဉ်း စည်းကမ်း များနှင့် သက်ဆိုင်သည့် အကြောင်းအရာပါဝင်ပါသည်။

四、学校使用什么语言教学?
၄။ စာသင်ကျောင်းသည်မည်သည့်ဘာသာဖြင့်သင်ကြားပို့ချသလဲ။

中华人民共和国国家通用语言文字是学校培养国际学生的基本教学语言。对国家通用的语言文字（汉语）水平达不到学习要求的国际学生，学校可以提供必要的补习条件。

တရုတ်ပြည်သူ့သမ္မတနိုင်ငံတွင်အကန့်အသတ်မရှိသုံးစွဲနိုင်သော ဘာသာစကားသည် ကျောင်းများ မှ နိုင်ငံတကာကျောင်းသားများမွေးမြူရန်အခြေခံသင်ကြားမှု၏ဘာသာ စကားဖြစ်သည်။ နိုင်ငံတော် အကန့်အသတ် မရှိသုံးစွဲနိုင်သောဘာသာစကာ(တရုတ် ဘာသာ)အရည်အချင်းသင်ကြားရေးလိုအပ်ချက်များ နှင့်မကိုက်ညီ သောနိုင်ငံတကာ ကျောင်းသားများအတွက် ကျောင်းသည် လိုအပ်သော ကျူရှင်အခြေအနေများ

ကို ပေးဆောင်နိုင်ပါသည်။

五、外籍学生在学校可以申请住宿吗?

၅။ နိုင်ငံခြားသားဖြစ်ကျောင်းသားများသည် ကျောင်းတွင်နေထိုင်ရန် လျှောက်တင်နိုင်ပါသလား.

学校可以为国际学生提供食宿等生活服务设施,建立健全并公布服务设施使用管理制度,并加强对食宿等生活服务设施的管理检查。国际学生在学校宿舍外居住的,应按学校和当地公安部门规定及时到居住地公安部门办理登记手续。

ကျောင်းများသည် နိုင်ငံတကာကျောင်းသားများကို နေထိုင်ခြင်းနှစားသောက်ခြင်း၌ ဝန်ဆောင်မှု အဆောက်အအုံပေးနိုင်ပါသည်၊ ဝန်ဆောင်ပေးမှုအဆောက်အအုံအသုံးပြုရေး စီမံခန့်ခွဲမှု စည်းကမ်းများ ပြည့်စုံအောင်ထူထောင်ပြီး စားရေးနေရေးဝန်ဆောင်မှု အဆောက်အအုံကို ကောင်းမွန်စွာထိန်ချုပ်စစ်ဆေး ကြသည်။ နိုင်ငံတကာကျောင်းသားများ ကျောင်းအပြင်မှာ နေထိုင်လျှင်ကျောင်းနှင့် နယ်ခံပြည်သူ့လုံခြုံရေး ဌာန၏ သတ်မှတ်ချက်အရ နေထိုင်ရာ ပြည်သူ့လုံခြုံရေးဌာနသို့မှတ်ပုံတင်ဆောင်ရွက်မှုကို ပြုလုပ်သင့်သည်။

六、违反校纪校规或违法的外籍学生如何处理?

၆။ နိုင်ငံခြားကျောင်းသားများသည်ကျောင်းစည်းကမ်းသို့မဟုတ်တရား ဥပဒေကို ကျူးလွန်လျှင်မည် သည့်နည်းဖြင့်ကိုင်တွယ်ဖြေရှင်းသလဲ။

对违反学校规章制度的国际学生,学校应给予相应的纪律处分。学校对国际学生做出退学处理或者开除学籍处分的,应当按规定报州(市)教育主管部门备案,同时按公安部门规定协助办理后续手续。

ကျောင်းစည်းမျဉ်းစည်းကမ်းဖောက်ဖျက်သောနိုင်ငံတကာကျောင်းသားများအတွက်ကျောင်းများသည် သက်ဆိုင်သောစည်းကမ်းထိန်းသိမ်းရေးအရေးယူမှုပေးသင့်သည်။ နိုင်ငံ တကာကျောင်းသား များကို ကျောင်း ထွက်ခြင်းနှင့်ကျောင်းထုတ် ခြင်းအပြစ်ဒဏ် ပေးပါက သတ်မှတ်ချက်အရ ပြည်နယ်ခွဲ(မြို့)ပညာရေး စီမံအုပ်ချုပ်ရေးဌာနသို့ တင်ပြရမည်ဖြစ်ပြီး တစ်ချိန်တည်းတွင် ပြည်သူ့လုံခြုံရေးဦးစီးဌာန၏ စည်းမျဉ်းများ နှင့်အညီ နောက်ဆက်တွဲလုပ်ထုံးလုပ်နည်းများကို ကူညီဆောင်ရွက်ပေးသင့်သည်။

对违反《中华人民共和国出境入境管理法》《中华人民共和国治安管理处罚法》以及《中华人民共和国外国人入境出境管理条例》《中华人民共和国境内外国人宗教活动管理规定》等法律法规和规定的国际学生，由公安部门依法处理。

"တရုတ်ပြည်သူ့သမ္မတနိုင်ငံ ပြည်ဝင်ပြည်ထွက်စီမံအုပ်ချုပ်ရေးဥပဒေ"၊ "တရုတ် ပြည်သူ့သမ္မတနိုင်ငံ ငြိမ်ဝပ်ပိပြားမှုစီမံအုပ်ချုပ်ရေးအပြစ်ဒဏ်ပေးဥပဒေ"နှင့် "တရုတ် ပြည်သူ့သမ္မတနိုင်ငံ နိုင်ငံခြားသားပြည် ဝင်ပြည်ထွက်စီမံအုပ်ချုပ်ရေးဥပဒေ"၊ "တရုတ် ပြည်သူ့ သမ္မတနိုင်ငံအတွင်းတွင်နိုင်ငံခြားသားဘာသာရေး လှုပ်ရှားမှုစီမံအုပ်ချုပ်ရေးဥပဒေ" စသည့်တရားဥပဒေစည်းမျဉ်းနှင့်သတ်မှတ်ချက်ကို ဖောက်ဖျက်သော အပြည်ပြည်ဆိုင်ရာ နိုင်ငံတကာကျောင်းသားများကို ပြည်သူ့လုံခြုံရေးဌာနမှ တရားဥပဒေအရ အရေးယူ အပြစ်ပေးဆောင်ရွက်ရမည်။

七、外籍学生需要购买保险吗?

၇။ နိုင်ငံခြားကျောင်းသားများသည်အာမခံဝယ်ရန်လိုအပ်ပါသလား။

国际学生必须按照我国有关规定和学校要求投保。对未按照规定购买保险的，应限期投保，逾期不投保的，学校不予录取；对于已在学校学习的，应予退学或不予注册。

နိုင်ငံတကာ ကျောင်းသားများသည် နိုင်ငံတော်သက်ဆိုင်သောစည်းကမ်းသတ်မှတ်ချက် နှင့် စာသင်ကျောင်း၏တောင်းဆိုချက်အရ အာမခံဝယ်ယူရမည်။ သတ်မှတ်ချက်အရ အာမခံမဝယ်ယူခဲ့သူအတွက် အချိန်အကန့်အသတ်တွင် ဝယ်ယူသင့်သည်၊ သတ်မှတ် ရက် ကျော်လွန် ပြီး အာမခံ မဝယ်ယူသူများအတွက် ကျောင်းမှလက်မခံချေ။ ကျောင်းတွင်ကျောင်းတက်နေသူအတွက် ကျောင်း မှထွက် သင့် သည်သို့မဟုတ် မှတ်ပုံတင် ခြင်းမပြု သင့်ပါ။

八、对外籍学生健康状况是否有具体要求?

၈။ နိုင်ငံခြား ကျောင်းသားများ၏ ကျန်းမာရေး အခြေအနေ အတွက် တိကျသော လိုအပ်ချက် များရှိ ပါ သလား။

国际学生入学前，须在规定期限内到卫生检疫部门办理《外国人体格检查记录》确认手续或者进行体检。经体检确认患有《中华人民共和国出境入境管理法》规定的严重精神障碍、传染性肺结核病或者有可能对公共卫生造成重大危害的其他传染病的，不得录取，并及时报告属地公安部门，由公安部门依法处理。

နိုင်ငံတကာကျောင်းသားများကို ကျောင်းမဝင်ခင် သတ်မှတ်ထားသည့်အချိန်တွင် ကျန်းမာရေးနှင့်စ လျဉ်းသည့် ကူးစက်တတ်ရောဂါ မပြန့်ပွားစေရန်စစ်ဆေးရေးဌာနသို့ "နိုင်ငံခြားသားကျန်းမာရေးစစ်ဆေး မှတ်တမ်း" အသိ အမှတ်ပြုဆောင်ရွက်ရေးပြုလုပ်ခြင်း သို့မဟုတ်ကျန်းမာရေးစစ်ဆေးခြင်းကို ပြုလုပ် ရ မည်။ စစ်ဆေး၍ "တရုတ်ပြည်သူ့သမ္မတနိုင်ငံ ပြည်ဝင်ပြည်ထွက်စီမံအုပ်ချုပ်ရေးဥပဒေ" သတ်မှတ်ထားသော ဆိုးရွားသည့် စိတ်ရောဂါရှိခြင်း၊ ကူးစက်တတ်သော အဆုတ်တီဘီ ရောဂါ သို့မဟုတ်အများကျန်းမားရေးကို ကြီးမားသောအန္တရာယ် ဖြစ်ပွားနိုင်သော အခြားကူးစက်တတ်ရောဂါပါရှိသူများကို လက်မခံရသည့်အပြင် နယ်ခံဒေသအုပ်ချုပ်သော ပြည်သူ့လုံခြုံရေးဌာနသို့အကြောင်းကြား၍ ပြည်သူ့လုံခြုံရေးဌာနသည် တရား ဥပဒေအရ ကိုင်တွယ်ဆောင်ရွက်မည်။

第二节　高等教育
အခန်းခွဲ(၂)။　အထက်တန်းပညာရေး

一、外籍学生可以申请哪些类型的高等教育项目?

၁။ နိုင်ငံခြားကျောင်းသားများသည် မည်သည့်အမျိုးအစားအထက်တန်း ပညာရေး စီမံကိန်းလုပ်ငန်းကို လျှောက်တင်နိုင်ပါသလဲ။

根据中国教育部、外交部、公安部联合发布的《学校招收和培养国际学生管理办法》规定，高等学校招收国际学生，接受学历教育的类别为：专科生、本科生、硕士研究生和博士研究生；接受非学历教育的类别为：预科生、进修生和研究学者。

တရုတ်နိုင်ငံပညာရေးဝန်ကြီးဌာန၊ နိုင်ငံခြားရေးဝန်ကြီးဌာန၊ ပြည်သူ့လုံခြုံရေး ဝန်ကြီးဌာနတို့ ပူးတွဲ

ထုတ်ပြန်ကြေညာသော "စာသင်ကျောင်းများသည် နိုင်ငံတကာ ကျောင်းသားများခေါ်ယူခြင်းနှင့် မွေးမြူခြင်း စီမံခန့်ခွဲရေး နည်းလမ်း"၏ ပြဋ္ဌာန်းချက်အရ အဆင့်မြင့်ပညာရေးကျောင်းသည် နိုင်ငံတကာကျောင်းသားခေါ်ယူရန် ပညာရေး အဆင့်အတန်းခံယူခဲ့သည့် အမျိုးအစားမှာ သီးခြားဘာသာရပ်သင်ကျောင်းသား၊ တက္ကသိုလ်ပင်ရင်းဘာသာရပ်သင်ကျောင်းသား၊ မဟာဘွဲ့ရဘွဲ့လွန်းကျောင်းသား၊ ဒေါက်တာဘွဲ့ရဘွဲ့လွန်ကျောင်းသားများဖြစ်ကြသည်။ ပညာရေးအဆင့်အတန်းခံယူခြင်း မဟုတ်သော အမျိုးအစားမှာ တက္ကသိုလ်အကြိုသင်ကျောင်းသား၊ မွမ်းမံသင် ကျောင်းသား၊ သုတေသနပြုပညာရှင်များဖြစ်သည်။

二、中国高等学校接受外籍学生转学吗?

၂။ တရုတ်နိုင်ငံအထက်တန်းပညာသင်ကျောင်းသည် နိုင်ငံခြားကျောင်းသားများ ကျောင်းပြောင်းရန် လက်ခံသလား။

高等学校经征得原招生学校同意，可以接收由其他学校录取或者转学的国际学生。

အဆင့်မြင့်ပညာသင်ကျောင်းသည်မူရင်းလက်ခံသောကျောင်း၏သဘောတူညီချက်ရရှိခဲ့လျှင်အခြားကျောင်းလက်ခံသော၊သို့မဟုတ်ကျောင်းပြောင်းသောနိုင်ငံတကာကျောင်းသား များကို နို လက်ခံနိုင်သည်။

三、来华留学生的入学标准是什么?

၃။ တရုတ်နိုင်ငံသို့လာရောက်သောပညာတော်သင်၏ကျောင်းဝင်ရန် အရည်အချင်းစံချိန်က ဘာလဲ။

根据中国教育部《来华留学生高等教育质量规范（试行）》规定，来华留学生入学标准中的最低学历要求为：

တရုတ်နိုင်ငံပညာရေးဝန်ကြီးဌာနမှ "တရုတ်နိုင်ငံသို့လာရောက်သောပညာတော်သင် အထက်တန်းပညာသင်ကြားပို့ချရေး အရည်အချင်းစံချိန် (စမ်းသပ်ပြုလုပ်ခြင်း)"အရ တရုတ်နိုင်ငံသို့လာရောက်သောပညာတော်သင်အနမ့်ဆုံးပညာအရည်အချင်းမှာ။

专科、本科入学要求高中毕业或具有同等学历（参照“成功完成《国际教育标准分类法（ISCED 2011）》3 级或 4 级且通向高等教育”的要求）。

သီခြားဘာသာရပ်၊ ပင်ရင်းဘာသာရပ်ကျောင်းဝင်ရန်လိုအပ်ချက်မှာ အထက်တန်း ကျောင်းအောင်ပြီး

သို့မဟုတ်တူညီသောအဆင့်အတန်းရှိရမည် ("အပြည်ပြည်ဆိုင်ရာ ပညာသင်ကြားပို့ချရေး ခွဲခြားသတ်မှတ် သောအမျိုးအစား(ISCED 2011)"တတိယအဆင့် သို့မဟုတ်စတုတ္ထအဆင့် အထက်တန်းပညာသင်ကြားပို့ချ ရေးသို့ သွားရန် တောင်းဆိုချက်ကို အောင်မြင်ပြီးမြောက်ခြင်းကိုမီညွှန်းပြသည်။

硕士研究生入学要求获得学士学位或具有同等学历（参照"成功完成《国际教育标准分类 法（ISCED 2011）》6 级或 7 级课程"的要求）。

မဟာဘွဲ့ရဘွဲ့လွန်ကျောင်းသားကျောင်းဝင်ရန် လိုအပ်ချက်မှာသိပ္ပံဘွဲ့ ရယူပြီး သို့မဟုတ် တူညီသော အဆင့်အတန်းရှိရမည် ("နိုင်ငံတကာ ပညာရေး စံချိန်စံညွှန်း အမျိုးအစား ခွဲခြားနည်း (ISCED 2011)"ဆဋ္ဌမအဆင့် သို့မဟုတ်သတ္တမအဆင့် သင်ရိုးညွှန်းတမ်းတောင်းဆိုချက်ကိုအောင်မြင်ပြီးမြော က်ခြင်းကိုကိုးကား သည်။)

博士研究生入学要求获得硕士学位或具有同等学历（参照"成功完成特定的《国际教育标 准分类法（ISCED 2011）》7 级课程"的要求）。

ဒေါက်တာဘွဲ့ရဘွဲ့လွန်ကျောင်းသားကျောင်းဝင်ရန်လိုအပ်ချက်မှာ မဟာဘွဲ့ ရယူပြီး သို့မဟုတ် တူညီသော အဆင့်အတန်းရှိရမည် (အထူးသတ်မှတ်ထားသော "နိုင်ငံတကာ ပညာရေး စံချိန် စံညွှန်း အမျိုးအစား ခွဲခြားနည်း (ISCED 2011)"သတ္တမ အဆင့် သင်ရိုးညွှန်းတမ်းတောင်းဆိုချက် ကို အောင်မြင်ပြီးမြောက်ခြင်းကို မီအားကိုးသည်။)

我国与其他国家和地区签署的政府间学历学位互认协议中约定了对方学生进入我国高等教 育机构的准入条件的，依照已签署的互认协议执行。

ကျွန်တော်တို့နိုင်ငံသည်တခြားနိုင်ငံနှင့်ဒေသများနှင့် လက်မှတ်ရေးထိုးထားသော အစိုးရကြားပညာ အဆင့်အတန်း၊ ဘွဲ့အမျိုးအစားကို အပြန်အလှန်အသိအမှတ်ပြု သဘော တူညီချက်တွင် တစ်ဖက်နိုင်ငံမှ ကျောင်းသားများ ကျွန်တော်တို့နိုင်ငံ အဆင့်မြင့်သင်ကြားပို့ချရေးအဖွဲ့အစည်းသို့ ဝင်ရန် စံချိန်ချိန်းထားချက်ရှိ လျှင် အပြန်အလှန်အသိအမှတ်ပြုသဘောတူညီချက်အရပြုလုပ်ပေးသည်။

四、针对课程有什么相应规定?

၄။ သင်ရိုးညွှန်းတန်းအတွက်မည်သည့်သတ်မှတ်ချက်တွေရှိပါသလဲ။

国际学生应当按照高等学校的课程安排和教学计划参加课程学习,并应当按照规定参加相应的毕业考试或者考核。学校应当如实记录其学习成绩和日常表现。

နိုင်ငံတကာကျောင်းသားများသည် အဆင့်မြင့်ပညာသင်ကျောင်း၏သင်ရိုးညွှန်တမ်း အစီအစဉ်နှင့် သင်ကြားပို့ချရေးစီမံကိန်းအရ သင်ရိုးညွှန်းတမ်းကို သင်ယူရန်ပါဝင် သင့်သည့်အပြင် သတ်မှတ်ချက်များအရ သက်ဆိုင်သော ကျောင်းအောင်စာမေးပွဲနှင့် စစ်ဆေးခြင်းကို ပါဝင်ဆောင်ရွက်ရမည်။ စာသင်ကျောင်းသည် ၎င်း တို့၏အောင်မြင်ချက်နှင့် တက်ရောက်မှုကဲ့သို့သောနေ့စဉ်စွမ်း ဆောင်ရည်ကို အမှန် အတိုင်းမှတ်တမ်းတင်ရ မည်။

汉语和中国概况应当作为高等学历教育的必修课;政治理论应当作为学习哲学、政治学专业的国际学生的必修课。

တရုတ်ဘာသာနှင့် တရုတ်ပြည်အကြောင်းအကျဉ်းချုပ်ကို အထက်တန်းပညာ သင်ကြားပို့ချရန် မသင် မဖြစ်သင်ခန်းစာအဖြစ်သင်ရမည်။ နိုင်ငံရေးသဘောတရားသည် အဘိဓမ္မာဗေဒပညာရပ်၊ နိုင်ငံရေးဗေဒ ဘာသာရပ်သီးခြားသင်ကြားလေ့လာသောနိုင်ငံတကာကျောင်းသားများ၏မသင်မရသောသင်ခန်းစာဖြစ်သင့် သည်။

五、对教学语言有具体要求吗?

၅။ သင်ကြားပို့ချရန်ဘာသာစကားကိုမည်သည့်တောင်းဆိုချက်ရှိပါသလဲ။

中华人民共和国通用语言文字是高等学校培养国际学生的基本教学语言。对国家通用语言文字水平达不到学习要求的国际学生,学校可以提供必要的补习条件。

တရုတ်ပြည်သူ့သမ္မတနိုင်ငံတွင်အကန့်အသတ်မရှိ အသုံးပြုသောဘာသာစကား သည် အဆင့်မြင့်ပညာ သင်ကျောင်းမှ နိုင်ငံတကာကျောင်းသားများ မွေးမြူရန် အခြေခံသောဘာသာဖြစ်သည်။ သင်ကြားရန်လိုအပ်

သော နိုင်ငံတော်အကန့်အသတ် မရှိဘာသာစကားအရည်အချင်းနှင့်မကိုက်ညီသည့်နိုင်ငံတကာကျောင်းသား များအတွက် ကျောင်းသည်လိုအပ်သောကျူရှရှင် အခြေအနေထောက်ပံ့ပေးနိုင် ပါသည်။

具备条件的高等学校，可以为国际学生开设使用外国语言进行教学的专业课程。使用外国语言接受高等学历教育的国际学生，学位论文可以使用相应的外国文字撰写，论文摘要应为中文；学位论文答辩是否使用外国语言，由学校确定。

လိုအပ်သောအခြေအနေနှင့်ပြည့်စုံသောအဆင့်မြင့်ပညာသင်ကျောင်းသည် နိုင်ငံ တကာကျောင်းသား များအတွက် နိုင်ငံခြားဘာသာဖြင့်သင်ကြားပို့ချသောသီးခြားဘာသာရပ် သင်ရိုးညွှန်းတမ်းအားဖွင့်လှစ်နိုင် ပါသည်။ နိုင်ငံခြားဘာသာဖြင့် ပညာအဆင့် အတန်း နိုင်ငံတကာကျောင်းသားများသည်ဘွဲ့ယူစာတန်းကို လိုက်ဖက်သောနိုင်ငံခြားဘာသာဖြင့်ရေးသားနိုင်ပါသည်၊စာတန်းသင်ကြားပို့ချခြင်းလက်ခံသောအကျဉ်းချုပ် မှာတရုတ်ဘာသာဖြင့်ရေးသားသင့်သည်၊ဘွဲ့ယူစာတန်းချေပရာတွင်နိုင်ငံခြားဘာသာအသုံးပြုမပြုဆိုတာ ပညာ သင်ကျောင်းမှဆုံးဖြတ်ချက်ချသည်။

六、对外籍学生的语言水平有什么具体要求吗?

၆။ နိုင်ငံခြားကျောင်းသားများ၏ဘာသာရေးအရည်အချင်းကို မည်သည့် တိကျသောတောင်းဆိုချက်ရှိပါ သလဲ။

根据中国教育部《来华留学生高等教育质量规范（试行）》规定，以中文为专业教学语言的学科、专业中，来华留学生应当能够顺利使用中文完成本学科、专业的学习和研究任务，并具备使用中文从事本专业相关工作的能力；毕业时中文能力应当达到《国际汉语能力标准》五级水平。

တရုတ်ပြည်ပညာရေးဝန်ကြီးဌာနမှ ”တရုတ်နိုင်ငံသို့လာရောက်သောပညာတော်သင် အဆင့်မြင့်ပညာ ရေး အရည်အချင်းစံချိန် (စမ်းသပ်ပြုလုပ်ခြင်း)”အရ တရုတ်ဘာသာဖြင့်သီးခြားဘာသာရပ်သင်ကြားပို့ချ သောဘာသာရပ်၊ သီးခြားဘာသာရပ် သင်ကြားနေတွင် တရုတ်နိုင်ငံသို့လာရောက်သောပညာတော်သင်

များသည် တရုတ်ဘာသာ ကို အဆင်ပြေအသုံးပြုခြင်းဖြင့် ၎င်းဘာသာရပ်၊ သီးခြားဘာသာကို လေ့လာနိုင် ခြင်းနှင့် သုတေသနတာဝန်ပြီးမြောက်အောင် ပြုလုပ်နိုင်ခြင်းကလွဲ၍ တရုတ်ဘာသာကို အသုံးပြုခြင်းဖြင့် ၎င်း ဘာသာရပ်နှင့်သက်ဆိုင်သောအလုပ်ကို ပြုလုပ်သောစွမ်းအား စံချိန်မှီသင့်သည်။ ကျောင်းအောင်သည့်အခါ မှာတရုတ်ဘာသာစွမ်းအားမှာ "နိုင်ငံတကာ တရုတ်ဘာသာစွမ်းအားစံချိန်" ပဉ္စမအဆင့်အရည်အချင်းအပြည့်ရှိ သင့်သည်။

以外语为专业教学语言的学科、专业中，来华留学生应当能够顺利使用相应外语完成本学科、专业的学习和研究任务，并具备使用相应外语从事本专业相关工作的能力；毕业时，本科生的中文能力应当至少达到《国际汉语能力标准》四级水平，硕士研究生、博士研究生的中文能力应当至少达到《国际汉语能力标准》三级水平。

နိုင်ငံခြားဘာသာဖြင့် သီးခြားဘာသာရပ်သင်ကြားပို့ချသောဘာသာရပ်၊ သီးခြား ဘာသာရပ် သင်ကြား နေတွင် တရုတ်နိုင်ငံသို့လာရောက်သော ပညာတော်သင်များသည် လိုက်ဖက်သောနိုင်ငံခြားဘာသာကို အဆင်ပြေအသုံးပြုခြင်းဖြင့် ၎င်းဘာသာရပ်၊ သီးခြားဘာသာရပ်ကို လေ့လာနိုင်ခြင်းနှင့် သုတေသနတာဝန် ပြီးမြောက်အောင် ပြုလုပ် နိုင်ခြင်းကလွဲ၍ လိုက်ဖက်သောနိုင်ငံခြားဘာသာကို အသုံးပြုခြင်းဖြင့် ၎င်း ဘာသာရပ်နှင့် သက်ဆိုင်သောအလုပ်ကို ပြုလုပ်သောစွမ်းအားစံချိန်မှီသင့်သည်။ ကျောင်းအောင်သည့် အခါမှာ ပင်ရင်းဘာသာရပ်ကျောင်းသားများ၏ တရုတ်ဘာသာ စွမ်းအားမှာ "နိုင်ငံတကာ တရုတ်ဘာသာ စွမ်းအားစံချိန်"စတုတ္ထအဆင့် အရည် အချင်း စံချိန်မှီသင့်သည်။ မဟာဘွဲ့ယူသင်တန်းသား၊ ဒေါက်တာဘွဲ့ယူ သင်တန်းသားများ၏ တရုတ်ဘာသာ စွမ်းအားမှာ "နိုင်ငံတကာတရုတ်ဘာသာစွမ်းအားစံချိန်"တတိယ အဆင့် အရည် အချင်း စံချိန်မှီသင့်သည်။

七、有专门管理留学生的老师吗?

၇။ ပညာတော်သင်ကိုစီမံခန့်ခွဲသောသီးခြားဆရာရှိပါသလား။

高等学校应当对国际学生开展中国法律法规、校纪校规、国情校情、中华优秀传统文化和风俗习惯等方面内容的教育，帮助其尽快熟悉和适应学习、生活环境。

အဆင့်မြင့်ပညာသင်ကျောင်းသည် နိုင်ငံတကာကျောင်းသားများကို တရုတ်တရားဥပဒေ များ၊ ပညာသင် ကျောင်းစည်းကမ်းများ၊ နိုင်ငံအကြောင်းနှင့်ပညာသင် ကျောင်းအကြောင်း၊ တရုတ်ထူးချွန်သောအစဉ်အလာ ယဉ်ကျေးမှုနှင့် ဓလေ့ထုံးစံ စသည် များကို သင်ကြားပို့ချ ပေးခြင်းဖြင့် နိုင်ငံတကာကျောင်းသားများအား စာသင်ခြင်းနှင့်နေထိုင်မှုလိုက်ဖက်စေရန် ကူညီပေးမည်။

高等学校应当设置国际学生辅导员岗位，了解国际学生的学习、生活需求，及时做好信息、咨询、文体活动等方面服务工作。国际学生辅导员配备比例不低于中国学生辅导员比例，与中国学生辅导员享有同等待遇。

အဆင့်မြင့်ပညာသင်ကျောင်းသည် နိုင်ငံတကာကျောင်းသားနည်းပေးလမ်းပြ ဆရာလုပ်ငန်းခွင့် ထားသင့်သည်၊ နိုင်ငံတကာ ကျောင်းသားများ၏ သင်ကြားရေးအကြောင်း၊ နေထိုင်မှုလိုအပ်ချက်များကို စုံစမ်းသိရှိ နားလည်၍သတင်းအချက်အလက်၊ အတိုင်ပင်ခံ၊ ယဉ်ကျေးမှုနှင့်အားကစားလှုပ်ရှားမှုစသည့် ဝန်ဆောင်မှုအလုပ်ကို အချိန်မီဆောင်ရွက် ပေးမည်။ နိုင်ငံတကာကျောင်းသားများအတွက်ခန့်အပ်ထားသော နည်းပေးလမ်းပြဆရာ အချိုးအစားမှာ တရုတ်ကျောင်းသားများအတွက်ခန့်အပ်ထားသောနည်းပေး လမ်းပြ ဆရာအချိုးအစားထက် မနည်းစေသည့် အပြင် တရုတ်ကျောင်းသား၏ နည်းပေးလမ်းပြဆရာနှင့်တူညီသော အကျိုးခံစားမှုနှင့် အခွင့်အရေးရရှိသည်။

八、外籍学生可以申请奖学金吗?

၈။ နိုင်ငံခြားကျောင်းသူကျောင်းသားများသည်ပညာသင်ဆုလျှောက်တင်နိုင်ပါသလား။

中国政府为接受高等教育的国际学生设立中国政府奖学金，并鼓励地方人民政府设立国际学生奖学金。

တရုတ်အစိုးရသည်အဆင့်မြင့်ပညာသင်ကြားလေ့လာသောနိုင်ငံတကာကျောင်းသားများအတွက် တရုတ်အစိုးရပညာသင်ဆုတည်ထောင်သည့်အပြင် ဒေသန္တရပြည်သူ့အစိုးရကို နိုင်ငံတကာကျောင်းသားများ

အတွက်ပညာသင်ဆုတည်ထောင်ရန်အားပေးအားမြှောက်ပြုလုပ်သည်။

中国政府奖学金的管理办法，由国务院有关行政部门制定。

တရုတ်ပြည်အစိုးရပညာသင်ဆုစီမံအုပ်ချုပ်သောနည်းလမ်းကို နိုင်ငံတော်ကောင်စီမှ သက်ဆိုင်သောဌာန ကရေးဆွဲချမှတ်သည်။

高等学校可以为国际学生设立奖学金。鼓励企事业单位、社会团体及其他社会组织和个人设立国际学生奖学金，但不得附加不合理条件。

အဆင့်မြင့်ပညာသင်ကျောင်းသည် နိုင်ငံတကာကျောင်းသားများအတွက်ပညာသင်ဆု တည်ထောင်နိုင် ပါသည်။ စီးပွားရေးလုပ်ငန်းများနှင့်အများပြည်သူဆိုင်ရာဌာန်များ၊ လူမှုရေး အဖွဲ့အစည်း၊ အခြားလူမှုရေးအဖွဲ့ များ နှင့် လူပုဂ္ဂိုလ်များကို နိုင်ငံတကာကျောင်းသားများ အတွက် ပညာသင်ဆုတည်ထောင်ရန်အားပေးအား မြှောက်ပြုကြသော်လည်း လျှော်ကန် သင့်မြတ်မှုမရှိသောနောက်ဆက်တွဲအကြောင်းအချက်ပါရှိခြင်းခွင့်မပြု ရ။

第三节　申请及资格审查

အခန်းခွဲ(၃)။　လျှောက်တင်ခြင်းနှင့်အရည်အချင်းစစ်ဆေးခြင်း

一、申请到云南读书有什么要求？

၁။ ယူနန်ပြည်နယ်သို့သွား၍စာသင်ရန်လျှောက်တင်လျှင်မည်သည့်တောင်းဆိုချက်ရှိသလဲ။

根据《云南省接受外国学生管理暂行办法》，申请到云南省各级各类学校学习、进修的外国公民，应当具备相应的资格并符合入学条件，有可靠的经济担保和在华事务担保人。申请者身体健康，无犯罪记录，愿意遵守中国的法律、法规及所在学校的校纪校规并尊重中国人民的风俗习惯。攻读学位和接受学历教育者，必须符合相应的学历要求，并达到相应的汉语水平。

"ယူနန်ပြည်နယ်နိုင်ငံခြားကျောင်းသားများလက်ခံခြင်း စီမံခန့်ခွဲရေး ယာယီ အသုံးပြုသောနည်း လမ်း"အရ ကျွန်တော်တို့ပြည်နယ်ရှိအဆင့်အမျိုးမျိုး စာသင် ကျောင်းသို့ လာရောက်စာသင်ခြင်း၊ ဉာဏ်သစ် လောင်းမွမ်းမံသင်ခြင်းတွေကို လျှောက်တင်သော နိုင်ငံခြားသားများသည် လိုက်ဖက်သောအရည်အချင်းနှင့် ကျောင်းဝင်ရန် အချက်လက်နှင့် ကိုက်ညီရမည်၊ ယုံကြည်စိတ်ချအားကိုးနိုင်သော ငွေရေးကြေးရေးအာမခံ ချက်နှင့် တရုတ်ပြည်တွင်ကိစ္စရေးရာအဝဝအတွက်အာမခံသူရှိ ရမည်။ လျှောက်တင်သူသည် ကျန်းမာရေး ကောင်း၍အပြစ်ကျူးလွန်ရေးမှတ်တမ်း ကင်းရှင်းရမည်၊ တရုတ်ပြည် တရားဥပဒေ၊ ဥပဒေစည်းမျဉ်းနှင့် နေထိုင်သောစာသင်ကျောင်း စည်းကမ်းတို့ကိုလိုက်နာခြင်းနှင့်တရုတ် ပြည်သူ လူထု၏ ဓလေ့ထုံးစံများကို ရှိသေလေးစားခြင်းပြုလုပ်သော လိုအင်ဆန္ဒရှိရမည်။ ဘွဲ့ယူပညာသင်ကြားခြင်းနှင့် ဘွဲ့ရပညာသင်ကြားရေးကို ခံယူသူသည် သက်ဆိုင်ရာပညာရေးအဆင့်အတန်း လိုအပ်ချက်နှင့် လိုက်ဖက်သည့် အပြင် လိုက်ဖက်သောတ ရုတ်ဘာသာအရည်အချင်း စံချိန်မီရမည်။

二、学校如何进行资格审查和考核？

၂။ စာသင်ကျောင်းသည်မည်သည့်နည်းဖြင့်စစ်ဆေးခြင်းနှင့်စာမေးပွဲပြုလုပ်သလဲ။

硕士、博士研究生由招生学校外事部门和相关专业所在的院（系）及导师、教授审查申请材料，并组织入学专业课考试。合格者，硕士研究生报云南省教育厅审批、博士研究生报国家教育部审批，予以录取，正式取得攻读相应学位的资格。

မဟာဘွဲ့ရသူ၊ ဒေါက်တာဘွဲ့ရသူဘွဲ့လွန်ကျောင်းသားများ၏လျှောက်တင်လွှာစာရွက် စာတမ်းများ ကို ဖိတ်ခေါ်ရန်တာဝန်ဆောင်ရွက်သောပညာကျောင်းမှ နိုင်ငံခြားရေးရာဌာနနှင့် သက်ဆိုင်သော ကော လိပ်(ဘာသာရပ်ဌာန)များနှင့်လမ်းညွှန်ဆရာ၊ ပါမောက္ခတို့စစ်ဆေးကြ ပြီး ကျောင်းဝင်ရန်သီးခြားဘာသာရပ် စာမေးပွဲကို ဖွဲ့စည်းပြုလုပ်ကြသည်။ စံချိန်မီသူများ အတွက်ဘွဲ့ မဟာဘွဲ့ရသူဘွဲ့လွန်ကျောင်းသားများအား ယူနန်ပြည်နယ်ပညာရေးဌာနသို့ တင်ပြစစ်ဆေးအတည်ပြုရန်တာဝန်ထမ်းဆောင်သည်ဖြစ်ပြီး ဒေါက်တာ ဘွဲ့ရသူဘွဲ့လွန် ကျောင်းသား များအား နိုင်ငံတော်ပညာရေး ဝန်ကြီးဌာနသို့တင်ပြစစ်ဆေးအတည်ပြုခြင်း ဖြင့်

လက်ခံကြ၍ သက်ဆိုင်ရာဘွဲ့အတွက် သင်ကြား လေ့လာရန်အရည်အချင်းကို တရားဝင်ရယူနိုင်ပါသည်။

本科生、专科生、中职生、普通高中生由招生学校进行资格审查和入学考试，并根据考试成绩和申请材料提出录取名单报云南省教育厅审批后，予以录取；或先试读 1 年，期间参加有关专业课的考试，合格者报云南省教育厅审批后，录取为正式学生。

ပင်ရင်းဘာသာရပ်၊ သီးခြားဘာသာရပ်၊ အလယ်တန်းသက်မွေးဝမ်းကျောင်း၊ သာမန် အထက်တန်းကျောင်းတို့၏ကျောင်းသားများကို လက်ခံသည့်စာသင်ကျောင်းမှ အရည်အချင်းစစ်ဆေးခြင်းနှင့်ကျောင်းဝင်စာမေးပွဲကို ပြုလုပ်ကြသည်။စာမေးပွဲအောင်ချက်၊ လျှောက်တင်ချက်စာရွက်စာတမ်းများနှင့်အညီလက်ခံသည့်ကျောင်းသားနာမည်စာရင်းကို ယူနန် ပြည်နယ်ပညာရေးဌာနသို့တင်ပြအတည်ပြု၍လက်ခံကြသည်၊ သို့မဟုတ် တစ်နှစ်တာကြာစမ်းသပ်စာသင်၍စာသင်ကာလတွင်သက်ဆိုင်သောဘာသာရပ်သင်ရိုးညွှန်တမ်းကို စာမေးပွဲပါဝင်ဖြေဆို၍စံချိန်မီအောင်မြင်သူကို ယူနန်ပြည်နယ်ပညာရေးဌာနသို့ တင်ပြ အတည်ပြုပြီးတရားဝင်ကျောင်းသားအဖြစ် လက်ခံကြသည်။

初中生、小学生、在园幼儿，以及研究学者、专业进修生、语言进修生免入学考试，由招生学校审查材料后，根据学校实际情况报云南省教育厅审批后，予以录取。

အလယ်တန်းကျောင်းသား၊ မူလတန်းကျောင်းသား၊ မူကြို၊ ကျောင်းကျောင်းသား၊ သုတေသနပြုလုပ်သူ၊ သီးခြားဘာသာရပ် ဉာဏ်သစ်လောင်းမွမ်းမံသင်တန်းသားတို့အတွက် ကျောင်းဝင်စာမေးပွဲပြုရန်မလိုပါ၊ လက်ခံသောစာသင်ကျောင်းမှ စာရွက်စာတမ်းများကို စစ်ဆေးပြီးနောက် စာသင်ကျောင်း အခြေအနေအမှန်အတိုင်းအရ ယူနန်ပြည်နယ်ပညာရေးဌာနသို့တင်ပြအတည်ပြုပြီး လက်ခံကြသည်။

三、外国学生在校期间可以工作吗？

၃။ နိုင်ငံခြားကျောင်းသားများသည် ကျောင်းနေကာလတွင် အလုပ်ကို လုပ်နိုင်သလား။

外国学生在校学习期间不得就业、经商，或从事其他经营性活动；可参加学校组织的校内勤工助学活动，但每周不得超过 8 小时；学校须报省教育行政部门备案。

　　နိုင်ငံခြားကျောင်းသားများသည် ကျောင်းနေကာလတွင် အလုပ်လုပ်ခြင်းနှင့် အရောင်းအဝယ်ပြုလုပ်ခြင်း၊ သို့မဟုတ်အခြားလုပ်ကိုင်ဆောင်ရွက်မှုများကိုခွင့်မပြုရ၊ စာသင်ကျောင်းဖွဲ့စည်းထားသောကျောင်းဝင်းတွင် ပြုလုပ်သောတစ်ဖက်စာသင် တစ်ဖက်အလုပ်လုပ်ခြင်းဖြစ်သည့် စာသင်ရန်ထောက်ပံ့မှုလှုပ်ရှားမှုကို ပါဝင်နိုင်သည်။ သို့သော်တစ်ပတ်လျှင်(၈)နာအထက်မပိုရ၊ စာသင်ကျောင်းသည်ပြည်နယ်ပညာရေးဌာနမှ စီမံခန့်ခွဲရေးဌာနသို့တင်ပြ၍မှတ်တမ်းတင်ရမည်။

第七章　出　行

အခန်း(၇)။　ခရီးသွားခြင်း

第一节　交通安全

အခန်းခွဲ(၁)။　လမ်းပန်းဆက်သွယ်ရေးလုံခြုံမှု

一、机动车是什么？

၁။ စက်တပ်ယာဉ်ဆိုတာဘာလဲ။

机动车，是指在道路上行驶的汽车、摩托车、拖拉机等用动力装置驱动的车辆。

စက်တပ်ယာဉ်သည်ကားလမ်းပေါ်မှာသွားလာသောမော်တော်ကား၊ မော်တော် ဆိုင်ကယ်။ ထော်လာဂျီစ သည့်စက်အင်အားဖြင့်သွားလာသောကားများဟုဆိုသည်။

二、在中国云南边境地区出行时需要遵守中国的还是自己国家的交通安全规定？

၂။ တရုတ်နိုင်ငံယူနန်ပြည်နယ် နယ်စပ်ဒေသတွင်ခရီးသွားသည့်အခါ တရုတ်နိုင်ငံမှ လမ်းပန်းဆက်သွယ်မှု လုံခြုံရေးစည်းမျဉ်းစည်းကမ်းများကို လိုက်နာသလား၊ ကိုယ့်နိုင်ငံ၏ လမ်းပန်း ဆက်သွယ်မှုလုံခြုံရေးစည်းမျ ဉ်းစည်းကမ်းကိုလိုက်နာသလား။

根据《云南省边境地区外国籍机动车辆与驾驶员入境出境管理暂行办法》规定：凡因边贸活动、客货运输、外事活动、借道等，从我省国家口岸、省级口岸或者指定通道（以下简称口岸、通道），入出我省边境地区的外国籍机动车辆与驾驶员，必须遵守我国入出境管理法规、《临时入境机动车辆与驾驶员管理办法》和本暂行办法。

"ယူနန်ပြည်နယ် နယ်စပ်ဒေသနိုင်ငံခြားစက်တပ်ယာဉ်များနှင့် ကားဆရာပြည်ဝင် ပြည်ထွက်စီမံခန့်ခွဲရေး ယာယီအုပ်ချုပ်ရေးနည်းလမ်း"၏ပြဋ္ဌာန်းချက်အရ ကုန်သွယ်ရေး ပြုလုပ်မှု၊ ကုန်စည်သယ်ယူပို့ဆောင်ရေးနှင့် ညှည်သည်ပို့ဆောင်ရေး၊ လမ်းငှါးရမ်းသွားလာ သုံးပြုခြင်းစသည့်အကြောင်းကြောင့် ကျွန်တော်တို့ပြည်နယ် ရှိ နိုင်ငံအဆင့်ဆိပ်ကမ်း၊ ပြည်နယ်အဆင့်ဆိပ်ကမ်း၊ သို့မဟုတ်သတ်မှတ်ထားသော ပေါက်ရောက်ရာလမ်း (အောက်တွင်ဆိပ်ကမ်း၊ပေါက်ရောက်ရာလမ်းဟုအတိုကောက်သည်၊)မှ ကျွန်တော်တို့ ပြည်နယ် နယ်စပ်ဒေသ ဝင်ထွက်သွားလာသော နိုင်ငံခြားစက်တပ်ယာဉ်နှင့် ကားဆရာ တို့သည် ကျွန်တော်တို့နိုင်ငံပြည်ဝင်ပြည်ထွက် စီမံခန့်ခွဲအုပ်ချုပ်ရေးဥပဒေ၊" ယာယီ ပြည်ဝင်ခွင့်ပြုသောစက်တပ်ယာဉ်နှင့်ကားဆရာစီမံခန့်ခွဲအုပ်ချုပ်ရေး နည်းလမ်း"နှင့် ယာယီ နည်းလမ်းတို့ကိုလိုက်နာရမည်။

三、如何申请中国机动车号牌和行驶证？

၃။ တရုတ်နိုင်ငံစက်တပ်ယာဉ်နံပါတ်နှင့်ကားလိုင်စင်ရယူရန်ဘယ်လိုလျှောက်တင်ရမလဲ.

根据《云南省边境地区外国籍机动车辆与驾驶员入境出境管理暂行办法》规定：凡从我省口岸、通道入境的外国籍机动车的车主或者代理人，必须按下列规定向入境地公安机关车辆管理部门（以下简称发证机关）申领机动车号牌和行驶证（以下简称号牌、行驶证）。

"ယူနန်ပြည်နယ် နယ်စပ်ဒေသနိုင်ငံခြားစက်တပ်ယာဉ်များနှင့် ကားဆရာပြည်ဝင် ပြည်ထွက်စီမံခန့်ခွဲရေး ယာယီအုပ်ချုပ်ရေးနည်းလမ်း"၏ပြဋ္ဌာန်းချက်အရ ကျွန်တော်တို့ ပြည်နယ်ဆိပ်ကမ်း၊ ပေါက်ရောက်ရာလမ်း မှ ဝင်လာသောနိုင်ငံခြားစက်တပ်ယာဉ်ပိုင်ရှင် သို့မဟုတ်ကိုယ်စားပြုသူတို့သည်အောက်ပါသတ်မှတ်ချက် အတိုင်း ပြည်ဝင်ရာနေရာမှ ပြည်သူ့လုံခြုံရေးဌာနမှယာဉ်စီမံခန့်ခွဲအုပ်ချုပ်ရေးဌာန(အောက်တွင်လက်မှတ် ထုတ်ပေးသောဌာနဟုဆိုသည်)သို့ စက်တပ်ယာဉ်နံပါတ်နှင့် ကားလိုင်စင်(အောက်တွင်နံပါတ်၊ ကားလိုင်စင် ဟု ဆိုသည်)ကို လျှောက်တင်ထုတ်ယူရမည်။

（1）交验机动车入境查验卡，填写《云南省边境地区外国籍机动车辆号牌申领表》。

(၁)။ စက်တပ်ယာဉ်ပြည်ဝင်ရန်စစ်ဆေးရေးကတ်တင်ပြစစ်ဆေးခြင်း၊ "ယူနန်ပြည်နယ် နယ်စပ်ဒေသ နိုင်ငံခြားစက်တပ်ယာဉ်နံပါတ်ရယူရန် လျှောက်တင်ရေးစာရင်း" ကို ရေးဖြည့်ရမည်။

（2）经发证机关对机动车进行安全技术检验，其技术状况必须符合 GB 7258—87《机动车运行安全技术条例》或者《云南省拖拉机暂行检验项目及其技术要求》。

(၂)။ လက်မှတ်ထုတ်ပေးဌာနမှစက်တပ်ယာဉ်ကို လုံခြုံရေးအတတ်ပညာဖြင့်စစ်ဆေးပြီး ယာဉ် အခြေအနေမှာGB7258-87"စက်တပ်ယာဉ်လည်ပတ်ရန် လုံခြုံရေးနည်းပညာ စည်းမျဉ်းနှင့် ကိုက်ညီခြင်း သို့မဟုတ် "ယူနန်ပြည်နယ်ထော်လာဂျီယာယီစစ်ဆေးရေး လုပ်ငန်းရပ်နှင့်နည်းပညာလိုအပ်ချက်"နှင့်ကိုက်ညီ ခြင်းရှိရမည်။

（3）缴纳车辆检验费和牌（证）费。

(၃)။ ယာဉ်စစ်ဆေးရေးစရိတ်နှင့်ကတ်(လက်မှတ်)စရိတ်ပေးဆောင်ရမည်။

（4）办理第三者责任保险。符合上述规定的，由发证机关核发牌、证。

(၄)။ တတိယတာဝန်ရှိသူအာမခံခြင်းပြုလုပ်ဆောင်ရွက်မည်။ အထက်ပါသတ်မှတ်ချက် နှင့် ကိုက်ညီ လျှင်လက်မှတ်ထုတ်ပေးဌာနမှကတ်နှင့်လက်မှတ်ကိုထုတ်ပေးကြသည်။

四、金属号牌和行驶证期满后该如何进行延期?

၄။ သတ္တုနံပါတ်ကတ်နှင့်ကားလိုင်စင်သက်တမ်းကုန်ဆုံးလျှင် သက်တမ်းကို ဘယ်လို တိုးရမလဲ။

（1）外国籍机动车车主或者代理人，申领的号牌、行驶证有效期满，应当交回发证机关。

(၁)။ နိုင်ငံခြားစက်တပ်ယာဉ်ပိုင်ရှင် သို့မဟုတ်ကိုယ်စားပြုသူထုတ်ယူသောနံပါတ်၊ ကားလိုင်စင် သက်တမ်းကုန်ဆုံးလျှင်ထုတ်ပေးသည့်ဌာနသို့ပြန်လည်အပ်ပေးသင့်သည်။

（2）金属制号牌、行驶证有效期满后需延用的，车主或者代理人应当在期满前五天以内到发证机关办理下列换证手续:

(၂)။ သတ္တုနံပါတ်ကတ်နှင့်ကားလိုင်စင်သက်တမ်းကုန်ဆုံးပြီး ဆက်လက်အသုံးပြု လိုပါက စက်တပ် ယာဉ်ပိုင်ရှင် သို့မဟုတ်ကိုယ်စားပြုသူသည် သက်တမ်းကုန်ဆုံးချိန် မရောက်သေးသည့် (၅)ရက်နေ့အတွင်း

တွင် ထုတ်ပေးသည့်ဌာနသို့ သွား၍ အောက်ပါ ဆောင်ရွက်မှုကို ပြုလုပ်သင့်ကြသည်။

①填写《云南省边境地区行驶证换证表》。

(က)။ "ယူနန်ပြည်နယ် နယ်စပ်ဒေသကားလိုင်စင်အသစ်လဲစာရင်း"ရေးဖြည့်ရမည်။

②车辆检验合格。

(ခ)။ ယာဉ်စစ်ဆေးပြီးစံချိန်မှီရမည်။

③缴纳换证费和检验费。

(ဂ)။ လက်မှတ်အသစ်လဲစရိတ်နှင့်စစ်ဆေးစရိတ်ပေးဆောင်ရမည်။

④办理第三者责任保险。

(ဃ)။ တတိယတာဝန်ရှိသူအာမခံခြင်းပြုလုပ်ဆောင်ရွက်ရမည်။

符合上述规定的，由发证机关收回原行驶证（注销），核发新的行驶证。

အထက်ပါသက်ဆိုင်ရာသတ်မှတ်ချက်များနှင့်ကိုက်ညီလျှင်လက်မှတ်ထုတ်ပေးဌာနက မူလလက်မှတ်ကို သိမ်းယူ၍ ကားလိုင်စင်သစ်ကိုထုတ်ပေးရမည်။

五、号牌和行驶证还在有效期内可以返回自己国家吗?

၅။ နံပါတ်နှင့်ကားလိုင်စင်သက်တမ်းအတည်ဖြစ်ကာလတွင်မိမိနိုင်ငံကိုပြန်နိုင်သလား။

挂金属制号牌的外国籍机动车辆，在有效期内出境的，车主或者代理人应当将号牌、行驶证交回发证机关（经双边政府协定的除外）。

သတ္တုနံပါတ်ကတ်ချိတ်ထားသောနိုင်ငံခြား စက်တပ်ယာဉ်သက်တမ်းအတည်ဖြစ် ကာလတွင် ပြည်ထွက်လျှင် ကားပိုင်ရှင် သို့မဟုတ်ကိုယ်စားပြုသူတို့သည် နံပါတ်နှင့် ကားလိုင်စင်ကိုထုတ်ပေးဌာနသို့ပြန်အပ်ပေးရမည်(နှစ်ဦးနှစ်ဘက်အစိုးရသဘောတူညီချက်ရှိလျှင်မပါဝင်ပါ)။

号牌、行驶证交回发证机关后，在有效期内又入境的，由发证机关核对车辆发动号码、车架号码与行驶证相符合后发还。

နံပါတ်ကတ်နှင့်ကားလိုင်စင်ကိုထုတ်ပေးဌာနသို့ပြန်အပ်ပေးပြီးနောက်သက်တမ်းအတည်ဖြစ် ကာလ

အတွင်းတွင် ပြန်လည်ပြည်ဝင်လာလျှင် ထုတ်ပေးဌာနသည်ကားအင်ဂျင်အမှတ်၊ ကိုယ်ထည်အမှတ်နှင့်ကားလိုင်စင်ကိုက်ညီပါကပြန်လည်ထုတ်ပေးကြသည်။

经双边政府协定，外国籍机动车辆入境后只到边境口岸指定货场专线营运或借道入出境的，应当向发证机关申领《外籍车辆口岸货场通行卡》或者《外籍车辆借道通行卡》。

နှနှစ်ဦးနှစ်ဘက်မှအစိုးရဆွေးနွေးသဘောတူညီချက်ရရှိပြီး နိုင်ငံခြားစက်တပ်ယာဉ်ပြည်ဝင်ပြီး နယ်စပ်ဆိပ်ကမ်းသတ်မှတ်ထားသောကုန်စည်ကွင်းသီးခြားသယ်ဆောင်လမ်းကြောင်းတွင် သွားလာခြင်း သို့မဟုတ်ပြည်ဝင်ပြည်ထွက်သွားရန်လမ်းငှါးရမ်းခြင်းသာ ပြုလုပ်လျှင် "နိုင်ငံခြားယာဉ်ဆိပ်ကမ်းသွားလာခွင့်ကတ်" သို့မဟုတ်"နိုင်ငံခြားယာဉ်လမ်းငှါးရမ်း သွားလာခွင့်ကတ်"တို့ကို ရယူရန်လက်မှတ်ထုတ်ပေးဌာနသို့လျှောက်တင်ရမည်။

《外籍车辆口岸货场通行卡》本年度内有效。《外籍车辆借道通行卡》一次有效。有效期满后可以重新申领。

"နိုင်ငံခြားယာဉ်ဆိပ်ကမ်းသွားလာခွင့်ကတ်"သည် ယခုနှစ်အတွင်းတွင် အတည် ဖြစ်ပြီး "နိုင်ငံခြားယာဉ်လမ်းငှါးရမ်း သွားလာခွင့်ကတ်"ကတော့ တစ်ကြိမ်ကိုသာ အတည် ဖြစ်သည်။ သက်တမ်းကုန်ဆုံးလျှင်ပြန်လည်လျှောက်တင်ထုတ်ယူနိုင်သည်။

六、驾驶员如何申请临时驾驶证?

၆။ ကားဆရာသည်ယာယီကားမောင်းလိုင်စင်ကိုရယူရန်ဘယ်လိုလျှောက်တင်ရမလဲ။

（1）持有效驾驶证驾驶外国籍机动车辆入境的境外人员，入境后必须持驾驶证、入境证件到发证机关领填《云南省边境地区外国籍机动车辆临时驾驶证申领表》，申请换发临时驾驶证件后，方准在我国道路上驾驶机动车辆。

(၁)။ ကားမောင်းလိုင်စင်ကိုင်ထား၍နိုင်ငံခြား စက်တပ်ယာဉ်မောင်း၍ ပြည်ဝင် လာသော နိုင်ငံခြားသားများသည် ပြည်ဝင်ပြီးနောက် ကားမောင်းလိုင်စင်၊ ပြည်ဝင်ခွင့် လက်မှတ်ကို ကိုင်ထား၍ လက်မှတ်ထုတ်ပေးဌာနသို့ သွားရောက်ပြီး "ယူနန်ပြည်နယ် နယ်စပ်ဒေသမှ နိုင်ငံခြားစက်တပ်ယာဉ်ယာယီမောင်းနှင်လိုင်စင်

စာရင်း"ကို ထုတ်ယူရေး စာရင်းဖြည့်ပြီး ယာယီကားမောင်းလိုင်စင်လဲယူမှသာ ကျွန်တော်တို့နိုင်ငံ ကားလမ်း ပေါ်တွင် စက်တပ်ယာဉ်ကိုမောင်းနှင်ခွင့်ပြုနိုင်ပါသည်။

（2）临时驾驶证件分为《云南省边境地区外国籍机动车驾驶证明》和《中华人民共和国机动车辆临时驾驶证》（以下简称《临时驾驶证明》和《临时驾驶证》）。

(၂)။ ယာယီကားမောင်းလိုင်စင်ကို "ယူနန်ပြည်နယ် နယ်ဒေသမှ နိုင်ငံခြားစက်တပ်ယာဉ် မောင်းနှင် သက်သေခံလက်မှတ်"နှင့် "တရုတ်ပြည်သူ့သမ္မတနိုင်ငံစက်တပ်ယာဉ်ယာယီ ကားမောင်းလိုင်စင်တို့အားခွဲ ထားသည်။(အောက်တွင်"ယာယီကားမောင်းလိုင်စင်သက်သေခံ လကတ်မှတ်"၊ "ယာယီကားမောင်းလိုင်စင်ဟု အတိုကောက်သည်)

（3）《临时驾驶证明》有效期最长为三十天，《临时驾驶证》有效期最长为六个月，有效期满后可申请换证。

(၃)။ ""ယာယီကားမောင်းသက်သေခံလက်မှတ်" အများဆုံးအတည်ဖြစ်ကာလမှာ ရက်ပေါင်း(၃၀) ဖြစ်သည်၊ "ယာယီကားမောင်းလိုင်စင်" အများဆုံးအတည်ဖြစ်ကာလမှာ (၆)လဖြစ်သည်၊ အတည်ဖြစ်ကာလ ပြီးလျှင် အသစ်လဲရန်လျှောက်တင်နိုင်ပါသည်။

七、持有临时驾照和行驶证可以驾驶中国户籍的车辆吗？

၇။ ယာယီကားမောင်းလိုင်စင်နှင့်ကားလိုင်စင်ကိုင်ဆောင်ထားလျှင် တရုတ်ကားကို မောင်နိုင်သလား။

持《临时驾驶证》的境外驾驶员，不准驾驶中国户籍的机动车辆。未经批准，我国机动车驾驶员不准驾驶外国籍机动车辆（公安干警因执行紧急任务需要临时驾驶的除外）。

"ယာယီကားမောင်းလိုင်စင်"ကိုင်ဆောင်သော နိုင်ငံခြားကားဆရာသည် တရုတ်နိုင်ငံမှ စက်တပ်ယာဉ်ကို မောင်နှင်ခွင့်မပြုပါ။ ခွင့်ပြုချက်မရလျှင် ကျွန်တော်တို့နိုင်ငံမှ ကားမောင်း ဆရာများသည်နိုင်ငံခြားစက်တပ် ယာဉ်ကိုလည်းမောင်းခွင့်မပြုပါ။

八、外国人可以聘用中国人在云南边境地区当司机吗？

၈။ နိုင်ငံခြားသားများသည် တရုတ်နိုင်ငံသားကို ယူနန်ပြည်နယ် နယ်စပ်ဒေသတွင် ကားမောင်းဆရာအဖြစ်ငှါးရမ်းအသုံးပြုရန်ခန့်အပ်နိုင်သလား။

境外人员需要聘用我国驾驶员在边境地区驾驶外国籍机动车辆的，经县（市）以上人民政府同意或者双边政府协定，并由被聘驾驶员持身份证、驾驶证和聘用合同到发证机关申办准驾签证手续后，方准驾驶。

ပြည်ပနိုင်ငံသားများသည်ကျွန်တော်တို့နိုင်ငံကားဆရာကို နယ်စပ်ဒေသတွင်နိုင်ငံခြား စက်တပ်ယာဉ်မောင်းနှင်ရန်ခန့်အပ်ပါက ခရိုင်(မြို့)ပြည်သူ့အစိုးရသဘောတူညီချက်ရခြင်း သို့မဟုတ်နှစ်ဦးနှစ်ဘက်အစိုးရသဘောတူညီချက်ရ၍ခန့်အပ်ခြင်းခံရသောကားဆရာသည် ကိုယ်ပိုင်ကတ်၊ ကားမောင်းလိုင်စင်၊ ခန့်အပ်ရန်သဘောတူစာချုပ်ကိုကိုင်ဆောင်၍ လက်မှတ်ထုတ်ဌာနသို့လာရောက်၍ ကားမောင်းခွင့်ပြုရန် ဆောင်ရွက်မှုများဆောင်ရွက်ပြီးမှ ကားမောင်းခွင့်ပြုနိုင်သည်။

第二节　纠纷处理

အခန်းခွဲ(၂)။　အငြင်းအခုံဖြေရှင်းခြင်း

一、在机动车行驶中，哪些行为会受到处罚？

၁။ စက်တပ်ယာဉ်မောင်းနှင်သွားလာရာတွင်မည့်သည့်အပြုအမူပြု၍ဒဏ်ပေးခြင်းခံရသလဲ။

（1）持《外籍车辆口岸货场通行卡》《外籍车辆借道通行卡》《临时驾驶证明》《临时驾驶证》的境外人员，必须在规定的路线、区域内驾驶挂有号牌的外国籍机动车辆，严格遵守《中华人民共和国道路交通管理条例》及有关规定，服从我国交通警察的指挥、检查和管理。

(၁)။ "နိုင်ငံခြားစက်တပ်ယာဉ်ဆိပ်ကမ်းကုန်စည်ကွင်းသွားလာခွင့်ကတ်"၊ "နိုင်ငံခြား စက်တပ်ယာဉ်လမ်းငှါးရမ်းသွားလာခွင့်ကတ်"၊ "ယာယီကားမောင်းသက်သေခံလက်မှတ်"၊ ယာယီကားမောင်းလိုင်စင်တွေကို ကိုင်

ဆောင်ထားသော နိုင်ငံခြားသားများသည် သတ်မှတ်ထားသောလမ်းကြောင်း၊ နယ်ပယ်တွင်နံပါတ်ချိတ်ထား သော နိုင်ငံခြား ယာဉ်များအား မောင်းနှင်သည့်အခါ "တရုတ်ပြည်သူ့သမ္မတနိုင်ငံ လမ်းပန်းဆက်သွယ်ရေး စီမံ အုပ်ချုပ်ရေးစည်းမျဉ်းနှင့်သက်ဆိုင်သောသတ်မှတ်ချက်များကို တင်းကျပ်စွာ လိုက်နာ ဆောင်ရွက်ရမည်၊ ကျွန်တော်တို့နိုင်ငံယာဉ်ထိန်းရဲ၏ လမ်းညွှန်ခြင်း၊ စစ်ဆေးခြင်းနှင့် စီမံခန့်ခွဲခြင်းကိုလိုက်နာရမည်။

违反我国交通管理法规或者发生交通事故时，由当地公安交通管理机关依照我国现行交通法规进行处理。

ကျွန်တော်တို့နိုင်ငံ လမ်းပန်းဆက်သွယ်ရေးဥပဒေ၊ စည်းမျဉ်းများကိုကျူးလွန် ခြင်း သို့မဟုတ် ကားတိုက် မှုဖြစ်ပွားသည့်အခါ နယ်ခံပြည်သူ့လုံခြုံရေးဌာနမှ လမ်းပန်းဆက်သွယ်ရေးစီမံ ခန့်ခွဲရေးဌာနကတာဝန်ယူ၍ ကျွန်တော်တို့နိုင်ငံတည်ဆဲ လမ်းပန်းဆက်သွယ်ရေးဥပဒေနှင့် စည်းမျဉ်းများအရတာဝန် ကိုင်တွယ်ဆောင်ရွက် သည်။

（2）境外人员驾驶外国籍机动车入境后，未申领辆牌、行驶证上道路行驶的，处十元（人民币，下同）以上，五十元以下罚款，责令其按规定申领号牌、行驶证后方准行驶。

(၂)။ ပြည်ပနိုင်ငံသားနိုင်ငံခြားစက်တပ်ယာဉ်မောင်း၍ပြည်ဝင်ပြီးနောက်ကားနံပါတ်နှင့် ကားလိုင်စင် မရှိခြင်းဖြင့် ကားလမ်းပေါ်တွင်သွားလာပါက ယွမ်ကျပ်(၁၀)အထက်(တရုတ် ယွမ်ငွေ၊ အောက်တွင်လည်း တူသည်၊) ကျပ်(၅၀)အောက်ရိုက်ပြီးသတ်မှတ်ချက်အရ ကားနံပါတ်နှင့်ကားလိုင်စင်ကိုလျှောက်တင်ထုတ်ယူ စေရန်အမိန့်ပေးသည်။

（3）有下列行为之一的，处十元以上，一百元以下罚款，情节严重的，并处缴销号牌、行驶证《临时驾驶证明》、《临时驾驶证》（以下简称牌、证）：

(၃)။ အောက်ပါအပြုအမူတစ်ခုခုရှိလျှင် (၁၀)ယွမ်းအထက်ယွမ် (၁၀၀) အောက် ရိုက်မည်၊ အခြေအနေ ဆိုးဝါးပါက ကားနံပါတ်၊ ကားလိုင်စင်၊(ယာယီကားမောင်းခွင့် သက်သေခံလက်မှတ်)၊ ယာယီကားမောင်း လိုင်စင်(အောက်တွင်ကတ်၊ လက်မှတ်ဟု အတိုကောက်သည်။)များကိုသိမ်းယူဖျက်သိမ်းခြင်းနှင့်တွဲ၍ဒက်ပေး ရသည်။

①越过规定的路线、区域行驶的。

(က)။ သတ်မှတ်ထားသောလမ်းကြောင်း၊ နယ်ပယ်ကျော်လွန်သွားလာခြင်း။

②所驾机动车辆与《临时驾驶证明》《临时驾驶证》准驾记录不相符的。

(ခ)။ မောင်းနှင်သောစက်တပ်ယာဉ်သည် "ယာယီကားမောင်းခွင့်သက်သေခံလက်မှတ်"၊ "ယာယီကား မောင်းလိုင်စင်" ခွင့်ပြုမောင်းနှင်သောကားအမျိုးအစားနှင့်မကိုက်ညီခြင်း။

（4）有下列行为之一的，处二十元以上，一百五十元以下罚款，情节严重的，缴销驾驶证件：

(၄)။ အောက်ပါအပြုအမူတစ်ခုခုရှိလျှင်ယွမ် (၂၀)အထက် ယွမ်(၁၅၀) အောက် ရိုက်မည်၊ အခြေအနေ ဆိုးဝါးပါကကားမောင်းလိုင်စင်ကိုသိမ်းယူဖျက်သိမ်းရမည်။

①境外人员持《临时驾驶证明》或者《临时驾驶证》驾驶中国户籍机动车辆的。

(က)။ နိုင်ငံခြားသားသည် "ယာယီကားမောင်းခွင့်သက်သေခံ လက်မှတ်" သို့မဟုတ် "ယာယီကားမောင်း လိုင်စင်ကိုကိုင်ဆောင်၍တရုတ်နိုင်ငံကားမောင်းနှင်ခြင်း။

②未经批准，我国机动车驾驶员驾驶外国籍机动车辆的。

(ခ)။ ခွင့်ပြုချက်မရဘဲနှင့် ကျွန်တော်တို့နိုင်ငံစက်တပ်ယာဉ် ကားဆရာသည် နိုင်ငံခြားစက်တပ်ယာဉ်ကို မောင်းနှင်ခြင်း။

（5）有涂改、伪造、冒领、转借牌（证）行为之一的，处五十元以上，二百元以下罚款，情节严重的，可以并处缴销牌（证）。

(၅)။ လက်မှတ်ကိုဖျက်၍ပြန်ရေးခြင်း၊ အတုအပပြုလုပ်ခြင်း၊ သူများအမည်ဖြင့် ထုတ်ယူခြင်း၊ ကား နံပါတ်(လက်မှတ်)လွဲပြောင်းခြင်း၊ ငှားရမ်းခြင်းအပြုအမူတစ်ခုခုရှိလျှင် ယွမ် (၅၀) အထက် ယွမ်(၂၀၀)အောက် ဒဏ်ရိုက်မည်၊ အခြေအနေဆိုးဝါးပါက နံပါတ်နှင့်လက်မှတ်ကို သိမ်းယူဖျက်သိမ်းရမည်။

（6）违反本暂行办法，被公安交通管理机关三次以上处罚的境外人员，自最后一次处罚之日起，三个月以内不准在我国道路上驾驶机动车辆。

(၆)။ ကျွ)ယာယီပြုလုပ်ဆောင်ရွက်မှုနည်းလမ်းကိုကျူးလွန်၍ ပြည်သူ့လုံခြုံရေးဌာနမှ လမ်းပန်းဆက်သွယ် ရေး စီမံခန့်ခွဲရေးဌာန၏ဒဏ်ပေးခြင်း (၃) ကြိမ်အထက်ခံရသော ပြည်ပသူသည်နောက်ဆုံးတစ်ကြိမ်ဒဏ်ပေး နေ့မှစ၍ (၃)လအတွင်းတွင် ကျွန်တော်တို့နိုင်ငံ ကားလမ်းပေါ်တွင်စက်တပ်ယာဉ်မောင်းနှင်ခွင့်မပြုရ။

（7）驾驶外国籍机动车辆进行走私、贩毒或者其他犯罪活动的，除收缴牌（证），没收机动车辆外，依法追究刑事责任。

(၇)။ နိုင်ငံခြားစက်တပ်ယာဉ်မောင်းနှင်၍ မောင်ခိုရောင်းဝယ်ရေးပြုလုပ်ခြင်း၊ မူးယစ်ဆေးဝါးရောင်းချ ခြင်း သို့မဟုတ်အခြားပြစ်မှုကျူးလွန်ခြင်းလှုပ်ရှားမှုပြုလုပ်ပါက ကားနံပါတ်(လက်မှတ်)ဖျက်သိမ်းသည့် အပြင် စက်တပ်ယာဉ်ကိုလည်းသိမ်းယူပြီး တရားဥပဒေနှင့်အညီ အရေးယူရမည်။

第三节 旅 游
အခန်းခွဲ(၃)။ ခရီးသွားခြင်း

一、外国人可以前往哪些地区旅游？

၁။ နိုင်ငံခြားသားများသည်မည်သည့်နေရာများသို့အလည်အပတ်ခရီးသွားနိုင်သလဲ။

根据《外国人在我国旅行管理规定》，外国人在中国的旅行地分为四类，分别为甲类、乙类、丙类的丁类。其中有 29 个属于甲类地区，外国人前往这类地区，不办旅行证，不需事先通知。包括：北京市、天津市、上海市、秦皇岛市、太原市、沈阳市、长春市、哈尔滨市、南京市、苏州市、无锡市、杭州市、济南市、青岛市、郑州市、开封市、洛阳市、武汉市、长沙市、广州市、佛山市、肇庆市、南宁市、桂林市、西安市、成都市、重庆市、昆明市、石林县。乙类地区外国人一般可以前往，但需向公安机关申办旅行证；丙类和丁类地区一般不可以前往，特殊情况下经申领旅行证方可前往。

"နိုင်ငံခြားသားများကျွန်တော်တို့နိုင်ငံအတွင်းတွင်ခရီးသွားရန် စီမံခန့်ခွဲ ရေးစည်းမည်းစည်းကမ်း

များ"အရ နိုင်ငံခြားသားများသည် တရုတ်နိုင်ငံတွင်ခရီးသွားနေရာကို (က)မျိုး၊ (ခ)မျိုး၊ (ဂ)မျိုး၊ (ဃ)မျိုးဖြင့် လေးမျိုးခွဲခြားထားသည်။ ၎င်းအနက်ထဲမှ (၂၉)နေရာ သည်(က)မျိုးအဆင့်နေရာ ဖြစ်ပြီး နိုင်ငံခြားသားများ သွားရောက်လည်ပတ်ပါက ခရီးသွားလက်မှတ်များပြုရန်မလိုအပ်သည့်အပြင်ကြိုတင်အကြောင်းကြားခြင်း ပြုလုပ်ရန်လည်း မလိုချေ။ ၎င်းနေရာများမှာ Beijingမြို့၊ Tianjinမြို့၊ Shanghaiမြို့၊ Qinhuangdaoမြို့၊ Taiy uanမြို့၊ Shenyangမြို့၊ Changchunမြို့၊ Harbinမြို့၊ Nanjingမြို့၊ Suzhouမြို့၊ Wuxiမြို့၊ Hangzhouမြို့၊ Jin anမြို့၊ Qingdaoမြို့၊ Zhengzhouမြို့၊ Kaifengမြို့၊ Luoyangမြို့၊ Wuhanမြို့၊ Changshaမြို့၊ Guangzho uမြို့၊ Foshanမြို့၊ Zhaoqingမြို့၊ Nanningမြို့၊ Guilinမြို့၊ Xi'anမြို့၊ Chengduမြို့၊ Chongqingမြို့၊ Ku nmingမြို့၊ Lunan ခရိုင် (Shilin)စသည်များပါဝင်သည်။ (ခ)အမျိုးအစားနေရာများသို့ နိုင်ငံခြားသားများပုံမှန် အားဖြင့် ခရီးသွားနိုင်သည်။ သော်လည်း ပြည်သူ့လုံခြုံရေးဌာနသို့ ခရီးသွားလက်မှတ်ကိုလျှောက်တင်ထုတ်ယူ ရမည်။ (ဂ)အမျိုးအစားနှင့် (ဃ)အမျိုးအစား နေရာသို့နိုင်ငံခြားသားများသွားခွင့်မပြုရ၊အထူးအခြေအနေ အောက်တွင်ခရီးသွားလက်မှတ်ကို လျှောက်တင်ရယူပြီးမှသွားနိုင်ပါသည်။

二、在中国旅游期间，住宿应该遵守哪些规定？

၂။ တရုတ်ပြည်အတွင်းတွင်ခရီးထွက်ကာလတွင်တည်းခိုရန်မည်သည့်သတ်မှတ်ချက်ကို လိုက်နာသင့် သလဲ.

根据《出入境管理法》规定，外国人在中国境内旅馆住宿的，旅馆应当按照旅馆业治安管 理的有关规定为其办理住宿登记，并向所在地公安机关报送外国人住宿登记信息。外国人在旅 馆以外的其他住所居住或者住宿的，应在入住后 24 小时内由本人或者留宿人向居住地的公安 机关办理登记。

"ပြည်ဝင်ပြည်ထွက်စီမံခန့်ခွဲရေးဥပဒေ"၏သတ်မှတ်ချက်အရ နိုင်ငံခြားသားများသည် တရုတ်ပြည်မှ ဟိုတယ်၊ တည်းခိုခန်းတွင်နေထိုင်လျှင် တည်းခိုခန်း၊ ဟိုတယ်တို့သည် ငြိမ်ဝပ်ပိပြားမှုစီမံခန့်ခွဲရေးဆိုင်ရာ သတ်မှတ်ချက်များအရ သူတို့ကို တည်းခိုရန် ဆောင်ရွက်ပေးသည့်အပြင် နေထိုင်ရာနေရာမှပြည်သူ့လုံခြုံရေး ဌာနသို့ နိုင်ငံခြားသားများ၏ သတင်းကို ပို့ပေးရမည်။ နိုင်ငံခြားသားများသည်တည်းခိုခန်းအပြင်ရှိသည့်အခြား

နေရာတွင် နေထိုင်ခြင်း သို့မဟုတ်တည်းခိုလျှင် နေထိုင်ပြီးနောက် (၂၄)နာရီအတွင်းတွင် နေထိုင်သူ ကိုယ်တိုင် သို့မဟုတ်လက်ခံသူတို့သည် နေထိုင်ရာနေရာရှိပြည်သူ့လုံခြုံရေးဌာနသို့ မှတ်ပုံတင်ရမည်။

三、外国旅游者享有哪些权利?

၃။ နိုင်ငံခြားခရီးသည်များသည်မည်သည့်အခွင့်အရေးကိုရရှိနိုင်သလဲ။

根据《中华人民共和国旅游法》规定:

"တရုတ်ပြည်သူ့သမ္မတနိုင်ငံခရီးသွားလုပ်ငန်းဥပဒေ"သတ်မှတ်ချက်အရ။

（1）旅游者有权自主选择旅游产品和服务，有权拒绝旅游经营者的强制交易行为。

(၁)။ ခရီးသည်များသည်ခရီးသွားလုပ်ငန်းပစ္စည်းနှင့်ဝန်ဆောင်မှုကို ရွေးချယ်သော အခွင့်အရေးရှိသည် ၊ ခရီးသွားလုပ်ငန်းပြုလုပ်ဆောင်ရွက်သူ အတင်းအကျပ် ပြုလုပ် ခိုင်းသော ရောင်းဝယ်ရေးအပြုအမူကို ငြင်းပယ်ရန်အခွင့်အရေးရှိသည်။

（2）旅游者的人格尊严、民族风俗习惯和宗教信仰应当得到尊重。

(၂)။ ခရီးသည်၏ဂုဏ်သိက္ခာ၊ လူမျိုးစုဓလေ့ထုံးစံ၊ ကိုးကွယ်သောဘာသာကို လေးစားခြင်းကို ခံရသင့် သည်။

（3）残疾人、老年人、未成年人等旅游者在旅游活动中依照法律、法规和有关规定享受便利和优惠。

(၃)။ မသန်မစွမ်းသူ၊ သက်ကြီးရွယ်အိုသူ၊ လူလားမမြောက်သူစသည့်ခရီးသည်တို့သည် ခရီးသွား လှုပ်ရှားမှုပြုလုပ်ရာတွင် တရားဥပဒေ၊ ဥပဒေစည်းမျဉ်းများနှင့်သက်ဆိုင်သော သတ်မှတ်ချက်အရ သက်သာ လွယ်ကူမှုနှင့်ဦးစားပေးထားသောအကျိုးခံစားမှုကို ခံစားနိုင်ပါသည်။

（4）旅游者在人身、财产安全遇有危险时，有请求救助和保护的权利。

(၄)။ ခရီးသည်များသည် ကိုယ်ခန္ဓာ၊ ပစ္စည်းဥစ္စာ၏လုံခြုံမှုကို အန္တရာယ်ဖြစ်စေသောအခါ ကယ်ဆယ် ခြင်းနှင့် အကာအကွယ်ရရန်တောင်းပန်သောအခွင့်အရေးနှင့် အကျိုးခံစားမှုကို ရရှိနိုင်ကြသည်။

（5）旅游者人身、财产受到侵害的，有依法获得赔偿的权利。

（၅）။ ခရီးသည်များသည် ကိုယ်ခန္ဓာ၊ ပစ္စည်းဥစ္စာကို ကျူးကျော်ခံရလျှင် လျော်ကြေးပေးရန် အခွင့်အရေး ရရှိနိုင်သည်။

四、在与旅行社签订协议时应注意哪些问题？

၄။ ခရီးသွားလုပ်ငန်းဌာနတွင် သဘောတူညီချက်လက်မှတ်ရေးထိုးသည့်အခါ မည်သည့် ပြဿနာကို ဂရုပြုရန်လိုအပ်ပါသလဲ။

根据《中华人民共和国旅游法》规定：

"တရုတ်ပြည်သူ့သမ္မတနိုင်ငံခရီးသွားလုပ်ငန်းဥပဒေ" ပြဋ္ဌာန်းချက်အရ။

（1）旅行社组织和安排旅游活动，应当与旅游者订立合同。

（၁）။ ခရီးသွားလုပ်ငန်းဌာနဖွဲ့စည်းစီစဉ်သော ခရီးသွားလှုပ်ရှားမှုမှာ ခရီးသည်များနှင့် သဘောတူညီချက် ကို လက်မှတ်ရေးထိုးသင့်သည်။

（2）包价旅游合同应当采用书面形式，包括下列内容：

（၂）။ ဈေးနှုန်းသတ်မှတ်ထားသော ခရီးသွားသဘောတူညီချက်မှာ စာပုံစံဖြင့်ရေးထား သင့်သည်၊ အချက်အလက်မှာအောက်ပါအတိုင်းဖြစ်သည်။

①旅行社、旅游者的基本信息。

（က）။ ခရီးသွားလုပ်ငန်းနှင့်ခရီးသည်များ၏အခြေခံသတင်းအချက်အလက်များ။

②旅游行程安排。

（ခ）။ ခရီးသွားလမ်းကြောင်းအစီအစဉ်။

③旅游团成团的最低人数。

（ဂ）။ ခရီးသွားအဖွဲ့ဖြစ်သည့်အနည်းဆုံးဦးရေ။

④交通、住宿、餐饮等旅游服务安排和标准。

（ဃ）။ လမ်းပန်းဆက်သွယ်ရေး၊ တည်းခိုမှု၊ အစားအသောက်စသည့်ဝန်ဆောင်မှု အစီအစဉ်နှင့်စံချိန်။

⑤游览、娱乐等项目的具体内容和时间。

（c）။ လည်ပတ်ကြည့်ရှုခြင်း၊ ပျော်ပွဲသဘင်စသည့်အစီအစဉ်များ၏အတိအကျအချက် အလက်နှင့် သတ်မှတ်ထားသောအချိန်။

⑥自由活动时间安排。

（ဈ）။ လွတ်လပ်စွာလှုပ်ရှားသောအချိန်အစီအစဉ်။

⑦旅游费用及其交纳的期限和方式。

（ဆ）။ ခရီးသွားကုန်ကျစရိတ်နှင့်ပေးအပ်သောအချိန်အကန့်အသတ်နှင့်ပေးအပ်သောပုံစံ.

⑧违约责任和解决纠纷的方式。

（ဇ）။ သဘောတူညီချက်ဖောက်ဖျက်၍တာဝန်ယူခံမှုနှင့် အငြင်းအခုံဖြေရှင်းသော နည်းလမ်း။

⑨法律、法规规定和双方约定的其他事项。

（ဈ）။ တရားဥပဒေ၊ ဥပဒေစည်းမျဉ်းများ၏သတ်မှတ်ချက်နှင့် နှစ်ဦးနှစ်ဘက် ချိန်းထားသောအခြား ကိစ္စ ရပ်များ။

（3）旅行社应当在旅游行程开始前向旅游者提供旅游行程单。旅游行程单是包价旅游合同的组成部分。

（၃）။ ခရီးသွားလုပ်ငန်းဌာနသည်ခရီးစဉ်မစခင်အချိန်တွင်ခရီးသည်များကိုခရီးစဉ် စာတမ်းအား ပေးအပ်သင့်သည်၊ ခရီးသွားစဉ်စာတမ်းသည် ဈေးနှုန်းသတ်မှတ် ထားသော ခရီးသွား သဘောတူ ညီ ချက်၏အစိတ်အပိုင်းဖြစ်သည်။

（4）旅行社委托其他旅行社代理销售包价旅游产品并与旅游者订立包价旅游合同的，应当在包价旅游合同中载明委托社和代理社的基本信息。

（၄）။ ခရီးသွားလုပ်ငန်းဌာနသည် အခြားခရီးသွားလုပ်ငန်းဌာနကို ဈေးနှုန်းသတ်မှတ် ထားသော ခရီးသွား ပစ္စည်းကိုယ်စားပြုရောင်းချခြင်း၊ ခရီးသည်နှင့် ဈေးနှုန်းသတ်မှတ် ထားသောခရီးသွားသဘောတူညီချက် လက်မှတ်ရေးထိုးသည့်တာဝန်ပေးအပ်လျှင် ဈေးနှုန်းသတ်မှတ်ထားသော ခရီးသွားသဘောတူညီချက်တွင် တာဝန်ပေးအပ်သော ခရီးသွား လုပ်ငန်းဌာနနှင့်ကိုယ်စားပြုဌာန၏သတင်းအချက်အလက်များကို လည်း

ရေးထား သင့်သည်။

（5）旅行社应当提示参加团队旅游的旅游者按照规定投保人身意外伤害保险。

(၅)။ ခရီးသွားလုပ်ငန်းဌာနသည်ခရီးသွားအဖွဲ့ပါဝင်သောခရီးသည်များကို သတ်မှတ်ချက် အရ လူပုဂ္ဂိုလ် ရှောင်သခင်ဖြစ်ထိခိုက်မှုအာမခံလျှောက်လွှာတင်ရန်သတိပေးသင့်သည်။

（6）订立包价旅游合同时，旅行社应当向旅游者告知下列事项：

(၆)။ ဈေးနှုန်းသတ်မှတ်ထားသောခရီးသွားသဘောတူညီချက် လက်မှတ်ရေးထိုးသည့် အခါ ခရီးသွား လုပ်ငန်းဌာနသည် ခရီးသည်များကို အောက်ပါကိစ္စရပ်များအား ပြောပြ သင့်သည်။

①旅游者不适合参加旅游活动的情形。

(က)။ ခရီးသည်ပါဝင်ပြုလုပ်ရန်မသင့်တော်သောလှုပ်ရှားမှုအခြေအနေ။

②旅游活动中的安全注意事项。

(ခ)။ ခရီးသွားလှုပ်ရှားမှုပြုလုပ်ရာတွင် ဂရုပြုရန်လုံခြုံမှုကိစ္စရပ်များ။

③旅行社依法可以减免责任的信息。

(ဂ)။ ခရီးသွား လုပ်ငန်းဌာနသည် တရားဥပဒေအရ တာဝန်ခံမှုလျှော့နည်းနိုင်သော သတင်း အချက်အလက်။

④旅游者应当注意的旅游目的地相关法律、法规和风俗习惯、宗教禁忌，依照中国法律不宜参加的活动等。

(ဃ)။ ခရီးသည်များသည် ခရီးသွားမည့်နေရာ၏သက်ဆိုင်ရာတရားဥပဒေ၊ ဥပဒေစည်းမျဉ်းနှင့် ဓလေ့ထုံးစံ၊ ဘာသာရေးကန့်သတ်ချက်၊ တရုတ်ပြည်တရားဥပဒေအရ မပါဝင်သင့်သော လှုပ်ရှားမှုကို ဂရုပြု သင့်ကြသည်။

⑤法律、法规规定的其他应当告知的事项。

(င)။ တရားဥပဒေ၊ ဥပဒေစည်းမျဉ်းများသတ်မှတ်ထားသောအခြား ပြောပြသင့်သည့် ကိစ္စရပ်များ။

在包价旅游合同履行中，遇有前款规定事项的，旅行社也应当告知旅游者。

ဈေးနှုန်းသတ်မှတ်ထားသောခရီးသွားသဘောတူညီချက်လိုက်နာဆောင်ရွက်ရာတွင်အထက်ပါသတ်မှတ်ထားသော ကိစ္စရပ်များကို ကြုံတွေ့လျှင် ခရီးသွားလုပ်ငန်းဌာနသည် ခရီးသည်များကို ပြောပြသင့်သည်။

（7）旅行社招徕旅游者组团旅游，因未达到约定人数不能出团的，组团社可以解除合同。但是，境内旅游应当至少提前七日通知旅游者，出境旅游应当至少提前三十日通知旅游者。

(၇)။ ခရီးလုပ်ငန်းဌာနသည်ခေါ်ယူ လာသောခရီးသည်များအဖွဲ့ဖွဲ့ရန်ချိန်းထားသောဦးရေ မရှိ သောကြောင့် ခရီးသွားအဖွဲ့မဖြစ်နိုင်သဖြင့် အဖွဲ့ဖွဲ့သောခရီးသွားလုပ်ငန်းဌာနသည် သဘောတူညီချက်ကို ဖျက်သိမ်းနိုင်သည်။ သို့သော် ပြည်တွင်းခရီးသွားခြင်းသည် ခရီးသည်များကို အနည်းဆုံး(၇)ရက်တာကြိုတင် အကြောင်းကြားသင့်သည်၊ ပြည်ထွက် ခရီးသွားခြင်းသည် ခရီးသည်ကိုအနည်းဆုံးရက်(၃၀)တာကြိုတင်အ ကြောင်းကြားသင့်သည်။

（8）旅游行程开始前，旅游者可以将包价旅游合同中自身的权利义务转让给第三人，旅行社没有正当理由的不得拒绝，因此增加的费用由旅游者或第三人承担。

(၈)။ ခရီးစဉ်မစခင်ခရီးသည်သည် ဈေးနှုန်းသတ်မှတ်ထားသောခရီးသွား သဘောတူ ညီချက်တွင် မိမိ၏အခွင့်အရေးနှင့်အကျိုးခံစားမှုကို တတိယဖြစ်သူအား လွှဲပြောင်း ပေးအပ်နိုင်သည်၊ တရားဝင် အကြောင်းအရာမရှိပါက ခရီးသွားလုပ်ငန်းဌာနသည် ငြင်းပယ်ခြင်းမပြုရပါ၊ ထို့ကြောင့် တိုးပွားလာသော စရိတ်ကို ခရီးသည်နှင့် တတိယဖြစ်သူ တာဝန်ခံရမည်.

（9）旅游行程结束前，旅游者解除合同的，组团社应当在扣除必要的费用后，将余款退还旅游者。

(၉)။ ခရီးသွားမပြီးဆုံးခင် ခရီးသည်သည် သဘောတူညီချက်ဖျက်သိမ်းလျှင် အဖွဲ့ကို ဖွဲ့စည်းသော ခရီးသွားလုပ်ငန်းသည် လိုအပ်ရမည့်စရိတ်ကိုနုတ်ယူပြီးနောက်ကျန်ရစ်သော ငွေကြေးကို ခရီးသည်အား ပြန် အမ်းပေးသင့်သည်။

（10）旅游者有下列情形之一的，旅行社可以解除合同：

(၁၀)။ ခရီးသည်များသည် အောက်ပါအခြေအနေတစ်ခုခုရှိလျှင် ခရီးသွားလုပ်ငန်းဌာနမှ သဘောတူညီ

ချက်ကို ဖျက်သိမ်နိုင်သည်။

①患有传染病等疾病，可能危害其他旅游者健康和安全的。

(က)။ ကူးစက်တတ်သောရောဂါများရှိ၍ အခြားခရီးသည်များ၏ကျန်းမာရေးလုံခြုံမှုကို ထိခိုက်စေတတ် ခြင်း။

②携带危害公共安全的物品且不同意交有关部门处理的。

(ခ)။ အများပြည်သူလုံခြုံမှုအန္တရာယ်ပေးတတ်သောပစ္စည်းပါ၍ သက်ဆိုင်ရာဌာနအပ်ပေး ပြုလုပ် ဆောင်ရွက်ရန်သဘောမတူသောသူ။

③从事违法或者违反社会公德的活动的。

(ဂ)။ တရားဥပဒေဖောက်ဖျက်ခြင်းသို့မဟုတ်လူမှုအကျင့်တရားကိုဖောက်ဖျက်သော လှုပ်ရှားမှုပြုလုပ် ခြင်း။

④从事严重影响其他旅游者权益的活动，且不听劝阻、不能制止的。

(ဃ)။ အခြားခရီးသည် အခွင့်အရေးနှင့်အကျိုးခံစားမှုကို ဆိုးဝါးစွာ ထိခိုက်တတ်သော လှုပ်ရှားမှု ပြုလုပ်၍ သူများဖျောင်းဖျကံမြစ်ခြင်းနာကြားခြင်းလက်မခံခြင်း၊ တားဆီးလို့ မရခြင်း။

⑤法律规定的其他情形。

(င)။တရားဥပဒေသတ်မှတ်ထားသောအခြားအခြေအနေများ။

五、在旅游过程中，游客安全如何获得保障?
၅။ ခရီးစဉ်တွင်ခရီးသည်၏လုံခြုံမှုကို မည်သို့အာမခံမည်နည်း။။။

（1）县级以上人民政府统一负责旅游安全工作。县级以上人民政府有关部门依照法律、法规履行旅游安全监管职责。

(၁)။ ခရိုင်အဆင့် အထက်ပြည်သူ့အစိုးရသည်ခရီးသွားလုပ်ငန်းလုံခြုံရေးလုပ်ငန်းကိုတစ် ပေါင်း တစ်စည်းတည်းစီမံအုပ်ချုပ်ထားသည်။ ခရိုင်အဆင့်အထက်ပြည်သူ့အစိုးရမှ သက်ဆိုင်သော ဌာနသည် တရားဥပဒေ၊ ဥပဒေစည်းမျဉ်းများနှင့်အညီခရီးသွားလုပ်ငန်း လုံခြုံရေးကို ကြီးကြပ်ထိန်းချုပ်သောတာဝန်

ထမ်းဆောင်သည်॥

（2）国家建立旅游目的地安全风险提示制度。旅游目的地安全风险提示的级别划分和实施程序，由国务院旅游主管部门会同有关部门制定。

(၂)။ နိုင်ငံတော်သည် ခရီးသွားမည့်နေရာ၏လုံခြုံရေးနှင့်အန္တရာယ်ရှိခြင်းသတိပေးစနစ်ကို တည်ထောင် ထားသည်။ ခရီးသွားမည့်နေရာ၏လုံခြုံရေးနှင့် အန္တရာယ်ရှိခြင်းသတိပေးမှု အဆင့်အတန်းခွဲခြားသတ်မှတ် ခြင်းနှင့် အကောင်အထည်ဖော် ဆောင်ရွက်ခြင်းအစီအစဉ်မှာ နိုင်ငံတော်ကောင်စီမှခရီးသွားလုပ်ငန်းအုပ်ချုပ် ရေးဌာနမှသက်ဆိုင်သောဌာနနှင့်အတူရေးဆွဲချမှတ်သည်။

（3）县级以上人民政府应当依法将旅游应急管理纳入政府应急管理体系，制定应急预案，建立旅游突发事件应对机制。

(၃)။ ခရိုင်အဆင့်အထက်ပြည်သူ့အစိုးရသည် တရားဥပဒေအရ ခရီးသွားလုပ်ငန်းအရေးပေါ်မှု စီမံ အုပ်ချုပ်မှုကို အစိုးရအရေးပေါ်မှုအုပ်ချုပ်ရေးစနစ်ထဲထည့်သွင်းသင့်သည်၊ အရေးပေါ်မှု ဖြေရှင်းရန်လိုအပ် သည့်ပြုလုပ်ဆောင်ရွက်မှုနည်းလမ်းကို ကြိုတင်ပြင်ဆင်ပြီး ခရီးသွား လုပ်ငန်းတွင်ရုတ်တရက်ဖြစ်ပေါ်လာ သည့် အရေးကိစ္စကို ရင်ဆိုင်ဖြေရှင်းသောစနစ်ကို တည်ထောင်သင့်သည်။

（4）旅游经营者应当严格执行安全生产管理和消防安全管理的法律、法规和国家标准、行业标准，具备相应的安全生产条件，制定旅游者安全保护制度和应急预案。

(၄)။ ခရီးသွားလုပ်ငန်းလုပ်ကိုင်ဆောင်ရွက်သူသည် လုံခြုံစွာထုတ်လုပ်ရေးစီမံခန့်ခွဲခြင်းနှင့် မီးသတ်လုံခြုံ မှုစီမံခန့်ခွဲခြင်းဆိုင်ရာတရားဥပဒေ၊ ဥပဒေစည်းမျဉ်းနှင့် နိုင်ငံတော်စံချိန်၊ လုပ်ငန်းရပ်စံချိန်များကို တင်းကျပ် စွာလိုက်နာဆောင်ရွက်သင့်သည်။ လုံခြုံစွာ ထုတ်လုပ်သောအခြေအနေကို ပြည့်စုံစေခြင်း၊ ခရီးသည်လုံရေး ကာကွယ် စောင့်ရှောက်သောနည်းစနစ်နှင့် အရေးပေါ် ပြုလုပ်ဆောင်ရွက်ရန် ကြိုတင်ပြင်ဆင်သော နည်း လမ်းများကိုရေးဆွဲချမှတ်ထားသည်။

（5）旅游经营者应当就旅游活动中的下列事项，以明示的方式事先向旅游者作出说明或者警示：

（၅）။ ခရီးသွားလုပ်ငန်းလုပ်ကိုင်ဆောင်ရွက်သူသည် ခရီးသွားရာတွင် အောက်ပါ အကြောင်းများကို ခရီးသည်များအား ရှင်းလင်းဖော်ပြသောနည်း သို့မဟုတ်သတိပေးသော နည်းဖြင့်ကြိုတင် ပြောပြသင့်သည်။

①正确使用相关设施、设备的方法。

（က)။ သက်ဆိုင်သောအဆောက်အအုံများ၊ တပ်ဆင်မှုပစ္စည်းများကိုမှန်ကန်စွာအသုံး ပြုသော နည်းလမ်း။

②必要的安全防范和应急措施。

（ခ)။ လိုအပ်သော ဘေးကင်းရေး ကြိုတင်ကာကွယ်မှုများနှင့် အရေးပေါ်အစီအမံများ။

③未向旅游者开放的经营、服务场所和设施、设备。

（ဂ)။ ခရီးသည်များအတွက်မ ဖွင့်လှစ်သေးသောလုပ်ကိုင်ဆောင်ရွက်မှု၊ ဝန်ဆောင်မှု နေရာနှင့် အဆောက်အအုံ၊တပ်ဆင်မှုပစ္စည်းများ။

④不适宜参加相关活动的群体。

（ဃ)။ သက်ဆိုင်လှုပ်ရှားမှုကိုပါဝင်ခြင်းမသင့်တော်သောလူအုပ်စု။

⑤可能危及旅游者人身、财产安全的其他情形。

（င)။ ခရီးသည်ကိုယ်ခန္ဓာနှင့်ပစ္စည်းဥစ္စာထိခိုက်တတ်သောအခြားအခြေအနေများ။

（6）突发事件或者旅游安全事故发生后，旅游经营者应当立即采取必要的救助和处置措施，依法履行报告义务，并对旅游者作出妥善安排。

（၆)။ ရုတ်တရက်ဖြစ်ပွားမှု သို့မဟုတ်ခရီးသွားလုံခြုံမှုမတော်တဆဖြစ်ပွား ပြီးနောက်ခရီးသွားလုပ်ငန်းလုပ်ကိုင်ဆောင်ရွက်သူသည် လိုအပ်သောကယ်ဆယ်ရေးနှင့် ဖြေရှင်းရေးနည်းလမ်းကို ချက်ချင်းပြုလုပ်သင့်သည်၊ တရားဥပဒေအရ ပြောပြသော တာဝန်ဝတ္တရားကို အကောင်အထည်ဖော်ဆောင်ရွက်ပြီး ခရီးသည်များ အတွက်သင့်တော် သော အစီအစဉ်များပြုလုပ်ပေးရမည်။

（7）旅游者在人身、财产安全遇有危险时，有权请求旅游经营者、当地政府和相关机构进行及时救助。旅游者接受相关组织或者机构的救助后，应当支付应由个人承担的费用。

（၇)။ ခရီးသည်များသည် မိမိကိုယ်ခန္ဓာ၊ ပစ္စည်းဥစ္စာကိုအန္တရာယ်တွေ့သည့်အခါ ခရီးသွားလုပ်ငန်း လုပ်ကိုင်ဆောင်ရွက်သူ၊ နယ်ခံအစိုးရနှင့် သက်ဆိုင်သောဌာနသို့ အချိန်မီကယ်ဆယ်ရန် တောင်းပန်ခြင်း အခွင့်အရေးရှိသည်။ ခရီးသည်များသည် သက်ဆိုင်သော အဖွဲ့အစည်း၊ သို့မဟုတ်ရုံးဌာန၏ ကယ်ဆယ်ခြင်း လက်ခံပြီးနောက် မိမိပေးသင့်သော စရိတ်ကို တာဝန်ယူပေးအပ်သင့်သည်။

六、旅游过程中与旅游经营者发生纠纷该如何处理？

၆။ ခရီးသွားရာတွင် ခရီးသွားလုပ်ငန်းလုပ်ကိုင်ဆောင်ရွက်သူနှင့် အငြင်းအခုံဖြစ်ပွားပါက ဘယ်လိုဖြေ ရှင်းရမလဲ။

根据《中国人民共和国旅游法》规定：

"တရုတ်ပြည်သူ့သမ္မတနိုင်ငံခရီးသွားလုပ်ငန်းဆိုင်ရာဥပဒေ" ပြဌာန်းချက်အရ

（1）县级以上人民政府应当指定或者设立统一的旅游投诉受理机构。受理机构接到投诉，应当及时进行处理或者移交有关部门处理，并告知投诉者。

(၁)။ ခရိုင်အဆင့်အထက်ပြည်သူ့အစိုးရသည် ခရီးသွားတိုင်ကြားမှုလက်ခံရန် တစ်ပေါင်း တစ်စည်း ပြုလုပ်ဆောင်ရွက်သည့်လုပ်ငန်းဌာနကို သတ်မှတ်ထားခြင်း သို့မဟုတ်တည်ထောင် ထားခြင်းပြုလုပ်သင့် သည်။ အမှုလက်ခံဌာနသည် တိုင်ကြားမှုလက်ခံ၍ အချိန်မီ ဖြေရှင်း ပေးခြင်း သို့မဟုတ်သက်ဆိုင်ရာဌာနသို့ လွှဲပြောင်းဖြေရှင်းခြင်း ပြုလုပ်၍ တိုင်ကြားသူကို အကြောင်းကြားအပ်ပါသည်။

（2）旅游者与旅游经营者发生纠纷，可以通过下列途径解决：

(၂)။ ခရီးသည်နှင့်ခရီးသွားလုပ်ငန်းလုပ်ကိုင်ဆောင်ရွက်သူအကြားအငြင်းအခုံဖြစ်ပွား ပါက အောက်ပါ နည်းလမ်းများဖြင့်ဖြေရှင်းနိုင်သည်။

①双方协商。

(က)။ နှစ်ဦးနှစ်ဘက်စေ့စပ်ဆွေးနွေးခြင်း။

②向消费者协会、旅游投诉受理机构或者有关调解组织申请调解。

(ခ)။ စားသုံးသူများအသင်း၊ ခရီးသွားလုပ်ငန်းတိုင်ကြားမှုလက်ခံသော ရုံးဌာန သို့မဟုတ်သက်ဆိုင်သော

ဖျန်ဖြေရေးအဖွဲ့အစည်းသို့ဖျန်ဖြေရန်လျှောက်တင်ခြင်း။

③根据与旅游经营者达成的仲裁协议提请仲裁机构仲裁。

(ဂ)။ ခရီးသွားလုပ်ငန်းလုပ်ကိုင်ဆောင်ရွက်သူနှင့်ခုံတင်ဆုံးဖြတ်ရန်သဘောတူညီချက်အရ ခုံတင်ဆုံးဖြတ် ရေးအဖွဲ့အစည်းသို့တင်ပြဆုံးဖြတ်ခြင်း။

④向人民法院提起诉讼。

(ဃ)။ ပြည်သူ့တရားရုံးသို့တရားစွဲဆိုရန်တင်ပြခြင်း။

（3）消费者协会、旅游投诉受理机构和有关调解组织在双方自愿的基础上，依法对旅游者 与旅游经营者之间的纠纷进行调解。

(၃)။ စားသုံးသူများအသင်း၊ ခရီးသွားလုပ်ငန်းတိုင်ကြားမှုလက်ခံသော လုပ်ငန်းဌာန နှင့်သက်ဆိုင်သော ဖျန်ဖြေရေးအဖွဲ့အစည်းတို့သည် နှစ်ဦးနှစ်ဘက်၏လိုအင်ဆန္ဒမှုကို အခြေခံ၍ တရားဥပဒေအရ ခရီးသည်နှင့် ခရီးသွားလုပ်ငန်းလုပ်ကိုင်ဆောင်ရွက်သူအကြား ဖြစ်ပွားသော အငြင်းအခုံကို ဖျန်ဖြေခြင်းပြုလုပ်သည်။

（4）旅游者与旅游经营者发生纠纷，旅游者一方人数众多并有共同请求的，可以推选代表 人参加协商、调解、仲裁、诉讼活动。

(၄)။ ခရီးသည်နှင့် ခရီးသွားလုပ်ငန်းလုပ်ကိုင်ဆောင်ရွက်သူအကြား အငြင်းအခုံ ဖြစ်ပွားပြီး ခရီးသည် ဘက်လူဦးရေများပြားပြီး တူညီသောတောင်းဆိုချက်ရှိလျှင် စေ့စပ်ဆွေးနွေးခြင်း၊ဖျန်ဖြေခြင်း၊ ခုံတင်ဆုံးဖြတ် ခြင်း၊ တရားစွဲဆိုမှုတင်ပြခြင်းလှုပ်ရှားမှုကို ပါဝင်ဆောင်ရွက်ရန် ကိုယ်စားပြုသူကိုရွေးချယ်နိုင်သည်။

第八章 公共秩序

အခန်း(၉)။ အများပြည်သူစည်းကမ်း

第一节 治安管理

အခန်းခွဲ(၁)။ ငြိမ်ဝပ်ပိပြားမှုစီမံအုပ်ချုပ်ရေး

一、治安管理处罚包括哪些种类？

၁။ ငြိမ်ဝပ်ပိပြားမှုစီမံအုပ်ချုပ်ရေးပြစ်ဒဏ်များတွင်မည်သည့်အမျိုးအစားများပါဝင်သလဲ။

根据《中华人民共和国治安管理处罚法》规定，治安管理处罚的种类分为：

"တရုတ်ပြည်သူ့သမ္မတနိုင်ငံငြိမ်ဝပ်ပိပြားမှုစီမံအုပ်ချုပ်ရေးဆိုင်ရာပြစ်ဒဏ်ပေးခြင်းဥပဒေ" ပြဋ္ဌာန်းချက်

အရငြိမ်ဝပ်ပိပြားမှုစီမံအုပ်ချုပ်ရေးပြစ်ဒဏ်ပေးခြင်းအမျိုးအစားခွဲခြားထား ခြင်းမှာ

（1）警告。

(၁)။ သတိပေးခြင်း။

（2）罚款。

(၂)။ ဒဏ်ငွေရိုက်ခြင်း။

（3）行政拘留。

(၃)။ အုပ်ချုပ်ရေးဥပဒေအရယာယီဖမ်းချုပ်ထားခြင်း။

（4）吊销公安机关发放的许可证。

（၄）။ ပြည်သူ့လုံခြုံရေးဌာနမှထုတ်ပေးသောလိုင်စင်ကိုဖျက်သိမ်းခြင်း။

对违反治安管理的外国人，可以附加适用限期出境或者驱逐出境。

ငြိမ်ဝပ်ပိပြားမှုစီမံအုပ်ချုပ်မှုဖောက်ဖျက်သော နိုင်ငံခြားသားများကို သတ်မှတ် ထားသောကာလတွင် ပြည်ထွက်ခြင်းနှင့် ပြည်နှင်ဒဏ်ပေးခြင်းကိုလည်း တွဲဖက်အသုံးပြု နိုင်ပါသည်။

二、哪些情况需要从重处罚？

၂။ မည်ကဲ့သို့သောအခြေအနေဖြစ်၍ပြင်းထန်စွာအရေးယူရန်လိုပါသလဲ။

（1）有较严重后果的。

（၁）။ ပိုမိုဆိုးရွားသောအကျိုးဆက်ရှိခြင်း

（2）教唆、胁迫、诱骗他人违反治安管理规定的。

（၂）။ သူတပါးကို ငြိမ်ဝပ်ပိပြားမှုစီမံအုပ်ချုပ်ရေး ဖောက်ဖျက်ရန်တိုက်တွန်းနှိုးဆော်ခြင်း၊ ခြိမ်းခြောက် အကျပ်ကိုင်ခြင်း၊ ဖြားယောင်းသွေးဆောင်လိမ်လည်ခြင်း။

（3）对报案人、控告人、举报人、证人打击报复的。

（၃）။အမှုတိုင်ကြားသူ၊တရားစွဲဆိုသူ၊အပြစ်ကျူးလွန်သူ၏အကြောင်းကိုသက်ဆိုင်ရာဌာနသို့သတင်းပို့သူ နှင့် လူ့သက်သေများကို ချိုးနှိမ်ပြီး ကလဲစားချေခြင်း။

（4）6个月内曾受过治安管理处罚的。

（၄）။ （၆)လအတွင်းတွင်ငြိမ်ဝပ်ပိပြားမှုအုပ်ချုပ်ရေးပြစ်ဒဏ်ရိုက်ခံခဲ့ရခြင်း။

三、哪些情况可以从轻或不予处罚？

၃။ မည်သည့်အခြေအနေမျိုးတွင် ပြစ်ဒဏ်လျော့နည်းရန် သို့မဟုတ်ပြစ်ဒဏ် ပယ်ဖျက်ရန် ပြုလုပ်နိုင် သနည်း။

（1）刑法规定已满 14 周岁不满 18 周岁的人违反治安管理的，从轻或者减轻处罚；不满 14 周岁的人违反治安管理规定的，不予处罚，但是应当责令其监护人严加管教。

（၁）။ ရာဇဝတ်ဥပဒေပြဋ္ဌာန်းချက်တွင် အသက်(၁၄)နှစ်အထက်(၁၈)နှစ်အောက် ဖြစ်သူ အတွက် ငြိမ်ဝပ်

ပိုပြားမှုစီမံခန့်ခွဲခြင်းဖောက်ဖျက်ကျူးလွန်လျှင် ပြစ်ဒဏ်သေးငယ်ပေးခြင်း သို့မဟုတ် လျော့နည်း၍ ပေးခြင်း ဆောင်ရွက်သည်၊အသက်(၁၄)နှစ်မပြည့်သေး သူများအတွက်ပြစ်ဒဏ်မပေးသော်လည်း၄င်း၏စောင့်ကြပ် ကာကွယ်သူကိုတင်းကျပ်စွာဆုံးမထိန်းချုပ်ရန် အမိန့်ပေး သင့်သည်။

（2）精神病人在不能辨认或者不能控制自己行为的时候违反治安管理规定的，不予处罚，但是应当责令其监护人严加看管和治疗。间歇性的精神病人在精神正常的时候违反治安管理的，应当给予处罚。

(၂)။ စိတ်ရောဂါသည်သည် မိမိအပြုအမူမသိခြင်းသို့မဟုတ်မိမိအပြုအမူ မထိန်းချုပ် နိုင်ခြင်းဖြစ်ပွား သောအခါ ပြစ်ဒဏ်မပေးသော်လည်း ကောင်းစွာထိန်းချုပ်ခြင်းနှင့် ကုသခြင်းပြုလုပ်ရန် စောင့်ကြပ် ကာကွယ်သူကို အမိန့်ပေးသင့်သည်။ ပြတ်တောင်း ပြတ်တောင်းဖြစ်စိတ်ရောဂါသည်သည် စိတ်မှန်ချိန်တွင် ငြိမ်ဝပ်ပိပြားမှုစီမံခန့်ခွဲခြင်းကို ဖောက်ဖျက်ကျူးလွန်လျှင်ပြစ်ဒဏ်ပေးသင့်သည်။

（3）盲人或者又聋又哑的人违反治安管理规定的，可以从轻、减轻或者不予处罚。

(၃)။ မျက်မမြင် သို့မဟုတ်ဆွံ့အနားမကြားရောဂါရှိသူတို့သည် ငြိမ်ဝပ်ပိပြားမှုစီမံ ခန့်ခွဲခြင်းကို ဖောက်ဖျက်ကျူးလွန်ပါက ဒဏ်ပေးချိန်တွင် သေးငယ်ခြင်း၊ လျော့နည်းခြင်း သို့မဟုတ်အပြစ်အရေးမယူခြင်း တို့ကို ပေးနိုင်စေသည်။

（4）情节特别轻微的。

(၄)။ အခြေအနေ အထူးသေးငယ်ခြင်း။

（5）主动消除或者减轻违法后果，并取得被侵害人谅解的。

(၅)။ ချိုးဖောက်မှု၏အကျိုးဆက်များကိုတက်ကြွစွာ ပယ်ဖျက်ရန် သို့မဟုတ်လျော့နည်းရန် ပြုလုပ်ပြီး ထိခိုက်မှုခံရသူ၏နားလည်မှုရှိခြင်း။

（6）出于他人胁迫或者诱骗的。

(၆)။ သူတစ်ပါးခြိမ်းခြောက်ခြင်းနှင့်လိမ်လည်သွေးဆောင်ခြင်းခံရခြင်း။

（7）主动投案，向公安机关如实陈述自己的违法行为的。

(၇)။ တက်ကြွစွာ ရဲဌာနသို့ လာရောက်အမှုသွင်းပြီး မိမိတရားဥပဒေကို ဖောက်ဖျက်ကျူးလွန်ကြောင်း အမှန်အတိုင်းဖော်ပြပြောဆိုခြင်း။

（8）有立功表现的。

(၈)။ ကောင်းမှုအကျိုးဆောင်ခြင်းပြုလုပ်မှုရှိကြောင်း။

四、哪些行为属于扰乱公共秩序，以及相应的处罚是什么？

၄။ မည်သည့်အပြုအမူမှာ အများပြည်သူစည်းကမ်းနှောင့်ယှက်ခြင်းဖြစ်ပြီးသက်ဆိုင်ရာပြစ်ဒဏ်များမှာ အဘယ်နည်း။

（1）有下列行为之一的，处警告或者 200 元以下罚款；情节较重的，处 5 日以上 10 日以下拘留，可以并处 500 元以下罚款：

(၁)။ အောက်ပါအပြုအမူတစ်ခုခုရှိလျှင် သတိပေးခြင်း သို့မဟုတ်ဒဏ်ငွေယွမ် (၂၀၀)ရိုက်ရန်ဆောင်ရွက် မည်၊အခြေအနေဆိုးဝါးလျှင်(၅)ရက်အထက်(၁၀)ရက်အောက်ဖမ်းဆီးထိန်းချုပ် ထားပြီး ဒဏ်ငွေယွမ်(၅၀၀) ကိုပူးတွဲရိုက်ရန်ဆောင်ရွက်မည်။

①扰乱机关、团体、企业、事业单位秩序，致使工作、生产、营业、医疗、教学、科研不能正常进行，尚未造成严重损失的。

(က)။ အုပ်ချုပ်ရေးဌာန၊ အဖွဲ့အစည်း၊ လုပ်ငန်း၊အများပြည်သူဆိုင်ရာဌာနတို့၏စည်းကမ်း နှောင့်ယှက် ပေး၍ အလုပ်လုပ်ခြင်း၊ ထုတ်လုပ်ခြင်း၊ လုပ်ကိုင်လုပ်ဆောင်ရွက်ခြင်း၊ ဆေးဝါးကုသခြင်း၊ သင်ကြားပို့ချ ခြင်း၊ သိပ္ပံပညာဆိုင်ရာသုတေသနပြုလုပ်ခြင်းစသည့်အလုပ်များကိုနှောင့်ယှက်၍မှန်ကန်အောင်မလည်ပတ် စေ၍ကြီးမားသောဆုံးရှုံးမှုမဖြစ်သေးခြင်း။

②扰乱车站、港口、码头、机场、商场、公园、展览馆或者其他公共场所秩序的。

(ခ)။ ကားဂိတ်၊ ဆိပ်ကမ်း၊ ကူးတို့ဆိပ်၊ လေဆိပ်၊ ကုန်တိုက်၊ အပန်းဖြေဥယျာဉ်၊ ပြတိုက်၊ သို့မဟုတ် အခြားအများပြည်သူနေရာများ၏ စည်းကမ်းကို နှောက်ယှက်ခြင်း။

③扰乱公共汽车、电车、火车、船舶、航空器或者其他公共交通工具上的秩序的。

(ဂ)။ ဘတ်စ်ကား၊ ထရော်လီကား ၊ မီးရထား ၊ လှေသင်္ဘော၊ လေကြောင်း ပျံသန်းစက်များ၊ သို့မဟုတ် အများပြည်သူအသုံးပြုသော ပို့ဆောင်ဆက်သွယ်ရေး ကိရိယာများ၏ စည်းကမ်းကို နှောင့်ယှက်ခြင်း။

④非法拦截或者强登、扒乘机动车、船舶、航空器以及其他交通工具，影响交通工具正常行驶的。

(ဃ)။ စက်တပ်ယာဉ်၊ လှေသင်္ဘော၊ လေကြောင်းပျံသန်းစက်နှင့် အခြားပို့ဆောင် ဆက်သွယ်ရေးကိရိယာ များကို မတရားကြားဖြတ်တားဆီးခြင်း၊ အတင်းအကျပ်တက်ခြင်း ပြုလုပ်၍ပို့ဆောင်ဆက်သွယ်ရေးကိရိယာ မှန်ကန်အောင်လည်ပတ်ခြင်းအားထိခိုက်စေခြင်း။

⑤破坏依法进行的选举秩序的。

(c)။ တရားဥပဒေအရပြုလုပ်သောရွေးကောက်ပွဲစည်းကမ်းကိုဖျက်ဆီးခြင်း၊

（2）聚众实施前款行为的，对首要分子处 10 日以上 15 日以下拘留，可以并处 1000 元以下罚款。

(၂)။ လူသူစုစည်း၍အထက်ပါအပြုအမူပြုလုပ်ပါက အဓိကဖြစ်သူကို(၁၀)ရက်အထက် (၁၅)ရက် အောက်ဖမ်းချုပ်ထားပြီး ဒဏ်ငွေယွမ်(၁၀၀၀)အောက်ပူးတွဲရိုက်နိုင်သည်။

（3）有下列行为之一，扰乱文化、体育等大型群众性活动秩序的，处警告或者 200 元以下罚款；情节严重的，处 5 日以上 10 日以下拘留，可以并处 500 元以下罚款：

(၃)။ အောက်ပါအပြုအမူတစ်ခုခုရှိ၍ ယဉ်ကျေးမှု၊ အားကစားစသည့် အခန်းအနား ကြီးမားသော လူထုပြုလှုပ်ရှားမှုစည်းကမ်းနှောင့်ယှက်ခြင်းကိုသတိပေးခြင်းနှင့် ဒဏ်ငွေယွမ် (၂၀၀) အောက်ရိုက်မည်၊ အခြေအနေဆိုးဝါးလျှင် (၁၀) ရက်အထက် (၁၅)ရက်အောက် ဖမ်းချုပ်ထားပြီး ဒဏ်ငွေယွမ်း(၅၀၀) အောက် ပူးတွဲရိုက်နိုင်သည်။

①强行进入场内的。

(က)။ ကွင်းနေရာအတွင်းသို့အတင်းအကျပ်ထိုးဝင်ခြင်း။

②违反规定，在场内燃放烟花爆竹或者其他物品的。

၂။ သတ်မှတ်ချက်ဖောက်ဖျက်၍ ကွင်းနေရာအတွင်းတွင်မီးရှူးမီးပန်းပစ်လွှတ်ခြင်း၊ ဗျောက်အိုးဖောက် ခြင်း သို့မဟုတ်အခြားပစ္စည်းများကိုပစ်လွှတ်ခြင်း။

③展示侮辱性标语、条幅等物品的。

(က)။ စော်ကားသဘောပါသောပိုစတာ၊ အလျားလိုက်စာတန်းရှည်စသည့် ပစ္စည်းများကို ပြသခြင်း။

④围攻裁判员、运动员或者其他工作人员的。

(ဃ)။ ဒိုင်လူကြီး၊ အားကစားသမား၊ သို့မဟုတ်အခြားဝန်ထမ်းများကို ဝိုင်းတိုက်ခြင်း။

⑤向场内投掷杂物，不听制止的。

(င)။ကွင်းအတွင်းသို့အမှိုက်များကိုပစ်ချပြီးတားဆီးရန်ငြင်းဆန်ခြင်း။

⑥扰乱大型群众性活动秩序的其他行为。

(စ)။ အခန်းအနားကြီးမားသော လူထုလှုပ်ရှားမှုအစီအစဉ်ကို အနှောင့်အယှက် ပြုလုပ်ပေးသော အခြား အပြုအမူရှိခြင်း။

⑦因扰乱体育比赛秩序被处以拘留处罚的，可以同时责令其 12 个月内不得进入体育场馆观看同类比赛；违反规定进入体育场馆的，强行带离现场。

(ဆ)။ အားကစားပြိုင်ပွဲစည်းကမ်းကို အနှောင့်အယှက်ပေးခြင်းဖြင့်ဖမ်းချုပ်ထားဒဏ် ခံရသူကို (၁၂)လ အတွင်းတွင်အားကစားကွင်းသို့ဝင်ရောက်၍ အမျိုးအစားတူပြိုင်ပွဲ ကြည့်ရှုခြင်း ခွင့်မပြုကြောင်းအား တစ်ချိန် တည်းအမိန့်ချနိုင်ပါသည်။

（4）有下列行为之一的，处 5 日以上 10 日以下拘留，可以并处 500 元以下罚款；情节较轻的，处 5 日以下拘留或者 500 元以下罚款：

(၄)။ အောက်ပါအပြုအမူတစ်ခုခုရှိလျှင် (၅) ရက်အထက် (၁၀) ရက်အောက် ဖမ်းချုပ်ထားပြီး ဒဏ်ငွေ ယွမ်(၅၀၀)အောက်ရိုက်နိုင်သည်။ အခြေအနေဆိုးဝါးခြင်းမရှိလျှင် (၅) ရက်အောက် ဖမ်းချုပ်ထားခြင်းနှင့် ဒဏ်ငွေယွမ်(၅၀၀)အောက်ရိုက်နိုင်သည်။

①散布谣言，谎报险情、疫情、警情或者以其他方式故意扰乱公共秩序的。

(က)။ ကောလာဟလသတင်းဖြန့်ဝေခြင်း၊ ဘေးအန္တရာယ်များသောအခြေအနေ၊ ကပ်ရောဂါဖြစ်ပွားမှု အခြေအနေနှင့် သတိပေးချက်အခြေအနေကို လိမ်လည် ပြောဆိုခြင်းသို့မဟုတ် အခြားနည်းလမ်းဖြင့် အများ ပြည်သူစုည်းကမ်းကို တမင်သက်သက်အနှောင့်အယှက်ပေးခြင်း။

②投放虚假的爆炸性、毒害性、放射性、腐蚀性物质或者传染病病原体等危险物质扰乱公共秩序的。

(ခ)။ အဖြစ်မှန်နှင့်မကိုက်ညီသော ပေါက်ကွဲသတ္တု၊ အဆိပ်အတောက်သတ္တု၊ ရေဒီယိုသတ္တု၊ လိုက်စား ဖျက်ဆီးသတ္တု၊ သို့မဟုတ်ကူးစက်တတ်ရောဂါဖြစ်စေသော အရာဝတ္ထုစသည့် အန္တရာယ်ပစ္စည်းများကို ပစ်ချ ခြင်းဖြင့်အများပြည်သူစုည်းကမ်းကို အနှောင့်အယှက်ပေးခြင်း။

③扬言实施放火、爆炸、投放危险物质等扰乱公共秩序的。

(ဂ)။ မီးရှို့ခြင်း၊ ပေါက်ကွဲခြင်း၊ အန္တရာယ်ပစ္စည်းများပစ်ချခြင်းပြုလုပ်မည်ဟု ခြိမ်းခြောက် ပြောဆိုခြင်း ဖြင့် အများပြည်သူစုည်းကမ်းကိုအနှောင့်အယှက်ပေးခြင်း။

（5）有下列行为之一的，处5日以上10日以下的拘留，可以并处500元以下罚款；情节 较重的，处10日以上15日以下拘留，可以并处1000元以下罚款：

(၅)။ အောက်ပါအပြုအမူတစ်ခုခုရှိလျှင် (၅) ရက်အထက် (၁၀) ရက်အောက် ဖမ်းချုပ်ထားပြီး ဒဏ်ငွေ ယွမ်(၅၀၀)အောက်ရိုက်နိုင်သည်၊ အခြေအနေဆိုးဝါးလျှင် (၁၀)ရက်အထက်(၁၅)ရက်အောက် ဖမ်းချုပ်ထား ခြင်းနှင့် ဒဏ်ငွေယွမ်(၁၀၀၀)အောက် ရိုက်နိုင်သည်။

①结伙斗殴的。

(က)။လူသူများဖွဲ့စုည်း၍ရန်ဖြစ်ခြင်း။

②追逐、拦截他人的。

(ခ)။ သူတစ်ပါးကိုလိုက်ခြင်း၊ ကြားဖြတ်တားဆီးခြင်း။

③强拿硬要或者故意损毁、占用公私财物的。

(ဂ)။ အတင်းအဓမ္မယူခြင်း၊ သို့မဟုတ်အများပိုင်ပစ္စည်း၊ ပုဂ္ဂလိကပစ္စည်းများကို ဖျက်ဆီးခြင်း။

သိမ်းပိုက်၍အသုံးပြုခြင်း။

④其他寻衅滋事行为。

(ဃ)။ အခြားသောတမင်သက်သက်ရန်စခြင်း။

（6）有下列行为之一的，处 10 日以上 15 日以下拘留，可以并处 1000 元以下罚款；情节较轻的，处 5 日以上 10 日以下拘留，可以并处 500 元以下罚款：

(၆)။ အောက်ပါအပြုအမူတစ်ခုခုရှိလျှင် (၁၀) ရက်အထက် (၁၅) ရက်အောက် ဖမ်းချုပ်ထားပြီး ဒဏ်ငွေ ယွမ်(၁၀၀၀)အောက်ရိုက်နိုင်သည်။ အခြေအနေဆိုးဝါးခြင်း မရှိလျှင် (၅) ရက်အထက်(၁၀)ရက်အောက် ဖမ်းချုပ်ထားခြင်းနှင့်ဒဏ်ငွေယွမ်(၅၀၀)အောက် ရိုက်နိုင်သည်။

①组织、教唆、胁迫、诱骗、煽动他人从事邪教、会道门活动或者利用邪教、会道门、迷信活动，扰乱社会秩序、损害他人身体健康的。

(က)။ ဂိုဏ်းဆိုးများ၊ ပဒေသရာဇ်အယူသည်းဂိုဏ်းများနှင့်လျှို့ဝှက်သောအသင်းများ ကျင်းပသော လှုပ်ရှားမှုတွင်ပါဝင်ရန်သူများကို ဖွဲ့စည်းခြင်း၊ ဖြစ်မှုကျူးလွန်စေရန်တိုက်တွန်း လှုံ့ဆော်ခြင်း၊ ခြိမ်းခြောက် အကျပ်ကိုင်ခြင်း၊ ဖြားယောင်းသွေးဆောင် လိမ်လည် လှည့်ဖြားခြင်း၊ သွေးထိုးခြင်း သို့မဟုတ် ဂိုဏ်းဆိုးများ၊ ပဒေသရာဇ်အယူသည်းဂိုဏ်း များနှင့်လျှို့ဝှက်သောအသင်းများ၊ အယူသည်းမှုလှုပ်ရှားမှုကို အသုံးပြု၍ အများပြည်သူ စည်းကမ်းကို အနှောင့်အယှက်ပေးခြင်းနှင့် သူတပါးကိုယ်ခန္ဓာ ကျန်းမားရေးကို ထိခိုက် ဖျက်ဆီးခြင်း။

②冒用宗教、气功等活动名义进行扰乱社会秩序、损害他人身体健康的。

(ခ)။ သာသနာရေး၊ အသက်ရှူလေ့ကျင့်ခန်းဟူသောအမည်ဖြင့် အများပြည်သူ စည်းကမ်းကို အနှောင့်အယှက်ပေးခြင်းနှင့် သူတပါးကိုယ်ခန္ဓာ ကျန်းမားရေးကို ထိခိုက်ဖျက်ဆီးရန် ပြုလုပ်ခြင်း။

（7）违反国家规定，故意干扰无线电业务正常进行的，或者对正常运行的无线电台（站）产生有害干扰，经有关主管部门指出后，拒不采取有效措施消除的，处 5 日以上 10 日以下拘留；情节严重的，处 10 日以上 15 日以下拘留。

(၇)။ နိုင်ငံတော်၏စည်းမျဉ်းများကို ဖောက်ဖျက်၍ ရေဒီယိုလုပ်ငန်းကို အခြေမှန်လည်ပတ်ခြင်းအား တမင်သက်သက်အနှောင့်အယှက်ပေးခြင်း၊ သို့မဟုတ် မှန်ကန်အောင်လည်ပတ်နေသော ရေဒီယိုလုပ်ငန်း ဌာနကို ဆိုးကျိုးဖြစ်စေတတ်သော အနှောင့်အယှက်ပေးခြင်း၊ သက်ဆိုင်ရာဌာနကထောက်ပြပြီးနောက် သက်ရောက်မှုရှိသည့် နည်းလမ်းဖြင့်ဖယ်ရှားပစ်ခြင်းကို ငြင်းပယ်လျှင် (၅) ရက်အထက် (၁၀) ရက်အောက် ဖမ်းချုပ်ထားပြီး အခြေအနေဆိုးဝါးလျှင် (၁၀) ရက်အထက် (၁၅) ရက်အောက် ဖမ်းချုပ်ထားခြင်းဒဏ်ပေး ကြသည်။

（8）有下列行为之一的，处 5 日以下拘留；情节较重的，处 5 日以上 10 日以下拘留：

(၈)။ အောက်ပါအပြုအမူတစ်ခုခုရှိလျှင် (၅) ရက်အထက် ဖမ်းချုပ်ထားပြီး အခြေအနေဆိုးဝါးလျှင် (၅) ရက်အထက်(၁၀)ရက်အောက် ဖမ်းချုပ်ထားခြင်းနှင့် ဒဏ်ပေးသည်။

①违反国家规定，侵入计算机信息系统，造成危害的。

(က)။ နိုင်ငံတော်စည်းမျဉ်းများကိုဖောက်ဖျက်၍ကွန်ပျူတာသတင်းစနစ်သို့ ဝင်ရောက်ပြီးဘေးအန္တရာယ် ဖြစ်စေခဲ့ခြင်း။

②违反国家规定，对计算机信息系统功能进行删除、修改、增加、干扰，造成计算机信息系统不能正常运行的。

(ခ)။ နိုင်ငံတော်စည်းမျဉ်းများကိုဖောက်ဖျက်၍ကွန်ပျူတာသတင်းစနစ်၏ အစွမ်းသတ္တိကို ဖျက်ပစ်ခြင်း၊ ပြုပြင်ခြင်း၊ တိုးဖြည့်ခြင်း၊ အနှောင့်အယှက် ပေးခြင်းများကို ပြုလုပ်၍ကွန်ပျူအခြေမှန်လည်ပတ်ခြင်းကိုဖျက် စေခြင်း။

③违反国家规定，对计算机信息系统中存储、处理、传输的数据和应用程序进行删除、修改、增加的。

(ဂ)။ နိုင်ငံတော်စည်းမျဉ်းများကိုဖောက်ဖျက်ကျူးကျော်၍ကွန်ပျူတာသတင်းစနစ်ထဲ တွင်စုဆောင်းသို လှောင်ခြင်း၊ ပြုလုပ်ဆောင်ရွက်ခြင်း၊ ပို့လွှတ်ခြင်းတို့၏ကိန်းဂဏန်း အချက် အလက်နှင့်အသုံးပြုရန်နည်းစဉ် ကို ဖျက်ပစ်ခြင်း၊ ပြုပြင်ခြင်း၊ တိုးဖြည့်ခြင်းပြုလုပ် ဆောင်ရွက်ခြင်း။

④故意制作、传播计算机病毒等破坏性程序，影响计算机信息系统正常运行的。

(ဃ)။ ကွန်ပျူတာဗိုင်းရပ်စ်သည့်ဖျက်ဆီးသတ္တိရှိသောနည်းစဉ်ကို တမင်သက်သက် ထုတ်လုပ်ခြင်း၊ ဖြန့်ဝေခြင်းပြုလုပ်၍ ကွန်ပျူတာသတင်းစနစ်ကို အခြေမှန် လည်ပတ်ခြင်းကိုထိခိုက်စေခြင်း။

五、哪些属于妨害公共安全的行为？对应的处罚是什么？

၅။ မည်သည့်အပြုအမူသည် အများပြည်သူလူထုလုံခြုံရေးထိခိုက်သော အပြု အမူဖြစ်သည်နည်း၊ သက်ဆိုင်ရာပြစ်ဒဏ်ဘာများရှိသလဲ။

（1）违反国家规定，制造、买卖、储存、运输、邮寄、携带、使用、提供、处置爆炸性、毒害性、放射性、腐蚀性物质或者传染病病原体等危险物质的，处 10 日以上 15 日以下拘留；情节较轻的，处 5 日以上 10 日以下拘留。

(၁)။ နိုင်ငံတော်စည်းမျဉ်းများကိုဖောက်ဖျက်၍ ပေါက်ကွဲသတ္တိရှိပစ္စည်း၊ အဆိပ် အတောက်သတ္တိရှိ ပစ္စည်း၊ ရေဒီယိုသတ္တိရှိပစ္စည်း၊ လှိုက်စားဖျက်ဆီးသတ္တိရှိပစ္စည်း၊ သို့မဟုတ် ကူးစက်တတ်ရောဂါဖြစ်စေသော အရာဝတ္ထုစသည့် အန္တရာယ်ပစ္စည်းများကို ထုတ်လုပ်ခြင်း၊ ရောင်းဝယ်ခြင်း၊ သိုလှောင်ခြင်း၊ သယ်ယူပို့ဆောင် ခြင်း၊ စာတိုက်မှ တစ်ဆင့်ပို့ခြင်း၊ ကိုင်ဆောင်ခြင်း၊ အသုံးပြုခြင်း၊ ထောက်ပံ့ခြင်း၊ စီမံခြင်းတို့ပြုလုပ်လျှင် (၁၀) ရက်အထက် (၁၅)ရက်အောက်ဖမ်းချုပ်ထားခြင်းဒဏ်ပေးသည်။ အခြေအနေ ဆိုးဝါးခြင်း မရှိပါက (၅)ရက် အထက် (၁၀) ရက်အောက်ဖမ်းချုပ်ထားခြင်းဒဏ်ပေးသည်။

（2）爆炸性、毒害性、放射性、腐蚀性物质或者传染病病原体等危险物质被盗、被抢或者丢失，未按规定报告的，处 5 日以下拘留；故意隐瞒不报的，处 5 日以上 10 日以下拘留。

(၂)။ ပေါက်ကွဲသတ္တိရှိပစ္စည်း၊ အဆိပ်အတောက်သတ္တိရှိပစ္စည်း၊ ရေဒီယိုသတ္တိရှိပစ္စည်း၊ လှိုက်စားဖျက်ဆီး သတ္တိရှိပစ္စည်းများကို အခိုးခံခြင်း၊ လုယူခံခြင်း သို့မဟုတ်ပျောက်ဆုံးခြင်း ရှိ၍ သတ်မှတ်ချက်အရသတင်းပို့ ရန်မပြုလုပ်ပါက (၅) ရက်အောက်ဖမ်းချုပ်ထားခြင်း ဒဏ်ပေးသည်၊ တမင်သက်သက်ဖုံးကွယ်ထိမ်ချန်ထား၍ သတင်းပို့ခြင်းမပြုလုပ်ပါက (၅)ရက်အထက် (၁၀)ရက်အောက်ဖမ်းချုပ်ထားခြင်းဒဏ်ပေးသည်။

（3）非法携带枪支、弹药或者弩、匕首等国家规定的管制器具的，处 5 日以下拘留，可以并处 500 元以下罚款；情节较轻的，处警告或者 200 元以下罚款。

非法携带枪支、弹药或者弩、匕首等国家规定的管制器具进入公共场所或者公共交通工具的，处 5 日以上 10 日以下拘留，可以并处 500 元以下罚款。

(၃)။ နိုင်ငံတော်သတ်မှတ်ထားသော ထိန်းချုပ်ရန်ကိရိယာ ဖြစ်သည့်သေနတ်၊ ခဲယမ်း၊ မီးကျောက်၊ သို့မဟုတ်ဒူးလေး၊ ဓါးမြှောင်စသည်များကို တရားမဝင်ကိုင်ဆောင်ပါက (၅) ရက်အောက်ဖမ်းချုပ်ထားခြင်းဒဏ်ပေးပြီးဒဏ်ငွေယွမ် (၅၀၀) အောက်ကို ရိုက်မည်။ အခြေအနေဆိုးဝါးခြင်းမရှိပါက သတိပေးခြင်းသို့မဟုတ်ဒဏ်ငွေ ယွမ်(၂၀၀)အောက် ရိုက်မည်။ နိုင်ငံတော်သတ်မှတ်ထားသောထိန်းချုပ်ရန်ကိရိယာဖြစ် သည့်သေနတ်၊ ခဲယမ်း၊ မီးကျောက်၊ သို့မဟုတ်ဒူးလေး၊ ဓါးမြှောင်စသည်တွေကို တရားမဝင်ကိုင်ဆောင်၍ အများပြည်သူလူထုသွားလာဝင်ထွက်ရာနေရာသို့ ဝင်ရောက်ခြင်း၊ သို့မဟုတ် အများပြည်သူလူထုစီးပို့ဆောင် ဆက်သွယ်ရေးကိရိယာထဲသို့ ဝင်ရောက်ခြင်း ပြုလုပ် ပါက (၅)ရက်အထက် (၁၀)ရက်အောက်ဖမ်းချုပ်ထား ပြီး ဒဏ်ငွေယွမ် (၅၀၀) အောက်ကို ပူးတွဲရိုက်မည်။

（4）有下列行为之一的，处 10 日以上 15 日以下拘留：

(၄)။ အောက်ပါအပြုအမူတစ်ခုခုရှိလျှင် (၁၀) ရက်အထက် (၁၅) ရက်အောက်ဖမ်းချုပ် ထားခြင်း ဒဏ်ပေးသည်။

①盗窃、损毁油气管道设施、电力电信设施、广播电视设施、水利防汛工程设施或者水文监测、测量、气象测报、环境监测、地质监测、地震监测等公共设施的。

(က)။ ရေနံနှင့် သဘာဝဓါတ်ငွေ့ပိုက်လိုင်းအဆောက်အအုံ၊ လျှပ်စစ်အင်အား၊ ကြေးနန်းဆက်သွယ် ရေးအဆောက်အအုံ၊ အသံလွှင့်နှင့် ရုပ်မြင်သံကြားအဆောက် အအုံ၊ ဆည်မြှောင်းတာတမံနှင့်ရေလျှံမှု ကာကွယ်ရေးလုပ်ငန်း အဆောက်အအုံ၊ သို့မဟုတ်ဇလဗေဒဆိုင်ရာ အခြင်းအရာကြီးကြပ်တိုင်းတာရေး၊ မိုးလေဝသ တိုင်းတာရေးသတင်း၊ ပတ်ဝန်းကျင်ကြီးကြပ်ရေး၊ ဘူမိအခြေအနေကြီးကြပ် တိုင်းတားရေး၊ မြေ လျှင်လှုပ်ရှားခြင်းကြီးကြပ်တိုင်တာရေးစသည့် အများပိုင် အဆောက်အအုံကိုခိုးယူခြင်း၊ ဖျက်ဆီးခြင်း။

②移动、损毁国家边境的界碑、界桩以及其他边境标志、边境设施或者领土、领海标志设

施的。

(ခ)။ နိုင်ငံတော်နယ်ခြားကျောက်တိုင်၊ နယ်နိမိတ်မှတ်တိုင်နှင့် အခြားနယ်စပ် အမှတ်အသား၊ နယ်စပ် အဆောက်အအုံ သို့မဟုတ်နယ်မြေပိုင်နက်၊ ပင်လယ်ပြင် ပိုင်နက်အမှတ်အသားနှင့်အဆောက်အအုံတို့ကို ရွှေ့ပြောင်းခြင်း၊ ဖျက်ဆီးခြင်း။

③非法进行影响国（边）界线走向的活动或者修建有碍国（边）境管理的设施的。

(ဂ)။ နိုင်ငံတော်နယ်နိမိတ်(နယ်စပ်)မျဉ်းကြောင်းတန်း၍နေပုံ ထိခိုက်စေသောလှုပ်ရှားမှု ပြုလုပ်ခြင်း သို့မဟုတ်နယ်စပ်စီမံခန့်ခွဲအုပ်ချုပ်ရန် အတားအဆီးဖြစ်စေတတ်သော အဆောက်အအုံတည်ဆောက်ခြင်း။

（5）盗窃、损坏、擅自移动使用中的航空设施，或者强行进入航空器驾驶舱的，处 10 日以上 15 日以下拘留。

(၅)။ အသုံးပြုနေဆဲလေကြောင်းအဆောက်အအုံကို ခိုးယူခြင်း၊ ဖျက်ဆီးခြင်း၊ ကိုယ့်သဘောဖြင့် ရွှေ့ပြောင်းခြင်း၊ သို့မဟုတ်လေကြောင်းသွားလာရေးကိရိယာ မောင်းနှင်ခန်းသို့ အတင်းဝင်ရောက်ခြင်းတို့ကို ပြုလုပ်ပါက (၁၀)ရက်အထက် (၁၅) ရက်အောက်ဖမ်းချုပ်ထားခြင်းပြစ်ဒဏ်ပေးသည်။

在使用中的航空器上使用可能影响导航系统正常功能的器具、工具，不听劝阻的，处 5 日以下拘留或者 500 元以下罚款。

အသုံးပြုနေဆဲ လေကြောင်းကိရိယာတွင် လေကြောင်းပြစနစ်အခြေမှန် လည်ပတ်ခြင်းကို ထိခိုက်စေ တတ်သောစက်ကိရိယာ၊ ကိရိယာကိုသုံးပြု၍ ဖျောင်းဖျ ကံမြစ်ခြင်း ကိုမလိုက်နာလျှင် (၅) ရက်အောက် ဖမ်းချုပ်ထားခြင်းနှင့် ဒဏ်ငွေယွမ် (၅၀၀)အောက် ရိုက်သည်။

（6）有下列行为之一的，处 5 日以上 10 日以下拘留，可以并处 500 元以下罚款；情节较轻的，处 5 日以下拘留或者 500 元以下罚款：

(၅)။ အောက်ပါအပြုအမူတစ်ခုခုရှိလျှင် (၅) ရက်အထက် ဖမ်းချုပ်ထားပြီး ဒဏ်ငွေ ယွမ်(၅၀၀)အောက် ပူးတွဲရိုက်နိုင်သည်၊ အခြေအနေဆိုးဝါးခြင်းမရှိလျှင် (၅)ရက်အောက် ဖမ်းချုပ်ထားခြင်း၊ သို့မဟုတ်ဒဏ်ငွေ ယွမ်(၅၀၀)အောက်ရိုက်သည်။

①盗窃、损毁或者擅自移动铁路设施、设备、机车车辆配件或者安全标志的。

(က)။　မီးရထားအဆောက်အအုံ၊ တပ်ဆင်မှုပစ္စည်း၊ မီးရထားအပိုပစ္စည်း၊ သို့မဟုတ် လုံခြုံရေးဆိုင်ရာ အမှတ်အသားများကို ခိုးယူခြင်း၊ ဖျက်ဆီးခြင်း၊ ကိုယ့်သဘောဖြင့် ရွှေ့ပြောင်းခြင်း။

②在铁路线路上放置障碍物，或者故意向列车投掷物品的。

(ခ)။　မီးရထားလမ်းပေါ်မှာအတားအဆီးပစ္စည်းထားခြင်း၊ သို့မဟုတ်မီးရထားသို့ ပစ္စည်းအရာဝတ္ထုပစ် လွှတ်ခြင်း။

③在铁路线路、桥梁、涵洞处挖掘坑穴、采石取沙的。

(ဂ)။　မီးရထားလမ်းကြောင်း၊ တံတား၊ ပေါင်းကူးရေလွှဲပေါက်တည်ရှိရာနေရာတွင် လိုဏ်ခေါင်းတူးခြင်း၊ ကျောက်ခဲထုတ်ယူခြင်းနှင့်သဲကိုတူးယူခြင်း။

④在铁路线路上私设道口或者平交过道的。

(ဃ)။　မီးရထားလမ်းကြောင်းတွင်ကိုယ့်သဘောဖြင့် ပေါက်လမ်းပြုလုပ်ခြင်းသို့မဟုတ် ကြက်ခြေခတ် လမ်းပြုလုပ်ခြင်း.

（7）擅自进入铁路防护网或者火车来临时在铁路线路上行走坐卧、抢越铁路，影响行车安全的，处警告或者 200 元以下罚款。

(၇)။　မီးရထားလမ်းကာကွယ်ရန် ပိုက်ကွန်ထဲတွင် ကိုယ့်သဘောဖြင့်ဝင်ရောက်ခြင်း၊ သို့မဟုတ်မီးရထား လာရောက်သည့်အချိန်တွင် မီးရထားလမ်းပေါ်တွင်လမ်းလျှောက်ခြင်း၊ ထိုင်ခြင်း၊ လဲလျောင်းခြင်း၊ ဦးစွာဖြတ် ကျော်ခြင်းပြု၍ မီးရထားလုံခြုံအောင်သွားလာခြင်းကို ထိခိုက်လျှင် သတိပေးခြင်းသို့မဟုတ်ဒဏ်ငွေ(၂၀၀) အောက်ရိုက်မည်။

（8）有下列行为之一的，处 5 日以下拘留或者 500 元以下罚款；情节严重的，处 5 日以上 10 日以下拘留，可以并处 500 元以下罚款：

(၈)။　အောက်ပါအပြုအမူတစ်ခုခုရှိလျှင် (၅) ရက်အောက်ဖမ်းချုပ်ထားခြင်း၊ သို့မဟုတ် ဒဏ်ငွေယွမ်(၅၀၀)အောက်ရိုက်သည်၊ အခြေအနေဆိုးဝါးခြင်းရှိလျှင် (၅)ရက်အထက် (၁၀)ရက်အောက် ဖမ်းချုပ်ထားပြီး

ဒဏ်ငွေယွမ်(၅၀၀)အောက်ပူးတွဲရှိက်နိုင်သည်။

①未经批准，安装、使用电网的，或者安装、使用电网不符合安全规定的。

(က)။ အတည်ပြုခြင်းမရဘဲနှင့်လျှပ်စစ်ပိုက်လိုင်းကို တပ်ဆင်ခြင်းနှင့်အသုံးပြုခြင်း၊ သို့မဟုတ် လျှပ်စစ် ပိုက်လိုင်းတပ်ဆင်ခြင်းနှင့် အသုံးပြုခြင်းကလုံခြုံရေးသတ်မှတ် ထားသော အချက်များနှင့်မကိုက်ညီခြင်း။

②在车辆、行人通行的地方施工，对沟井坎穴不设覆盖物、防围和警示标志的，或者故意损毁、移动覆盖物、防围和警示标志的。

(ခ)။ယာဉ်များနှင့်လမ်းသွားလမ်းလာများဖြတ်သန်းသွားလာသောနေရာတွင်ဆောက်လုပ်ရေးလုပ် သည့်အချိန်တွင်မြောင်းများ၊ တွင်းများ၊ မြေအထစ်များ၊ ဂူများကို အဖုံးစရာများ၊ အကာများ၊ သတိပေး အမှတ်အသားများ မပြုလုပ်ထားခြင်း၊ သို့မဟုတ်အဖုံးစရာပစ္စည်း၊ အကာနှင့်သတိပေးအမှတ် အသားများကို တမင်သက်သက်ဖျက်ဆီးခြင်း၊ ရွှေ့ပြောင်းခြင်း။

③盗窃、损毁路面井盖、照明等公共设施的。

(ဂ)။ လမ်းပေါ် ရှိအတွင်းအဖုံး၊ အလင်းပေးလမ်းမီးစသည့်အများပိုင်အဆောက် အအုံတို့ကို ခိုးယူခြင်း၊ ဖျက်ဆီးခြင်း။

六、哪些属于侵犯人身、财产权利的行为？相应的处罚是什么？

၆။ မည်သည့်အပြုအမူသည် လူ့ကိုယ်ခန္ဓာနှင့်ပစ္စည်းဥစ္စာအခွင့်အရေးကိုကျူးကျော်ခြင်း ဖြစ်သလဲ။ သက်ဆိုင်ရာပြစ်ဒဏ်ပေးချက်မှာဘာလဲ။

（1）有下列行为之一的，处 10 日以上 15 日以下拘留，并处 500 元以上 1000 元以下罚款；情节较轻的，处 5 日以上 10 日以下拘留，并处 200 元以上 500 元以下罚款：

(၁)။ အောက်ပါအပြုအမူတစ်ခုခုရှိလျှင် (၁၀) ရက်အထက် (၁၅)ရက်အောက် ဖမ်းချုပ်ထားပြီး ဒဏ်ငွေ ယွမ် (၅၀၀) အထက် (၁၀၀၀) အောက်ပူးတွဲရှိက်နိုင်သည်၊ အခြေအနေဆိုးဝါးခြင်းမရှိလျှင် (၅)ရက်အထက် (၁၀)ရက်အောက် ဖမ်းချုပ်ထားပြီး ဒဏ်ငွေယွမ်(၂၀၀)အထက် (၅၀၀)အောက်ပူးတွဲရှိက်နိုင်သည်။

①组织、胁迫、诱骗不满 16 周岁的人或者残疾人进行恐怖、残忍表演的。

(က)။ အသက်(၁၆)နှစ်အောက်လူသူများ သို့မဟုတ်မသန်မစွမ်းသူများကို ဖွဲ့စည်းခြင်း၊ ခြိမ်းခြောက် အကျပ်ကိုင်ခြင်း၊ သွေးဆောင်လိမ်လည်လှည့်ဖြားခြင်းစသည့်နည်းဖြင့် ထိန်လန့်ချောက်ချားခြင်းနှင့်ရက်စက် ခြင်းဖြစ်သည့်ပြသမှုကိုပြုလုပ်ခြင်း။

②以暴力、威胁或者其他手段强迫他人劳动的。

(ခ)။ အကြမ်းဖက်အင်အားသုံးပြုခြင်းနှင့် ခြိမ်းခြောက်ခြင်းနည်းလမ်းဖြင့်သူတပါးကို အတင်းအဓမ္မ အကျပ်ကိုင်အလုပ်လုပ်ခိုင်းခြင်း။

③非法限制他人人身自由、非法侵入他人住宅或者非法搜查他人身体的。

(ဂ)။ သူတပါးပုဂ္ဂိုလ်ဆိုင်ရာလွတ်လပ်ခွင့်ကိုတရားမဝင်ကန့်သတ်ချုပ်ချယ်ထားခြင်း၊ သူတပါးအိမ်ရာသို့ တရားမဝင်ဝင်ရောက်ခြင်း သို့မဟုတ်သူတစ်ပါးကိုယ်ခန္ဓာကို တရားမဝင်စစ်ဆေးရှာဖွေခြင်း။

（2）胁迫、诱骗或者利用他人乞讨的，处 10 日以上 15 日以下拘留，可以并处 1000 元以下罚款。

(၂)။ သူတပါးကို ခြိမ်းခြောက်အကျပ်ကိုင်ခြင်း၊ သွေးဆောင်လိမ်လည်လှည့်ဖြားခြင်း သို့မဟုတ်သူတ ပါးကိုအသုံးပြုပြီးသူတောင်းစားအလုပ်လုပ်ခိုင်းလျှင် (၁၀)ရက်အထက် (၁၅)ရက်အောက်ဖမ်းချုပ်ထားပြီး ဒဏ်ငွေယွမ်(၁၀၀၀)အောက်ပူးတွဲရိုက်နိုင်သည်။

反复纠缠、强行讨要或者以其他滋扰他人的方式乞讨的，处 5 日以下拘留或者警告。

ထပ်ဖန်တလဲလဲတွယ်ကပ်နှောင့်ယှက်၍ပစ္စည်းဥစ္စာကို အတင်းအဓမ္မတောင်းခြင်း၊ သို့မဟုတ်အခြား နည်းလမ်းဖြင့် သူတပါးကို အနှောင့်အယှက်ပေး၍ ပစ္စည်းဥစ္စာ တောင်းခြင်းပြုလုပ်ပါက (၅)ရက်အောက် ဖမ်းချုပ်ထားခြင်း သို့မဟုတ်သတိပေး ဒဏ်ပေးသည်။

（3）有下列行为之一的，处 5 日以下拘留或者 500 元以下罚款；情节较重的，处 5 日以上 10 日以下拘留，可以并处 500 元以下罚款：

(၂)။ အောက်ပါအပြုအမူတစ်ခုခုရှိလျှင် (၅) ရက်အောက် ဖမ်းချုပ်ထားခြင်း၊ သို့မဟုတ် ဒဏ်ငွေယွမ် (၅၀၀) အောက်ရိုက်သည်၊ အခြေအနေဆိုးဝါးခြင်းရှိလျှင် (၅)ရက်အထက် (၁၀)ရက်အောက် ဖမ်းချုပ်ထားပြီး

ဒဏ်ငွေယွမ်(၅၀၀)အောက်ပူးတွဲရှိက်နိုင်သည်။

①写恐吓信或者以其他方式威胁他人人身安全的。

(က)။ ခြိမ်းခြောက်စာရေးပေးခြင်း သို့မဟုတ်အခြားနည်းလမ်းဖြင့် သူတပါးလူပုဂ္ဂိုလ် လုံခြုံမှုကို ခြိမ်းခြောက်ပေးခြင်း။

②公然侮辱他人或者捏造事实诽谤他人的。

(ခ)။ သူတပါးကိုပြောင်ပြောင်တင်းတင်းစော်ကားခြင်း၊ သို့မဟုတ်လုပ်ကြံဖြစ်ရပ် ဖန်တီးခြင်းဖြင့် သူတပါးကိုအသရေဖျက်ခြင်း။

③捏造事实诬告陷害他人，企图使他人受到刑事追究或者受到治安管理处罚的。

(ဂ)။ သူတပါးကိုရာဇဝတ်အရေးယူစေရန်၊ ငြိမ်ဝပ်ပိပြားမှုစီမံခန့်ခွဲအုပ်ချုပ်ရေး ဒဏ်ပေးခြင်းရစေရန်အတွက် ကြံစည်ပြီး လုပ်ကြံဖြစ်ရပ်ဖန်တီးခြင်းဖြင့် မဟုတ်မမှန် စွပ်စွဲခြင်းနှင့်ချောက်ချုလုပ်ကြံခြင်း။

④对证人及其近亲属进行威胁、侮辱、殴打或者打击报复的。

(ဃ)။ လူသက်သေနှင့်ဆွေမျိုးများကို ခြိမ်းခြောက်ခြင်း၊ စော်ကားခြင်း၊ ရိုက်ခတ်ခြင်း၊ သို့မဟုတ် ကလဲ့စားချေခြင်း။

⑤多次发送淫秽、侮辱、恐吓或者其他信息，干扰他人正常生活的。

(င)။ ညစ်ညမ်းသောအကြောင်း၊ စော်ကားသောအကြောင်း၊ ခြိမ်းခြောက်သော အကြောင်းများကို ကြိမ်ဖန်များစွာပို့ခြင်း သို့မဟုတ်အခြားသောသတင်းများပို့ခြင်းဖြင့် သူတပါးကို အနှောင့်အယှက်ပေးခြင်း။

⑥偷窥、偷拍、窃听、散布他人隐私的。

(စ)။ သူတပါး၏ လျှို့ဝှက်ထားသောပုဂ္ဂိုလ်ရေးရာအကြောင်းကိစ္စရပ်များကို ခိုးကြည့်ခြင်း၊ ဓါတ်ပုံခိုး ရိုက်ခြင်း၊ တိတ်တိတ်ခိုးနားထောင်ခြင်း၊ ဖြန့်လွှင့်ခြင်း။

（4）殴打他人的，或者故意伤害他人身体的，处5日以上10日以下拘留，并处200元以上500元以下罚款；情节较轻的，处5日以下拘留或者500元以下罚款。

(၄)။ သူတပါးကိုရိုက်နှက်ခြင်း၊ သို့မဟုတ်သူတပါးကိုယ်ခန္ဓာကို တမင်သက်သက် ထိခိုက်ခြင်းပြုလုပ်

လျှင် (၅) ရက်အထက် (၁၀)အောက် ဖမ်းချုပ်ထားခြင်း၊ ဒဏ်ငွေ ယွမ်(၂၀၀)အထက် (၅၀၀) အောက်ပူးတွဲ ရိုက်သည်။ အခြေအနေဆိုးဝါးခြင်းမရှိလျှင် (၅)ရက်အောက် ဖမ်းချုပ်ထားခြင်းသို့မဟုတ် ဒဏ်ငွေယွမ်(၅၀၀) အောက်ရိုက်သည်။

有下列情形之一的，处 10 日以上 15 日以下拘留，并处 500 元以上 1000 元以下罚款：

အောက်ပါအခြေအနေတစ်ခုခုရှိလျှင် (၁၀) ရက်အထက် (၁၅)ရက်အောက် ဖမ်းချုပ် ထားခြင်း၊ ဒဏ်ငွေ ယွမ်(၅၀၀)အထက် (၁၀၀၀) အောက်ပူးတွဲရိုက်သည်။

①结伙殴打、伤害他人的。

(က)။ အုပ်စုဖွဲ့၍သူတပါးကိုရိုက်နှက်ခြင်း၊ ထိခိုက်ခြင်း။

②殴打、伤害残疾人、孕妇、不满 14 周岁的人或者 60 周岁以上的人的。

(ခ)။ မသန်မစွမ်းသူ၊ ကိုယ်ဝန်ဆောင်သူ၊ အသက်(၁၄)နှစ်အောက်လူငယ် သို့မဟုတ် အသက် (၆၀) အထက်ရှိလူများကို ရိုက်နှက်ခြင်း၊ ထိခိုက်ခြင်း။

③多次殴打、伤害他人或者一次殴打、伤害多人的。

(ဂ)။ သူတပါးကို ကြိမ်ဖန်များစွာရိုက်နှက်ခြင်း၊ ထိခိုက်ခြင်း၊ သို့မဟုတ် တစ်ကြိမ်တည်းလူ့အများအပြား ရိုက်နှက်ခြင်း၊ ထိခိုက်ခြင်း။

（5）猥亵他人的，或者在公共场所故意裸露身体，情节恶劣的，处 5 日以上 10 日以下拘留；猥亵智力残疾人、精神病人、不满 14 周岁的人或者有其他严重情节的，处 10 日以上 15 日以下拘留。

(၅)။ သူတပါးကိုမဖွယ်မရာပြုလုပ်ခြင်း၊ သို့မဟုတ်အများပြည်သူနေရာတွင် ကိုယ်လုံးကို တမင် သက်သက်ဝတ်လစ်စားလစ်ပြုလုပ်ခြင်း၊ အခြေအနေဆိုးဝါးပါက(၅)ရက်အထက်(၁၀)ရက်အောက်ဖမ်းချုပ် ထားမည်။ မသန်မစွမ်းသူ၊ စိတ်ရောဂါလူနာ၊အသက်(၁၄)နှစ်အောက်လူငယ်တို့ကို မဖွယ်မရာပြုလုပ်ခြင်း၊ သို့မဟုတ် အခြားအခြေအနေဆိုးဝါးခြင်းရှိလျှင် (၁၀)ရက်အထက်(၁၅)ရက်အောက်ဖမ်းချုပ်ထားခြင်း ဒဏ်ပေးမည်။

（6）有下列行为之一的，处 5 日以下拘留或者警告：

(၆)။ အောက်ပါအခြေအနေတစ်ခုခုရှိလျှင် (၅)ရက်အောက်ဖမ်းချုပ်ထားခြင်း သို့မဟုတ်သတိပေးခြင်း ဒဏ်ပေးသည်။

①虐待家庭成员，被虐待人要求处理的。

(က)။ မိသားစုဝင်ကို နှိပ်စက်ခြင်း၊ ၎င်းကိုအရေးယူရန်နှိပ်စက်ခံရသူတောင်းပန်ခြင်း။

②遗弃没有独立生活能力的被扶养人的。

(ခ)။ အမှီအခိုမရှိနေထိုင်လို့မရနိုင်သောပြုစုကျွေးမွေးခံရသူကို စွန့်လွတ်ခြင်း။

（7）强买强卖商品，强迫他人提供服务或者强迫他人接受服务的，处 5 日以上 10 日以下拘留，并处 200 元以上 500 元以下罚款；情节较轻的，处 5 日以下拘留或者 500 元以下罚款。

(၇)။ အတင်းအဓမ္မအရောင်းအဝယ်ပြုလုပ်ခြင်း၊ သူတပါးကို ဝန်ဆောင်မှုပေးရန် အတင်းအဓမ္မခိုင်းစေ ခြင်း၊ သို့မဟုတ်သူတပါးကို ဝန်ဆောင်မှုလက်ခံရန်အတင်းအဓမ္မ ခိုင်းစေခြင်းတို့ပြုလုပ်ပါက (၅) ရက်အထက် (၁၀) ရက်အောက်ဖမ်းချုပ်ထားပြီး ဒဏ်ငွေယွမ် (၂၀၀) အထက် (၅၀၀) အောက်ပူးတွဲရိုက်သည်၊ အခြေအနေ ဆိုးဝါးခြင်းမရှိလျှင် (၅) ရက်အောက်ဖမ်းချုပ်ထားခြင်းသို့မဟုတ်ဒဏ်ငွေယွမ်(၅၀၀)အောက်ရိုက်မည်။

（8）煽动民族仇恨、民族歧视，或者在出版物、计算机信息网络中刊载民族歧视、侮辱内容的，处 10 日以上 15 日以下拘留，可以并处 1000 元以下罚款。

(၈)။ လူမျိုးရန်ပြီးပြုခြင်းနှင့်လူမျိုးအတန်းအစားခွဲခြားခြင်းတို့ကို သွေးထိုးလှုံ့ဆိုခြင်း၊ သို့မဟုတ်ထုတ် ဝေသောစာစောင်တွင်၊ ကွန်ပျူတာသတင်းအွန်လိုင်တွင် လူမျိုးရန်ပြီး ပြုခြင်းနှင့် လူမျိုးအတန်းအစားခွဲခြား ခြင်းနှင့်သက်ဆိုင်သော အချက်အလက်ကို ထည့်သွင်း ဖော်ပြခြင်း ပြုလုပ်ပါက (၁၀)ရက်အထက်(၁၅)ရက် အောက်ဖမ်းချုပ်ထားပြီး ဒဏ်ငွေယွမ် (၁၀၀၀)အောက် ပူးတွဲရိုက်နိုင်သည်။

（9）冒领、隐匿、毁弃、私自开拆或者非法检查他人邮件的，处 5 日以下拘留或者 500 元以下罚款。

(၉)။ သူတပါး၏ချောထုတ်ကို သူများအမည်ဖြင့်ထုတ်ယူခြင်း၊ ပုန်းအောင်း ကွယ်ဝှက်ခြင်း၊ ဖျက်ဆီး

ခြင်း၊ ကိုယ့်သဘောဖြင့်ဖွင့်ကြည့်ခြင်း၊ သို့မဟုတ်တရားမဝင် စစ်ဆေးခြင်းတို့ပြုလုပ်ပါက (၅)ရက်အောက် ဖမ်းချုပ်ထားခြင်းသို့ မဟုတ်ဒဏ်ငွေ ယွမ်(၅၀၀)အောက်ရိုက်ရမည်။

（10）盗窃、诈骗、哄抢、抢夺、敲诈勒索或者故意损毁公私财物的，处 5 日以上 10 日以下拘留，可以并处 500 元以下罚款；情节较重的，处 10 日以上 15 日以下拘留，可以并处 1000 元以下罚款。

(၁၀)။ အများပိုင်ပစ္စည်းဥစ္စာနှင့်ပုဂ္ဂလိကပစ္စည်းဥစ္စာကို ခိုးယူခြင်း၊ လိမ်လည် လှည့်ဖြားခြင်း၊ လူများ တစ်ချိန်တည်းလုယူခြင်းလုယက်ခြင်း၊ ခြိမ်းခြောက်၍ညှစ်ယူခြင်း၊ သို့မဟုတ် တမင်သက်သက်ဖျက်ဆီး ခြင်းပြုလုပ်လျှင် (၅)ရက်အထက် (၁၀)ရက်အောက် ဖမ်းချုပ်ထားပြီးဒဏ်ငွေယွမ်(၅၀၀)အောက်ပူးတွဲရိုက် နိုင်သည်။ အခြေအနေခပ်နည်းနည်း ဆိုးဝါးလျှင်(၁၀)ရက်အထက်(၁၅)ရက်အောက်ဖမ်းချုပ်ထားပြီးဒဏ်ငွေ ယွမ်(၁၀၀၀)အောက်ပူးတွဲရိုက်နိုင်သည်။

七、哪些属于妨害社会管理的行为？对应的处罚是什么？

၇။ မည်သည့်အပြုအမူများသည် လူမှုရေးစီမံခန့်ခွဲအုပ်ချုပ်ရေးအတွက် အတားအဆီးဖြစ်ပြီး သက်ဆိုင် သော ပြစ်ဒဏ်ပေးခြင်းမှာဘာများလဲ။

（1）有下列行为之一的，处警告或者 200 元以下罚款；情节严重的，处 5 日以上 10 日以下拘留，可以并处 500 元以下罚款：

(၁)။ အောက်ပါအပြုအမူတစ်ခုခုရှိလျှင် သတိပေးခြင်းသို့မဟုတ်ဒဏ်ငွေယွမ် (၂၀၀)အောက် ရိုက်မည်၊ အခြေအနေဆိုးဝါးပါက (၅)ရက်အထက်(၁၀)အောက် ဖမ်းချုပ်ထားပြီး ဒဏ်ငွေ ယွမ် (၅၀၀)အောက်ပူးတွဲရိုက် နိုင်သည်။

①拒不执行人民政府在紧急状态情况下依法发布的决定、命令的。

(က)။ အရေးပေါ်အခြေအနေအောက်တွင်ပြည်သူ့အစိုးရမှတရားဥပဒေအရ ထုတ်ပြန်သော ဆုံးဖြတ်ချက်နှင့်အမိန့်ကိုငြင်းပယ်၍အကောင်အထည်ဖော်ဆောင်ရွက်ခြင်းမပြုလုပ်ခြင်း။

②阻碍国家机关工作人员依法执行职务的。

(ခ)။ နိုင်ငံတော်ရုံးဌာနမှဝန်ထမ်းများတရားဥပဒေအရ အလုပ်တာဝန်ဆောင်ရွက်ခြင်းကို တားဆီးခြင်း။

③阻碍执行紧急任务的消防车、救护车、工程抢险车、警车等车辆通行的。

(ဂ)။ အရေးပေါ်အလုပ်တာဝန်ဆောင်ရွက်သော မီးသတ်ယာဉ်၊ လူနာတင်ယာဉ်၊ အင်ဂျင်နီယာကယ်ဆယ် ရေးယာဉ်၊ ရဲယာဉ်စသည့်ယာဉ်များဖြတ်ကျော်သွားလာခြင်းကို တားဆီးခြင်း။

④强行冲闯公安机关设置的警戒带、警戒区的；阻碍人民警察依法执行职务的，从重处罚。

(ဃ)။ ပြည်သူ့လုံခြုံရေးဌာနတပ်ဆင်ထားသောသတိပေးကြိုးပြား၊ သတိပေးဧရိယာ ကို အတင်းအဓမ္မ တိုးဝင်ခြင်း၊ ပြည်သူ့ရဲသားများတရားဥပဒေအရ တာဝန် ဆောင်ရွက်ခြင်းကို တားဆီးခြင်းပြုလုပ်ပါက ပြင်းထန်စွာပြစ်ဒဏ်ပေးရမည်။

（2）冒充国家机关工作人员或者以其他虚假身份招摇撞骗的，处 5 日以上 10 日以下拘留，可以并处 500 元以下罚款；情节较轻的，处 5 日以下拘留或者 500 元以下罚款。

(၂)။ နိုင်ငံတော်ရုံးဌာနဝန်ထမ်း သို့မဟုတ်အခြားအတုအပကိုယ်ရေးကို အမည်ပြုပြီး ဘန်းပြလိမ်လည် လှည့်ဖြားခြင်းပြုလုပ်ပါက (၅) ရက်အထက် (၁၀)ရက်အောက် ဖမ်းချုပ် ထားပြီး ဒဏ်ငွေယွမ်(၅၀၀)အောက် ပူးတွဲရိုက်နိုင်သည်၊ အခြေအနေ သိပ်မဆိုးဝါးလျှင် (၅)ရက်အောက်ဖမ်းချုပ်ထားခြင်း သို့ မဟုတ်ဒဏ်ငွေ ယွမ်(၅၀၀)အောက် ရိုက်သည်။

冒充军警人员招摇撞骗的，从重处罚。

စစ်သား၊ ရဲသားများကို အမည်ပြု၍ ဘန်းပြလိမ်လည်လှည့်ဖြားခြင်းပြုလုပ်ပါက ပြင်းထန်းစွာအရေးယူ ရမည်။

（3）有下列行为之一的，处 10 日以上 15 日以下拘留，可以并处 1000 元以下罚款；情节较轻的，处 5 日以上 10 日以下拘留，可以并处 500 元以下罚款：

(၃)။ အောက်ပါအပြုအမူတစ်ခုခုရှိလျှင် (၁၀) ရက်အထက် (၁၅)ရက်အောက် ဖမ်းချုပ်ထားပြီး ဒဏ်ငွေ ယွမ် (၁၀၀၀) အောက်ပူးတွဲရိုက်နိုင်သည်၊ အခြေအနေ သိပ်မဆိုးဝါးလျှင် (၅)ရက်အထက် (၁၀) ရက်အောက် ဖမ်းချုပ်ထားပြီးဒဏ်ငွေ ယွမ် (၅၀၀)အောက်ပူးတွဲ ရိုက်နိုင်သည်။

①伪造、变造或者买卖国家机关、人民团体、企业、事业单位或者其他组织的公文、证件、证明文件、印章的。

(က)။ နိုင်ငံတော်ရုံးဌာန၊ ပြည်သူလူထုအဖွဲ့အစည်း၊ လုပ်ငန်းရပ်၊ လုပ်ငန်းဌာန သို့မဟုတ် အခြားအဖွဲ့ အစည်းတို့၏ရုံးစာ၊ သက်သေခံလက်မှတ်၊ သက်သေခံစာတမ်း၊ တံဆိပ်တုံးတို့ကို အတုအပပြုလုပ်ခြင်း၊ ပြုပြင်ဖန်တီးခြင်း သို့မဟုတ်ရောင်းဝယ်ခြင်း။

②买卖或者使用伪造、变造的国家机关、人民团体、企业、事业单位或者其他组织的公文、证件、证明文件的。

(ခ)။ အတုအပပြုလုပ်ထားသောနိုင်ငံတော်ရုံးဌာန၊ ပြည်သူ့အဖွဲ့အစည်း၊ လုပ်ငန်း၊ အများပြည်သူဆိုင်ရာ ဌာန သို့မဟုတ် အခြားအဖွဲ့အစည်းတို့၏ရုံးစာ၊ သက်သေခံ လက်မှတ်၊ သက်သေခံစာတမ်းကိုသုံးပြုခြင်း သို့မဟုတ်ရောင်းဝယ်ခြင်း။

③伪造、变造、倒卖车票、船票、航空客票、文艺演出票、体育比赛入场券或者其他有价票证、凭证的。

(ဂ)။ ယာဉ်လက်မှတ်၊ သင်္ဘောလက်မှတ်၊ လေကြောင်းညွှန်သည်လက်မှတ်၊ အနုပညာ ပြသပွဲလက်မှတ်၊ အားကစားပြိုင်ပွဲရှိဝင်လက်မှတ် သို့မဟုတ်အခြားတန်ဖိုးရှိလက်မှတ်၊ သက်သေခံအထောက်အထား လက်မှတ်တို့ကို အတုအပပြုလုပ်ခြင်း၊ ပြုပြင်ဖန်တီးခြင်း။

④伪造、变造船舶户牌，买卖或者使用伪造、变造的船舶户牌，或者涂改船舶发动机号码的。

(ဃ)။ သင်္ဘောမှတ်ပုံတင်ကတ်ကို အတုအပပြုလုပ်ခြင်း၊ ပြုပြင်ဖန်တီးခြင်း၊ အတုအပပြုလုပ်ထားသော သို့မဟုတ်ပြုပြင်ဖန်တီးသောသင်္ဘောမှတ်ပုံတင် လက်မှတ်ကို အသုံးပြုခြင်း၊ ရောင်းဝယ်ခြင်း သို့မဟုတ် သင်္ဘောအင်ဂျင်အမှတ်ကိုဖျက်၍ ပြန်ရေးခြင်း။

（4）船舶擅自进入、停靠国家禁止、限制进入的水域或者岛屿的，对船舶负责人及有关责任人员处 500 元以上 1000 元以下罚款；情节严重的，处 5 日以下拘留，并处 500 元以上 1000

元以下罚款。

(၄)။ သဘေၤာများသည် ကိုယ့်သဘောဖြင့်နိုင်ငံတော်ကန့်သတ်ထားသော ဝင်ခွင့်မရ ရေပြင် သို့မဟုတ် ကျွန်းစုသို့ ဝင်ရောက်ခြင်းပြုလုပ်ပါက သဘေၤာတာဝန်ခံနှင့် သက်ဆိုင်သော တာဝန်ရှိသူများကို ဒဏ်ငွေ ယွမ် (၅၀၀) အထက် (၁၀၀၀) အောက် ရိုက်မည်၊ အခြေအနေဆိုးဝါးပါက (၅) ရက်အောက်ဖမ်းချုပ်ထားပြီး ဒဏ်ငွေယွမ် (၅၀၀) အထက် (၁၀၀၀)အောက်ပူးတွဲရိုက်မည်။

（5）有下列行为之一的，处 10 日以上 15 日以下拘留，并处 500 元以上 1000 元以下罚款；情节较轻的，处 5 日以下拘留或者 500 元以下罚款：

(၅)။ အောက်ပါအပြုအမူတစ်ခုခုရှိလျှင် (၁၀) ရက်အထက် (၁၅)ရက်အောက် ဖမ်းချုပ်ထားပြီး ဒဏ်ငွေ ယွမ် (၅၀၀) အထက် (၁၀၀၀)အောက်ရိုက်မည်၊ အခြေအနေ သိပ်မဆိုးဝါးလျှင် (၅)ရက်အောက်ဖမ်းချုပ်ထား ပြီး ဒဏ်ငွေယွမ် (၅၀၀) အောက်ရိုက်မည်။

①违反国家规定，未经注册登记，以社会团体名义进行活动，被取缔后仍进行活动的。

(က)။ နိုင်ငံတော်သတ်မှတ်ချက်ဖောက်ဖျက်၍ မှတ်ပုံတင်မပြုဘဲနှင့် လူမှု အဖွဲ့အသင်းအမည်ဖြင့် လှုပ်ရှားမှုပြုလုပ်ခြင်း၊ ပိတ်ပင်ဖျက်သိမ်းခြင်းခံခဲ့ပြီးနောက် ဆက်လက်၍ လှုပ်ရှားမှုပြုလုပ်ခြင်း။

②被依法撤销登记的社会团体，仍以社会团体名义进行活动的。

(ခ)။ တရားဥပဒေအရ မှတ်ပုံတင်ထားသောလူမှုအဖွဲ့အသင်းဖျက်သိမ်းခြင်းခံခဲ့သော်လည်း လူမှုအဖွဲ့ အသင်း၏အမည်ကို ဆက်လက်အသုံးပြု၍ လှုပ်ရှားမှုပြုလုပ်ခြင်း။

③未经许可，擅自经营按照国家规定需要由公安机关许可的行业的。

(ဂ)။ ခွင့်ပြုချက်မရဘဲနှင့် တရားဥပဒေအရ ပြည်သူ့လုံခြုံရေးဌာနခွင့်ပြုချက်ရမှ ပြုလုပ် ဆောင်ရွက်နိုင် သောလုပ်ငန်းကို ကိုယ့်သဘောဖြင့်ပြုလုပ်ဆောင်ရွက်ခြင်း။

④有前款第三项行为的，予以取缔。

(ဃ)။ အထက်ပါတတိယအချက်အပြုအမူရှိလျှင် ဖျက်သိမ်းရမည်။

取得公安机关许可的经营者，违反国家有关管理规定，情节严重的，公安机关可以吊销其许可证。

ပြည်သူ့လုံခြုံရေးဌာန၏ခွင့်ပြုချက်ရခဲ့သော လုပ်ကိုင်ဆောင်ရွက်သူသည် နိုင်ငံတော် သက်ဆိုင် သောသတ်မှတ်ချက်ကို ဖောက်ဖျက်ကျူးလွန်ပြီး အခြေအနေဆိုးဝါးပါက ပြည်သူ့လုံခြုံရေးဌာနသည် ၎င်း၏ခွင့်ပြုချက်လက်မှတ်ကို ဖျက်သိမ်းနိုင်သည်။

（6）煽动、策划非法集会、游行、示威，不听劝阻的，处 10 日以上 15 日以下拘留。

(၆)။ တရားမဝင်စုရုံးစည်းဝေးခြင်း၊ လှည့်လည်လမ်းလျှောက်ခြင်း၊ ဆန္ဒပြခြင်းတို့ကို သွေးသွင်းလှုံ့ဆော် ခြင်း၊ စီမံစိုင်းပြင်းခြင်းပြုလုပ်၍ ဖျောင်းဖျကမြစ်သည်ကို နားမထောင်လျှင် (၁၀) ရက်အထက် (၁၅) ရက် အောက် ဖမ်းချုပ်ထားခြင်း ဒဏ်ပေးကြသည်။

（7）旅馆业的工作人员对住宿的旅客不按规定登记姓名、身份证件种类和号码的，或者明知住宿的旅客将危险物质带入旅馆，不予制止的，处 200 元以上 500 元以下罚款。

(၇)။ ဟိုတယ်လုပ်ငန်းဝန်ထမ်းများသည် လာရောက်တည်းခိုသောဧည့်သည်များ၏ အမည်၊ ကိုယ်ရေး သက်သေခံလက်မှတ်အမျိုးအစားနှင့်နံပါတ်ကို သတ်မှတ်ချက်အရ မှတ်ပုံတင်ခြင်းမပြုလုပ်ခြင်း သို့မဟုတ် လာရောက်တည်းခိုသော ဧည့်သည်သည် အန္တရာယ် ရှိပစ္စည်းများကို ဟိုတယ်တွင်ပါလာခြင်း အကြောင်းကို သိလျက်သားနှင့်မတား မဆီး ဖြစ်လျှင်ဒဏ်ငွေယွမ်(၂၀၀)အထက်(၅၀၀)အောက်ရိုက်မည်။

旅馆业的工作人员明知住宿的旅客是犯罪嫌疑人员或者被公安机关通缉的人员，不向公安机关报告的，处 200 元以上 500 元以下罚款；情节严重的，处 5 日以下拘留，可以并处 500 元以下罚款。

ဟိုတယ်လုပ်ငန်းဝန်ထမ်းများသည် လာရောက်တည်းခိုသောဧည့်သည်က ပြစ်မှု ကျူးလွန်မသက်ာသူ ဖြစ်ခြင်း၊ သို့မဟုတ်ပြည်သူ့လုံခြုံရေးဌာနမှ ဖမ်းရန်ဝရမ်းထုတ်ဖြစ်သူ ဖြစ်ကြောင်းကို သိလျက်သားနှင့် ပြည် သူ့လုံခြုံရေးဌာနသို့ သတင်းပေးပို့ခြင်းမပြုလုပ်လျှင် ဒဏ်ငွေယွမ်(၂၀၀)အထက်(၅၀၀)အောက်ရိုက်မည်။ အခြေအနေဆိုးဝါးပါက (၅) ရက် အောက်ဖမ်းချုပ်ထားပြီး ဒဏ်ငွေယွမ်(၅၀၀)အောက်ပူးတွဲရိုက်နိုင်ပါသည်။

（8）房屋出租人将房屋出租给无身份证件的人居住的，或者不按规定登记承租人姓名、身份证件种类和号码的，处 200 元以上 500 元以下罚款。

(၈)။ အခန်းငှားပေးသူသည် အခန်းကို ကိုယ်ပိုင်ကတ်မရှိသူကို ငှားပေးနေထိုင်ခြင်း၊ သို့မဟုတ်သတ်မှတ် ချက်အရ အခန်းလာရောက်ငှားရမ်းနေထိုင်သူ၏အမည်၊ ကိုယ်ရေး သက်သေခံလက်မှတ်အမျိုးအစားနှင့် နံပါတ်ကို မှတ်ပုံတင်ခြင်းမပြုလုပ်ပါက ဒဏ်ငွေ ယွမ်(၂၀၀)အထက်(၅၀၀)အောက်ရိုက်မည်။

房屋出租人明知承租人利用出租房屋进行犯罪活动，不向公安机关报告的，处 200 元以上 500 元以下罚款；情节严重的，处 5 日以下拘留，可以并处 500 元以下罚款。

အခန်းငှားပေးသူသည် အခန်းလာရောက်ငှားရမ်းသူကအငှားခန်းကို အသုံးပြု၍ပြစ်မှု ကျူးလွန်ခြင်း ပြုလုပ်ကြောင်းကို သိလျက်သားနှင့် ပြည်သူ့လုံခြုံရေးဌာနသို့ သတင်း ပို့ပေးခြင်း မပြုလုပ်ပါက ဒဏ်ငွေယွမ် (၂၀၀) အထက် (၅၀၀) အောက်ရိုက်မည်၊ အခြေအနေဆိုးဝါးလျှင် (၅) ရက်အောက်ဖမ်းချုပ်ထားပြီး ဒဏ်ငွေ ယွမ် (၅၀၀) အောက် ပူးတွဲရိုက်နိုင်သည်။

（9）违反关于社会生活噪声污染防治的法律规定，制造噪声干扰他人正常生活的，处警告；警告后不改正的，处 200 元以上 500 元以下罚款。

(၉)။ လူမှုနေထိုင်မှုဘဝ ဆူညံသံစစ်ညမ်းခြင်း ကာကွယ်အုပ်ချုပ်ရေးဥပဒေ သတ်မှတ်ချက်ကို ဖောက်ဖျက်ကျူးလွန်၍ ဆူညံသံဖန်တီး၍သူတပါးမှန်ကန်သော နေထိုင်မှုကိုအနှောင့်အယှက်ပေးခြင်းပြုလုပ် ပါက သတိပေးဒဏ်ပေး၍ အမှားပြု ပြင်ခြင်း မရှိလျှင် ဒဏ်ငွေယွမ် (၂၀၀) အထက်(၅၀၀) အောက်ရိုက် မည်။

（10）有下列行为之一的，处 500 元以上 1000 元以下罚款；情节严重的，处 5 日以上 10 日以下拘留，并处 500 元以上 1000 元以下罚款：

(၁၀)။ အောက်ပါအပြုအမူတစ်ခုခုရှိလျှင် ဒဏ်ငွေယွမ် (၅၀၀) အထက် (၁၀၀၀)အောက် ရိုက်မည်၊ အခြေအနေဆိုးဝါးလျှင် (၅) ရက်အထက် (၁၀)ရက်အောက် ဖမ်းချုပ်ထားပြီး ဒဏ်ငွေယွမ် (၅၀၀) အထက်(၁၀၀၀)အောက်ပူးတွဲရိုက်နိုင်ည်။

①典当业工作人员承接典当的物品，不查验有关证明、不履行登记手续，或者明知是违法

犯罪嫌疑人、赃物，不向公安机关报告的。

(က)။ အပေါင်ခံလုပ်ငန်းဝန်ထမ်းသည် အပေါင်ခံပစ္စည်းလက်ခံရာတွင် သက်ဆိုင်သော သက်သေခံ လက်မှတ်ကို စစ်ဆေးရန်မပြုလုပ်ခြင်း၊ မှတ်ပုံတင်ဆောင်ရွက်ရေး မပြု လုပ်ခြင်း၊ သို့မဟုတ် တရားဥပဒေ ဖောက်ဖျက်ကျူးလွန်သော မသက္ကာသူ ဖြစ်ခြင်းနှင့် အမှုဖြစ်ရာပါပစ္စည်းဖြစ်ခြင်းကို သိလျက်သားနှင့်ပြည်သူ့ လုံခြုံရေးဌာနသို့ သတင်း ပေးပို့ခြင်း မပြုလုပ်ခြင်း။

②违反国家规定，收购铁路、油田、供电、电信、矿山、水利、测量和城市公用设施等废旧专用器材的。

(ခ)။ နိုင်ငံတော်သတ်မှတ်ချက်ကို ဖောက်ဖျက်ကျူးလွန်၍ရထားလမ်း၊ ရေနံမြေ၊ လျှပ်စစ်ဓါတ်အားပေး ခြင်း၊ ဆက်သွယ်ရေး၊ သတ္တုတောင်၊ ဆည်မြောင်း တာတမံ၊ တိုင်းတာရေးနှင့် မြို့ပြအများပိုင်တပ်ဆင်မှုစ သည့် သီးခြားသုံးပြုသော တပ်ဆင် ပစ္စည်းဟောင်းများကို ဝယ်ယူခြင်း။

③收购公安机关通报寻查的赃物或者有赃物嫌疑的物品的。

(ဂ)။ ပြည်သူ့လုံခြုံရေးဌာနစာတမ်းဖြင့်အကြောင်းကြားရှာဖွေရန်မှ့ခင်းဆိုင်ရာပစ္စည်း သို့မဟုတ်မှုခင်း ဆိုင်ရာမသက္ကာပစ္စည်းဝယ်ယူခြင်း။

④收购国家禁止收购的其他物品的。

(ဃ)။ နိုင်ငံတော်သတ်မှတ်ချက်အရဝယ်ယူခွင့်မပြုရသောအခြားပစ္စည်းများ။

（11）协助组织或者运送他人偷越国（边）境的，处 10 日以上 15 日以下拘留，并处 1000 元以上 5000 元以下罚款。

(၁၁)။ သူတပါးကိုဖွဲ့စည်းခြင်း သို့မဟုတ်ပို့ဆောင်ခြင်းဖြင့် နယ်နိမိတ်(နယ်စပ်)ကိုခိုးဝင်ဖြတ်ကျော်လျှင် (၁၀) ရက်အထက် (၁၅) ရက်အောက်ဖမ်းချုပ်ထားပြီး ဒဏ်ငွေယွမ် (၁၀၀၀) အထက် (၅၀၀၀) အောက်ပူးတွဲ ရှိုက်နိုင်သည်။

（12）为偷越国（边）境人员提供条件的，处 5 日以上 10 日以下拘留，并处 500 元以上 2000 元以下罚款。

（၁၂）။ နိုင်ငံတော်နယ်နိမိတ်(နယ်စပ်)ကိုခိုးဝင်ဖြတ်ကျော်သူကို အထောက်အကူပေးလျှင် (၅) ရက်
အထက် (၁၀) ရက်အောက်ဖမ်းချုပ်ထားပြီးဒဏ်ငွေယွမ် (၅၀၀) အထက် (၂၀၀၀) အောက် ပူးတွဲရိုက်နိုင်သည်။

偷越国（边）境的，处 5 日以下拘留或者 500 元以下罚款。

နယ်နိမိတ်ခိုးဝင်(နယ်စပ်စည်းကြောင်း)ဖြတ်ကျော်လျှင် (၅) ရက်အောက် ဖမ်းချုပ်ထားခြင်း သို့မဟုတ်
ဒဏ်ငွေယွမ် (၅၀၀) ရိုက်မည်။

（13）有下列行为之一的，处警告或者 200 元以下罚款；情节较重的，处 5 日以上 10 日以
下拘留，并处 200 元以上 500 元以下罚款：

（၁၃）။ အောက်ပါအပြုအမူတစ်ခုခုရှိလျှင် သတိပေးခြင်းသို့မဟုတ် ဒဏ်ငွေယွမ် (၂၀၀) ရိုက်မည်၊
အခြေအနေ ဆိုးဝါးလျှင် (၅)ရက်အထက် (၁၀) အောက်ဖမ်းချုပ်ထားပြီး ဒဏ်ငွေယွမ်(၂၀၀)အထက် (၅၀၀)
အောက်ပူးတွဲရိုက်နိုင်သည်။

①刻划、涂污或者以其他方式故意损坏国家保护的文物、名胜古迹的。

（က）။ နိုင်ငံတော်အကာအကွယ်ပေးထားသည့် ရှေးဟောင်းယဉ်ကျေးမှုပစ္စည်း၊ သမိုင်းဝင်နေရာများနှင့်
ရှေးဟောင်းအကြွင်းအကျန်နေရာများပေါ်တွင်ကိုထုခြင်း၊ ရေး ခြင်းနှင့်ညစ်ပေခြင်း၊ သို့မဟုတ်အခြား နည်း
ဖြင့်တမင်သက်သက်ဖျက်စီးစေခြင်း၊

②违反国家规定，在文物保护单位附近进行爆破、挖掘等活动，危及文物安全的。

（ခ）။ နိုင်ငံတော်သတ်မှတ်ချက်ကို ဖောက်ဖျက်ကျူးလွန်၍ ယဉ်ကျေးမှုကာကွယ်ရန် နေရာအနီးအနား
တွင်ဖောက်ခွဲခြင်း၊ တူးဖော်ခြင်းစသည့်အလုပ်လုပ်၍ ယဉ်ကျေးမှု ပစ္စည်းအန္တရာယ်ဖြစ်ပေးစေခြင်း၊

（14）有下列行为之一的，处 500 元以上 1000 元以下罚款；情节严重的，处 10 日以上 15
日以下拘留，并处 500 元以上 1000 元以下罚款：

（၁၄）။ အောက်ပါအပြုအမူတစ်ခုခုရှိလျှင် ဒဏ်ငွေယွမ် (၅၀၀) အထက် (၁၀၀၀)အောက်ရိုက်မည်၊
အခြေအနေဆိုးဝါးလျှင် (၁၀) ရက်အထက် (၁၅) ရက် အောက် ဖမ်းချုပ်ထားပြီး ဒဏ်ငွေယွမ် (၅၀၀) အထက်
(၁၀၀၀) အောက်ရိုက်မည်။

①偷开他人机动车的。

(က)။ သူတပါး၏စက်တပ်ယာဉ်ကို ခိုးမောင်းခြင်း။

②未取得驾驶证驾驶或者偷开他人航空器、机动船舶的。

(ခ)။ ကားမောင်းလိုင်စင်မရသေးမီ သူတပါး၏လေကြောင်းပျံသန်းစက်၊ စက်တပ် လှေသင်္ဘောကို မောင်း နှင်ခြင်းသို့မဟုတ်ခိုးမောင်းခြင်း။

（15）有下列行为之一的，处 5 日以上 10 日以下拘留；情节严重的，处 10 日以上 15 日以下拘留，可以并处 1000 元以下罚款：

(၁၅)။ အောက်ပါအပြုအမူတစ်ခုခုရှိလျှင် (၅) ရက်အထက် (၁၀)ရက်အောက် ဖမ်းချုပ်ထားမည်၊ အခြေအနေဆိုးဝါးလျှင် (၁၀)ရက်အထက် (၁၅)ရက်အောက် ဖမ်းချုပ်ထားပြီး ဒဏ်ငွေယွမ် (၁၀၀၀) အောက် ပူးတွဲရိုက်နိုင်သည်။

①故意破坏、污损他人坟墓或者毁坏、丢弃他人尸骨、骨灰的。

(က)။ သူတပါးသချႋုင်းဂူကို တမင်သက်သက်ဖျက်ဆီးစေခြင်း၊ ညစ်ပေစေခြင်း သို့မဟုတ် သူတ ပါး၏အလောင်းကောင်အရိုး၊ အရိုးပြာကို စွန့်ပစ်ခြင်း။

②在公共场所停放尸体或者因停放尸体影响他人正常生活、工作秩序，不听劝阻的。

(ခ)။ အများပြည်သူနေရာတွင် အလောင်းကောင်ထားခြင်း သို့မဟုတ် အလောင်းကောင်ထားခြင်းကြောင့် သူတပါးများ၏နေထိုင်မှုဘဝ၊ အလုပ်စည်းကမ်းကို ထိခိုက်စေပြီး ဖျောင်းဖျကမ္ဂစ်ရန်လက်မခံခြင်း။

（16）卖淫、嫖娼的，处 10 日以上 15 日以下拘留，可以并处 5000 元以下罚款；情节较轻的，处 5 日以下拘留或者 500 元以下罚款。

(၁၆)။ ဇိမ်ရောင်းခြင်း၊ ဖာချခြင်းပြုလုပ်လျှင် (၁၀) ရက်အထက် (၁၅)ရက်အောက် ဖမ်းချုပ်ထားပြီး ဒဏ်ငွေယွမ်(၅၀၀၀)အောက်ပူးတွဲရိုက်နိုင်ပါသည်၊ အခြေအနေ ဆိုးဝါးခြင်း မရှိလျှင် (၅)ရက်အောက် ဖမ်းချုပ် ထားခြင်း သို့မဟုတ် ဒဏ်ငွေယွမ် (၅၀၀) အောက်ရိုက်မည်။

在公共场所拉客招嫖的，处 5 日以下拘留或者 500 元以下罚款。

အများပြည်သူများနေရာတွင် ဟချသူခေါ်ခြင်းပြုလုပ်ပါက (၅)ရက်အောက် ဖမ်းချုပ်ထားခြင်း သို့မဟုတ် ဒဏ်ငွေယွမ် (၅၀၀) အောက်ရိုက်မည်။

（17）引诱、容留、介绍他人卖淫的，处 10 日以上 15 日以下拘留，可以并处 5000 元以下罚款；情节较轻的，处 5 日以下拘留或者 500 元以下罚款。

(၁၇)။ ဇိမ်ရောင်းရန်အတွက်သူတပါးကိုသွေးဆောင်ခြင်း၊ လက်ခံထားခြင်း၊ မိတ်ဆက်ပေးခြင်းပြုလုပ် ပါက (၁၀) ရက်အထက် (၁၅)ရက်အောက် ဖမ်းချုပ်ထားပြီး ဒဏ်ငွေယွမ်(၅၀၀၀)အောက်ပူးတွဲရိုက်နိုင် ပါသည်၊ အခြေအနေ ဆိုးဝါးခြင်းမရှိလျှင် (၅)ရက် အောက် ဖမ်းချုပ်ထားခြင်းသို့မဟုတ် ဒဏ်ငွေယွမ် (၅၀၀) အောက်ရိုက်မည်။

（18）制作、运输、复制、出售、出租淫秽的书刊、图片、影片、音像制品等淫秽物品或者利用计算机信息网络、电话以及其他通信工具传播淫秽信息的，处 10 日以上 15 日以下拘留，可以并处 3000 元以下罚款；情节较轻的，处 5 日以下拘留或者 500 元以下罚款。

(၁၈)။ စာအုပ်စာစောင်၊ ပုံကား၊ ရုပ်ရှင်ကား၊ အမြင်နှင့်အသံပစ္စည်းစသည့် ညစ်ညမ်းပစ္စည်းကို ထုတ်လုပ် ခြင်း၊ သယ်ယူပို့ဆောင်ခြင်း၊ မိတ္တူကူးယူခြင်း၊ ရောင်းချခြင်း၊ ငှါးရမ်းခြင်း သို့မဟုတ်ကွန်ပြူတာသတင်း အချက်အလက် ကွန်ရက်၊ ဖုန်းနှင့်အခြားဆက်သွယ်ရေးကိရိယာများဖြင့် ညစ်ညမ်းသတင်းများကို ဖြန့်ဖြူး ခြင်းပြုလုပ်လျှင် (၁၀) ရက်အထက် (၁၅)ရက်အောက် ဖမ်းချုပ်ထားပြီး ဒဏ်ငွေယွမ်(၃၀၀၀)အောက် ပူးတွဲ ရိုက်နိုင်ပါသည်၊ အခြေအနေ ဆိုးဝါးခြင်းမရှိလျှင် (၅)ရက်အောက် ဖမ်းချုပ် ထားခြင်း သို့မဟုတ် ဒဏ်ငွေယွမ် (၅၀၀) အောက်ရိုက်မည်။

（19）有下列行为之一的，处 10 日以上 15 日以下拘留，并处 500 元以上 1000 元以下罚款：

(၁၉)။ အောက်ပါအပြုအမူတစ်ခုခုရှိလျှင် (၁၀) ရက်အထက် (၁၅)ရက်အောက် ဖမ်းချုပ်ထားပြီး ဒဏ်ငွေ ယွမ် (၅၀၀) အထက် (၁၀၀၀) အောက်ပူးတွဲရိုက်နိုင်ပါသည်၊

①组织播放淫秽音像的。

(က)။ ဖွဲ့စည်း၍ညစ်ညမ်း၍ အမြင်နှင့်အသံပစ္စည်းများကိုထုတ်လွှင့်ခြင်း။

②组织或者进行淫秽表演的。

(ခ)။ ညစ်ညမ်း၍လျှပ်ပေါ်လော်မာပြသခြင်းကိုဖွဲ့စည်းခြင်းသို့မဟုတ်ကျင်းပခြင်း။

③参与聚众淫乱活动的。

(ဂ)။ စုစည်း၍လျှပ်ပေါ်လော်မာလှုပ်ရှားမှုပါဝင်ခြင်း။

明知他人从事前款活动，还为其提供条件的，依照前款的规定处罚。

သူတပါးသည် အထက်ပါအကြောင်းကို ပြုလုပ်ဆောင်ရွက်ခြင်းသိလျက်သားနှင့် အထောက်အကူပေး ပါက အထက်ပါသတ်မှတ်ချက်အရပြစ်ဒဏ်ပေးရမည်။

（20）以营利为目的，为赌博提供条件的，或者参与赌博赌资较大的，处 5 日以下拘留或者 500 元以下罚款；情节严重的，处 10 日以上 15 日以下拘留，并处 500 元以上 3000 元以下罚款。

(၂ဝ)။ အကျိုးအမြတ်ရရန်ရည်ရွယ်၍ အလောင်းကစားပြုလုပ်ဖို့အထောက်အကူ ပေးခြင်း၊ သို့မဟုတ် အလောင်းကစားပါဝင်ကစား၍လောင်းကစားငွေရင်းကြီးမားပါက (၅) ရက်အောက်ဖမ်းချုပ်ထားခြင်း၊ သို့မဟုတ် ဒဏ်ငွေယွမ်(၅ဝဝ)အောက်ရိုက်မည်၊ အခြေအနေ ဆိုးဝါးလျှင် (၁ဝ)ရက် အထက် (၁၅)ရက် အောက် ဖမ်းချုပ်ထားပြီး ဒဏ်ငွေယွမ် (၅ဝဝ) အထက် (၃ဝဝဝ) အောက်ပူးတွဲရိုက်နိုင်သည်။

（21）有下列行为之一的，处 10 日以上 15 日以下拘留，可以并处 3000 元以下罚款；情节较轻的，处 5 日以下拘留或者 500 元以下罚款：

(၂၁)။ အောက်ပါအပြုအမူတစ်ခုခုရှိလျှင် (၁ဝ) ရက်အထက် (၁၅)ရက်အောက် ဖမ်းချုပ်ထားပြီး ဒဏ်ငွေ ယွမ် (၃ဝဝဝ) အောက်ပူးတွဲရိုက်နိုင်သည်၊ အခြေအနေ ဆိုးဝါးခြင်းမရှိလျှင် (၅)ရက်အောက် ဖမ်းချုပ်ထားခြင်း ၊ သို့မဟုတ်ဒဏ်ငွေယွမ် (၅ဝဝ) အောက်ရိုက်မည်။

①非法种植罂粟不满 500 株或者其他少量毒品原植物的。

(က)။ တရားမဝင်ဘိန်းပင်အပင်(၅ဝဝ)အောက်စိုက်ပျိုးခြင်း၊သို့ မဟုတ် အခြားမူးယစ်ဆေးဝါးအပင်

အနည်းငယ်စိုက်ပျိုးခြင်း။

②非法买卖、运输、携带、持有少量未经灭活的罂粟等毒品原植物种子或者幼苗的。

(ခ)။ နည်းပါးသောအသက်မသတ်သေးသည့်ဘိန်းစေ့ စသည့်မူးယစ်ဆေးပင်စေ့ သို့မဟုတ်အပင်ငယ်ကို တရားမဝင်ရောင်းဝယ်ခြင်း၊ သယ်ယူပို့ဆောင်ခြင်း၊ ယူဆောင်ခြင်း၊ ကိုင်ဆောင်ခြင်း။

③非法运输、买卖、储存、使用少量罂粟壳的。

(ဂ)။ နည်းပါးသောဘိန်းခွံကို တရားမဝင်သယ်ယူပို့ဆောင်ခြင်း၊ ရောင်းဝယ်ခြင်း၊ သိုလှောင်ခြင်း၊ အသုံးပြုခြင်း။

有前款第一项行为，但在成熟前自行铲除的，不予处罚。

အထက်ပါ(၁)အပြုအမူရှိလျှင် ရင့်မှည့်ချိန်မရောက်ခင် ကိုယ့်ကိုကိုဘ်ဖျက်ဆီး ပစ်လိုက်ပါက ဒဏ်ပေးခြင်းကို လွတ်ငြိမ်းပေးသည်။

（22）有下列行为之一的，处 10 日以上 15 日以下拘留，可以并处 2000 元以下罚款；情节较轻的，处 5 日以下拘留或者 500 元以下罚款：

(၂၂)။ အောက်ပါအပြုအမူတစ်ခုခုရှိလျှင် (၁၀) ရက်အထက် (၁၅)ရက်အောက် ဖမ်းချုပ်ထားပြီးဒဏ်ငွေယွမ် (၂၀၀၀) အောက်ပူးတွဲရိုက်နိုင်သည်။ အခြေအနေ ဆိုးဝါးခြင်း မရှိလျှင် (၅)ရက်အောက် ဖမ်းချုပ်ထားခြင်း၊ သို့မဟုတ် ဒဏ်ငွေယွမ် (၅၀၀) အောက်ရိုက်မည်။

①非法持有鸦片不满 200 克、海洛因或者甲基苯丙胺不满 10 克或者其他少量毒品的。

(က)။ ဘိန်းဂရမ်(၂၀၀)အောက်၊ ဟီးရိုးအင်း သို့မဟုတ်အိုင်(စ)မူးယစ်ဆေး(၁၀)ဂရမ် သို့မဟုတ် အခြားအနည်းငယ်သောမူးယစ်ဆေးဝါးတို့ကို တရားမဝင် ကိုင်ဆောင်ထားခြင်း။

②向他人提供毒品的。

(ခ)။ သူတပါးကိုမူးယစ်ဆေးဝါးပေးခြင်း။

③吸食、注射毒品的。

(ဂ)။ မူးယစ်ဆေးဝါးရှူစားခြင်း၊ ထိုးသွင်းခြင်း။

④胁迫、欺骗医务人员开具麻醉药品、精神药品的。

(ဃ)။ ဆရာဝန်ကို ခြိမ်းခြောက်အကျပ်ကိုင်ခြင်းနှင့်လိမ်လည်လှည့်ဖြားခြင်းဖြင့် မူးယစ်ဆေး၊ စိတ်ကြွဆေးကို ထုတ်ယူခြင်း။

（23）教唆、引诱、欺骗他人吸食、注射毒品的，处 10 日以上 15 日以下拘留，并处 500 元以上 2000 元以下罚款。

(၂၃)။ သူတပါးကိုမူးယစ်ဆေးဝါးရှူစားခြင်း၊ ထိုးသွင်းခြင်းပြုလုပ်ရန်လှုံ့ဆိုစေခိုင်းခြင်း၊ သွေးဆောင်ခြင်း၊ လိမ်လည်လှည့်ဖြားခြင်းပြုလုပ်ပါက (၁၀)ရက်အထက် (၁၅) ရက် အောက်ဖမ်းချုပ်ထားပြီး ဒဏ်ငွေယွမ်(၅၀၀)အထက် (၂၀၀၀) အောက်ပူးတွဲ ရိုက်နိုင်သည်။

（24）酒店业、饮食服务业、文化娱乐业、出租汽车业等单位的人员，在公安机关查处吸毒、赌博、卖淫、嫖娼活动时，为违法犯罪行为人通风报信的，处 10 日以上 15 日以下拘留。

(၂၄)။ ဟိုတယ်လုပ်ငန်း၊ အစားအသောက်ဝန်ဆောင်မှုလုပ်ငန်း၊ ယဉ်ကျေးမှုပျော်သဘင် လုပ်ငန်း၊ ကားငှါးလုပ်ငန်းစသည့်ဌာနမှ ဝန်ထမ်းများသည် ပြည်သူ့လုံခြုံရေးဌာနက မူးယစ်ဆေးဝါး ရှူစားခြင်း၊ လောင်းကစားခြင်း၊ ဇိမ်ရောင်းခြင်း၊ ဖာချခြင်း၊ စစ်ဆေး အရေးယူလှုပ်ရှားမှုပြုလုပ်သည့်အခါ တရားဥပဒေဖောက်ဖျက်ကျူးလွန်သူ အတွက် သတင်းပေးပို့ခြင်းပြုလုပ်ပါက (၁၀) အထက် (၁၅) ရက်အောက်ဖမ်းချုပ်ထားမည်။

（25）饲养动物，干扰他人正常生活的，处警告；警告后不改正的，或者放任动物恐吓他人的，处 200 元以上 500 元以下罚款。

(၂၅)။ တိရစ္ဆာန်မွေးမြူ၍ သူတပါး၏ပုံမှန်နေထိုင်မှုဘဝကို အနှောင့်အယှက်ပေးလျှင် သတိပေးဒဏ်ပေးမည်၊ သတိပေးပြီးနောက်ပြုပြင်ခြင်းမရှိကြောင်း သို့မဟုတ်တိရစ္ဆာန်ကို လွှတ်ထား၍ သူတပါးကိုခြိမ်းခြောက်လျှင် ဒဏ်ငွေယွမ်(၂၀၀)အထက်(၅၀၀)အောက် ရိုက်မည်။

（26）有本法第六十七条、第六十八条、第七十条的行为，屡教不改的，可以按照国家规定采取强制性教育措施。

(၂၆)။ ကျဉ်ဥပဒေပုဒ်မ၆၇၊ ၆၈၊ ၇၀ သတ်မှတ်ထားသောအပြုအမူရှိ၍ကြိမ်ပေါင်းများစွာ ဖောင်းဖျက်ကံမြစ် ပြီး ပြုပြင်ခြင်းမရှိလျှင် နိုင်ငံတော်သတ်မှတ်ချက်အရ တင်းကျပ်သော ပညာပေးနည်းလမ်းကိုအသုံးပြု နိုင်သည်။

第二节　刑法规定

အခန်းခွဲ(၂)။　ရာဇဝတ်ဥပဒေသတ်မှတ်ချက်

一、中国人民法院对外国人犯罪是否具有管辖权?

၁။ တရုတ်နိုင်ငံ၏ပြည်သူ့တရားရုံးများသည် နိုင်ငံခြားသားများ ပြစ်မှုကျူးလွန် ခြင်းအပေါ် အုပ်ချုပ်ခွင့် အာဏာရှိပါသလား။

根据《中华人民共和国刑法》规定，外国人只要在中国领域内犯罪，除法律有特别规定的以外，都由中国法律管辖。中国领域具体包括：中国领陆、中国领水、中国领空、中国租用船舶与航空器，以及中国的驻外使领馆。这里所说的"法律有特别规定"的情形是指，享有外交特权和豁免权的外国人的刑事责任问题，通过外交途径解决，以及中国香港、澳门特别行政区基本法所作出的例外规定等。

"တရုတ်ပြည်သူ့သမ္မတ နိုင်ငံ ရာဇဝတ်ဥပဒေ" ပြဋ္ဌာန်းချက်အရ တရုတ်နိုင်ငံပိုင်နက်နယ်ပယ်အတွင်း တွင် ပြစ်မှု ကျူးလွန်သော နိုင်ငံခြားသားများကို ဥပဒေသတ်မှတ်ချက်တွင် အထူးသတ်မှတ်ချက် များရှိသ ည့် အကြောင်းကလွဲ၍ တရုတ်နိုင်ငံ၏ အုပ်ချုပ်မှုအောက်တွင်ဖြစ်နေရမည်။ တရုတ်နိုင်ငံပိုင်နက်နယ်ပယ် ဆိုသည်မှာ တရုတ်ပိုင်နက်ကြည်းကုန်း၊ တရုတ်ပိုင်နက်ရေပြင်၊ တရုတ်ပိုင်နက်လေကြောင်း၊ တရုတ်နိုင်ငံ ငှါးရမ်းအသုံးပြုလျက်ရှိသော သင်္ဘောများ၊ လေကြောင်းပျံသန်းစက်များ၊ တရုတ်နိုင်ငံ ပြည်ပဆိုင်ရာသံရုံး၊ ကောင်စစ်ဝန်ရုံး တို့ဖြစ်ကြသည်။ ဤနေရာတွင် ပြောပြသော "ဥပဒေတွင် အထူး ပြဋ္ဌာန်းချက်များရှိ"ဆိုသည့် အခြေအနေမှာ သံတမန်အထူးအခွင့်အရေးနှင့် သီးခြားကင်းလွတ်ပိုင်ခွင့်ကို ခံစားနိုင်သောနိုင်ငံခြားသားများ

ရာဇဝတ်မှုတာဝန်ဆိုင်ရာပြဿနာကို သံ တမန်နည်းလမ်းဖြင့် ဖြေရှင်းခြင်းနှင့်တရုတ် ဟောင်ကောင်၊ မာကာ အိုအိုအထူးအုပ်ချုပ်ခွင့် ရဒေသ အခြေခံဥပဒေသတ်မှတ်ထားသော အထူးသတ်မှတ်ချက်စသည်တို့ဖြစ်သည်။

外国人在中国领域外实施的犯罪行为，在下面两种情况下，中国也行使管辖权，适用中国刑法。

နိုင်ငံခြားသားများသည် တရုတ်ပိုင်နက်နယ်ပယ်အပြင်တွင် ဖြစ်မှုကျူးလွန်သော အပြုအမူအတွက် အောက်ပါအခြေအနေနှစ်မျိုးရှိပါက တရုတ်နိုင်ငံသည် အုပ်ချုပ်ခွင့်အသုံးပြု၍ တရုတ်နိုင်ငံ၏ရာဇဝတ်ဥပဒေ ကို အသုံးဝင်သည်။

第一，对中国国家或中国公民实施犯罪，按照中国刑法规定，最低刑为 3 年以上有期徒刑的，中国也行使管辖权，根据中国刑法追究该外国人的刑事责任，除非按照犯罪地法律，该行为不属于犯罪。

ပထမအချက်။ တရုတ်နိုင်ငံ သို့မဟုတ်တရုတ်နိုင်ငံသားများကို ဖြစ်မှုကျူးလွန်လျှင် တရုတ်နိုင်ငံ ရာဇဝတ်ဥပဒေ ပြဋ္ဌာန်းချက်အရ အနည်းဆုံး (၃) နှစ် အထက်ထောင်ဒဏ် ပေးရန်အတွက် တရုတ်မှ အုပ်ချုပ် ခွင့်အာဏာကိုလည်းအသုံးပြုသည်။ တရုတ်နိုင်ငံ ရာဇဝတ်ဥပဒေအရ ၎င်းနိုင်ငံခြားသားများကို ရာဇဝတ်မှု ဆိုင်ရာတာဝန်အရေးယူမည်၊ ဖြစ်မှုကျူးလွန်ခြင်းဖြစ်ပွားသည့်နေရာမှ ဥပဒေအရဖြစ်မှုကျူးလွန်ခြင်းမဟုတ် လျှင်မပါဝင် ချေ။

第二，虽然不是直接侵犯中国国家或中国公民利益，但属于中国缔结或者参加的国际条约所规定的罪行，并且在中国所承担条约义务的范围之内，中国也有权管辖，适用中国刑法。

ဒုတိယအချက်။ တရုတ်နိုင်ငံ သို့မဟုတ်တရုတ်နိုင်ငံသားအကျိုးကို တိုက်ရိုက် ကျူးကျော်ခြင်း မဟုတ် သော်လည်း တရုတ်နိုင်ငံစာချုပ်ချုပ်ဆိုသောသို့မဟုတ်တရုတ်နိုင်ငံ ပါဝင်သောအပြည်ပြည်ဆိုင်ရာသဘောတူ စာချုပ်တွင်သတ်မှတ်ထားသောဖြစ်မှုဖြစ်သည့် အပြင် တရုတ်နိုင်ငံတာဝန် ထမ်းဆောင်သောစာချုပ်ဝင် တာဝန်ဝတ္တရားအဝန်းအဝိုင်းတွင် ဖြစ်ပါက တရုတ်မှ အုပ်ချုပ်ခွင့်အာဏာ လည်းရှိပြီး တရုတ်ရာဇဝတ်ဥပဒေ ကို ကျင့်သုံးနိုင်သည်။။

二、承担刑事责任的年龄规定是什么?

၆။ ရာဇဝတ်မှုတာဝန်ယူရန်အသက်ဘယ်လိုသတ်မှတ်ထားသလဲ။

已满十六周岁的人犯罪,应当负刑事责任。

အသက်(၁၆)နှစ်ပြည့်လျှင်ရာဇဝတ်မှုတာဝန်ယူသင့်သည်။

已满十四周岁不满十六周岁的人,犯故意杀人、故意伤害致人重伤或者死亡、强奸、抢劫、贩卖毒品、放火、爆炸、投放危险物质罪的,应当负刑事责任。

အသက် (၁၄) နှစ်အထက် (၁၆) နှစ်အောက်ဖြစ်သူက လူ့ကိုတမင်သက်သက်သတ်ခြင်း၊ သူတပါးကို တမင်သက်သက်ထိခိုက်ပြီး ဒဏ်ရာအပြင်းအထန်ဖြစ်စေခြင်း သို့မဟုတ် သေဆုံးခြင်း၊ မုဒိမ်းကျင့်ခြင်း၊ ဓါးတိ ပြတိုက်ခြင်း၊ မူးယစ်ဆေးဝါးရောင်းဝယ်ခြင်း၊ မီးရှို့ခြင်း၊ ဖောက်ခွဲခြင်း၊ အန္တရာယ်ပစ္စည်းထည့်လွှတ်ခြင်းဟု သော ပြစ်မှုကျူးလွန်ပါက ရာဇဝတ်မှု တာဝန်ယူသင့်သည်။

已满十二周岁不满十四周岁的人,犯故意杀人、故意伤害罪,致人死亡或者以特别残忍手段致人重伤造成严重残疾,情节恶劣,经最高人民检察院核准追诉的,应当负刑事责任。

အသက် (၁၂) နှစ်အထက် (၁၄) နှစ်အောက်ဖြစ်သူက လူ့ကိုတမင်သက်သက် သတ်ဖြတ်ခြင်း၊ သူတပါးကို တမင်သက်သက်ထိခိုက်စေသည့်ပြစ်မှုပြုလုပ်၍ သူတပါးကို သေဆုံးစေခြင်း သို့မဟုတ်အလွန်ရက်စက်သော နည်းဖြင့် သူတပါးကို အပြင်းအထန် ဒဏ်ရာရပြီး ဆိုးဝါးသောမသန်မစွမ်းသူဖြစ်စေခဲ့ခြင်း၊ ကျူးလွန်ခဲ့သော ပြစ်မှု ဆိုးယုတ် ညစ်စုတ်လျှင် ပြည်သူ့ရှေ့နေရုံးချုပ်စစ်ဆေးအတည်ပြုတရားစွဲလျှင် ရာဇဝတ်မှုတာဝန် ခံသင့် သည်။

对依照前三款规定追究刑事责任的不满十八周岁的人,应当从轻或者减轻处罚。

အထက်ပါသတ်မှတ်ချက်သုံးချက်အရ ရာဇဝတ်မှုဖြင့်အရေးယူသည့် အသက်(၁၈)နှစ်အရွယ်မပြည့်သူ ကိုပြစ်ဒဏ်သေးငယ်ပေးခြင်းသို့မဟုတ်လျော့နည်းပေးခြင်းဖြစ်သင့်သည်။

因不满十六周岁不予刑事处罚的,责令其父母或者其他监护人加以管教;在必要的时候,依法进行专门矫治教育。

အသက် (၁၆) နှစ်အောက်ရာဇဝတ်မှုပြစ်ဒဏ်မခံရခြင်းကြောင့် သူမိဘ သို့မဟုတ် ကာကွယ်စောင့်ကြပ် သူအား ကောင်းစွာထိန်းချုပ်ရန်အမိန့်ချရမည်၊ လိုအပ်လျှင် တရားဥပဒေ အရ သီးခြားပြုပြင်ရန် ပညာသင် ကြားပေးမည်။

已满七十五周岁的人故意犯罪的，可以从轻或者减轻处罚；过失犯罪的，应当从轻或者减轻处罚。

အသက် (၇၅) အ႐ြယ်ပြည့်သောသူများအတွက် တမင်သက်သက်အမှုဖြစ်လျှင် ပြစ်ဒဏ်ပေး သည့်အခါ သေးငယ်ပေးနိုင်ခြင်း သို့မဟုတ်လျှော့နည်းပြစ်ဒဏ်ပေးနိုင်သည်။ မတော်တဆပြစ်မှုကျူးလွန်လျှင် ပြစ်ဒဏ် သေးငယ်ပေးခြင်း၊ သို့မဟုတ် လျှော့နည်းပေးခြင်း ဖြစ်သင့်သည်။

三、刑罚的类型有哪些?

၃။ ပြစ်ဒဏ် အမျိုးအစားမှာ အဘယ်နည်း။

（1）刑罚分为主刑和附加刑。

(၁)။ ပြစ်ဒဏ်မှာအဓိကပြစ်ဒဏ်နှင့် ထပ်ဆင့်ပြစ်ဒဏ် ခွဲခြားထားသည်။

主刑的种类如下：

အဓိကပြစ်ဒဏ်အမျိုးအစားမှာအောက်ပါအတိုင်းဖြစ်သည်။

①管制。

(က)။ ထိန်သိမ်းချုပ်ခြယ်ခြင်း။

②拘役。

(ခ)။ အချိန်တိုတောင်းစွာထိန်းသိမ်းထားခြင်း။

③有期徒刑。

(ဂ)။ ကာလအကန့်အသတ်ရှိသောထောင်ဒဏ်။

④无期徒刑。

(ဃ)။ကာလအကန့်အသတ်မရှိသောထောင်ဒဏ်။

⑤死刑。

(c)॥ သေဒဏ်॥

附加刑的种类如下：

ထပ်ဆင့်ပြစ်ဒဏ်အမျိုးအစားမှာအောက်ပါအတိုင်းဖြစ်သည်॥

①罚金。

၁)॥ ဒဏ်ငွေ॥

②剥夺政治权利。

၂)॥နိုင်ငံရေးအခွင့်အရေးကိုဖျက်သိမ်းခြင်း॥

③没收财产。

(ဂ)॥ ပစ္စည်းဥစ္စာများကိုသိမ်းယူခြင်း॥

附加刑也可以独立适用。

ထပ်ဆင့်ပြစ်ဒဏ်လည်းသီးခြားအသုံးပြုနိုင်သည်

（2）对于犯罪的外国人，可以独立适用或者附加适用驱逐出境。

(၂)॥ ပြစ်မှုကျူးလွန်သောနိုင်ငံခြားသားများအတွက် ပြည်နှင်ဒဏ်ပေးခြင်းကို သီးခြားအသုံးပြုနိုင်ခြင်းနှင့် ထပ်ဆင့်ပြစ်ဒဏ်အသုံးပြုနိုင်သည်॥

（3）由于犯罪行为而使被害人遭受经济损失的，对犯罪分子除依法给予刑事处罚外，并应根据情况判处赔偿经济损失。

(၃)॥ ပြစ်မှုကျူးလွန်ခြင်းကြောင့် လုပ်ကြံခံရသူကို အကျိုးစီးပွားဆုံးရှုံးစေခဲ့လျှင် အမှုဖြစ်သူကို တရား ဥပဒေအရ ရာဇဝတ်မှုဒဏ်ပေးပြီး အခြေအနေအလိုက် အကျိုးစီးပွားဆုံးရှုံးမှုကို လျော်ကြေးပေးရန် စီရင် ဆုံးဖြတ်သင့်သည်॥

（4）承担民事赔偿责任的犯罪分子，同时被判处罚金，其财产不足以全部支付的，或者被判处没收财产的，应当先承担对被害人的民事赔偿责任。

(၄)॥ တရားမလျော်ကြေးပေးတာဝန်ခံသောပြစ်မှုကျူးလွန်သူသည် ဒဏ်ငွေကို တစ်ချိန်တည်းရိုက်ခြင်း

စီရင်ဆုံးဖြတ်ခြင်းခံရပြီး၎င်း၏ပိုင်ဆိုင်မှုနှင့်အပြည့်အဝပေးဆပ်ရန်မလုံလောက်လျှင်၊ သို့မဟုတ်ပိုင်ဆိုင်မှု များကိုသိမ်းယူရန်စီရင်ဆုံးဖြတ်ခြင်းခံရလျှင် တရားမလျော်ကြေးပေး တာဝန်ခံခြင်းကို ဦးစားပေးပြုလုပ်သင့် သည်။

（5）对于犯罪情节轻微不需要判处刑罚的，可以免予刑事处罚，但是可以根据案件的不同
情况，予以训诫或者责令具结悔过、赔礼道歉、赔偿损失，或者由主管部门予以行政处罚或者
行政处分。

(၅)။ ပြစ်မှုကျူးလွန်သောအပြုအမူသေးငယ်၍ ပြစ်ဒဏ်ပေးခြင်းစီရင်ဆုံးဖြတ်ရန် မလိုအပ်လျှင် ရာဇဝတ်ပြစ်ဒဏ်ပေးခြင်းကိုပယ်ဖျက်နိုင်သော်လည်း မတူညီသော အမှုဖြစ်အခြေအနေအရ ဆုံးမသွန်သင် ခြင်း၊ သို့မဟုတ် ၎င်းကိုအမိန့်ပေးပြီးနောက်တ တရားရှု၍အမှားဝန်ခံခြင်း၊ ဝန်ချတောင်းပန်းခြင်း၊ လျော်ကြေး ပေးခြင်း၊ သို့မဟုတ်အုပ်ချုပ်ရေးဌာနမှ အုပ်ချုပ်ရေး ပြစ်ဒဏ်ပေးခြင်း၊ သို့မဟုတ်အုပ်ချုပ်ရေးအပြစ်ပေးခြင်း စသည်တို့ ပြုလုပ်ရမည်။

（6）因利用职业便利实施犯罪，或者实施违背职业要求的特定义务的犯罪被判处刑罚的，
人民法院可以根据犯罪情况和预防再犯罪的需要，禁止其自刑罚执行完毕之日或者假释之日起
从事相关职业，期限为三年至五年。

(၆)။ ထမ်းဆောင်သောတာဝန်၏သာလွန်ချက်အသုံးပြု၍ ပြစ်မှုကျူးလွန်ခြင်း၊ သို့မဟုတ် ထမ်းဆောင် သော တာဝန်၏လိုအပ်ချက်သတ်မှတ်ထားသည့် အထူးတာဝန်ကို ဖောက်ဖျက်ကျူးလွန်၍ ပြစ်မှုကျူးလွန် သောကြောင့် ပြစ်ဒဏ်ပေးခြင်းကို စီရင် ဆုံးဖြတ်ချက်ခံခဲ့ရသူအပေါ် ပြည်သူ့တရားရုံးသည်ပြစ်မှုကျူးလွန် ခြင်း အကြောင်းနှင့် ပြစ်မှုထပ်မံကျူးလွန်ခြင်းကို ကြိုတင်ကာကွယ်ရန်လိုအပ်ချက်အရ ပြစ်မှုကျူးလွန်၍ ပြစ်ဒဏ်ပေးခြင်းခံရသူကို ပြစ်ဒဏ်ပေးခြင်းအား အကောင်အထည်ဖော်ဆောင်ရွက် ပြီးသည့်နေ့မှစ၍ သို့မဟုတ်တရားရှင်လွတ်ခြင်းခံရသည့်နေ့မှစ၍ သက်ဆိုင်သော လုပ်ငန်းကို လုပ်ခွင့်မရဆုံးဖြတ်ထားသည်၊ အချိန်ကာလမှာ(၃)နှစ်မှ(၅)နှစ်ဖြစ်သည်။

四、如何定义危害国家安全罪？

၄။ နိုင်ငံတော်လုံခြုံရေးအန္တရာယ်ဖြစ်စေသောပြစ်မှုများကိုဘယ်လိုသတ်မှတ်ထားသလဲ။

（1）勾结外国，危害中华人民共和国的主权、领土完整和安全的，处无期徒刑或者十年以上有期徒刑。

(၁)။ နိုင်ငံခြားနိုင်ငံနှင့်ပူးပေါင်းချိတ်ဆက်၍ တရုတ်ပြည်သူ့သမ္မတနိုင်ငံ အချုပ်အခြာအာဏာ၊ ပိုင်နက်နယ်မြေပြည့်စုံခြင်းနှင့် လုံခြုံခြင်းကို ထိခိုက်ဖျက်ဆီးစေလျှင် ကာလအကန့်အသတ်မရှိသောထောင်ဒဏ် သို့မဟုတ် (၁၀)နှစ်အထက်ကာလအကန့်အသတ်ရှိသောထောင်ဒဏ်စီရင်ဆုံးဖြတ်ကြ သည်။

与境外机构、组织、个人相勾结，犯前款罪的，依照前款的规定处罚。

ပြည်ပအဖွဲ့အစည်း၊ အသင်းအဖွဲ့၊ လူပုဂ္ဂိုလ်နှင့် ပူးပေါင်းချိတ်ဆက်၍ အထက်ပါ ပြစ်မှုကျူးလွန်ပါက အထက်ပါအချက်များအရ ပြစ်ဒဏ်ပေးမည်။

（2）组织、策划、实施分裂国家、破坏国家统一的，对首要分子或者罪行重大的，处无期徒刑或者十年以上有期徒刑；对积极参加的，处三年以上十年以下有期徒刑；对其他参加的，处三年以下有期徒刑、拘役、管制或者剥夺政治权利。

(၂)။ နိုင်ငံတော်သွေးခွဲခြင်း၊ နိုင်ငံတော်တပေါင်းတစည်းကို ဖျက်ဆီးခြင်းအတွက် ဖွဲ့စည်းစုရုံးခြင်း၊ ကြံစည်ခြင်း၊ အကောင်အထည်ဖော်ဆောင်ခြင်းပြုလုပ်လျှင် အဓိကတာဝန် ထမ်းဆောင်သူ သို့မဟုတ်ပြစ်မှုကြီးလေးသူကို ကာလအကန့် အသတ်မရှိသော ထောင်ဒဏ်ပေးမည်၊ သို့မဟုတ်(၁၀)နှစ်အထက်ကာလအကန့်အသတ်ရှိသောထောင်ဒဏ် ပေးမည်၊ တက်ကြွစွာပါဝင်သူများကို (၃)နှစ်အထက်(၁၀)နှစ်အောက် ကာလအကန့် အသတ်ရှိသောထောင်ဒဏ်ပေးမည်၊ အခြားပါဝင်သူများကို (၃)နှစ်အောက် ကာလအကန့် အသတ်ရှိသောထောင်ဒဏ်ပေးခြင်း၊ အချိန်တိုတောင်းစွာထိန်းသိမ်းထားခြင်း၊ ထိန်းသိမ်း ချုပ်ချယ်ထားခြင်း၊ နိုင်ငံရေးအခွင့်အရေးကို ဖျက်သိမ်းပစ်ခြင်းများ ပြုလုပ်ကြသည်။

煽动分裂国家、破坏国家统一的，处五年以下有期徒刑、拘役、管制或者剥夺政治权利；首要分子或者罪行重大的，处五年以上有期徒刑。

နိုင်ငံတော်သွေးခွဲခြင်း၊ နိုင်ငံတော်တပေါင်းတစည်းကို ဖျက်ဆီးခြင်းအတွက် သွေးထိုးလှုံ့ဆော်လျှင် (၅)နှစ်အောက် ကာလအကန့်အသတ်ရှိသောထောင်ဒဏ်ပေးခြင်း၊ အချိန်တိုတောင်းစွာထိန်းသိမ်းထားခြင်း၊ သို့မဟုတ်နိုင်ငံရေးအခွင့်အရေးကို ဖျက်သိမ်း ပစ်ခြင်း များ ပြုလုပ်ကြသည်။

（3）组织、策划、实施武装叛乱或者武装暴乱的，对首要分子或者罪行重大的，处无期徒刑或者十年以上有期徒刑；对积极参加的，处三年以上十年以下有期徒刑；对其他参加的，处三年以下有期徒刑、拘役、管制或者剥夺政治权利。

(၃)။ လက်နက်ကိုင်ပုန်ကန်သောင်းကျန်းရန်၊ သို့မဟုတ်လက်နက်ကိုင်ဆူပူ သောင်းကျန်းရန်အတွက် ဖွဲ့စည်းစုရုံးခြင်း၊ ကြံစည်ခြင်း၊ အကောင်အထည်ဖော် ဆောင်ခြင်းပြုလုပ်လျှင် အဓိကတာဝန်ထမ်းဆောင်သူ သို့မဟုတ်ပြစ်မှုကြီးလေးသူကို ကာလအကန့်အသတ်မရှိသောထောင်ဒဏ်ပေးမည်၊ သို့မဟုတ် (၁၀) နှစ်အထက် ကာလ အကန့်အသတ်ရှိသောထောင်ဒဏ်ပေးမည်၊ တက်တက်ကြွကြွပါဝင်ဆောင်ရွက်သူများ ကို (၃) နှစ်အထက် (၁၀) နှစ်အောက် ကာလအကန့်အသတ်ရှိသောထောင်ဒဏ်ပေးမည်၊ အခြား ပါဝင် ဆောင်ရွက်သူများကို (၃) နှစ်အောက် ကာလအကန့်အသတ်ရှိသောထောင်ဒဏ် ပေးခြင်း၊ အချိန်တိုတောင်းစွာ ထိန်းသိမ်းထားခြင်း၊ ထိန်းသိမ်းချုပ်ခြယ်ထားခြင်း၊ နိုင်ငံရေး အခွင့်အရေးကို ဖျက်သိမ်းပစ်ခြင်းများ ပြုလုပ် ကြသည်။

策动、胁迫、勾引、收买国家机关工作人员、武装部队人员、人民警察、民兵进行武装叛乱或者武装暴乱的，依照前款的规定从重处罚。

နိုင်ငံတော်ရုံးဌာနဝန်ထမ်း၊ လက်နက်ကိုင်တပ်ဖွဲ့တပ်သားများ၊ ပြည်သူ့ရဲသားများ၊ ပြည်သူ့စစ်အဖွဲ့ဝင်များ ကို စီမံစိုင်းပြင်ခြင်း၊ ခြိမ်းခြောက်အကျပ်ကိုင်ခြင်း၊ သွေးဆောင် ချော့မြှူခြင်းလာဘ်တံဆိုးပေး၍သိမ်းသွင်း ခြင်းစသည်ဖြင့် လက်နက်ကိုင် ပုန်ကန် သောင်းကျန်းခြင်း၊ လက်နက်ကိုင်ဆူပူသောင်းကျန်းခြင်းဆင်နွှဲပါက အထက်ပါ သတ်မှတ်ချက် အလိုက်ပြင်းထန်စွာအရေးယူမည်။

（4）组织、策划、实施颠覆国家政权、推翻社会主义制度的，对首要分子或者罪行重大的，处无期徒刑或者十年以上有期徒刑；对积极参加的，处三年以上十年以下有期徒刑；对其他参加的，处三年以下有期徒刑、拘役、管制或者剥夺政治权利。

(၄)။ နိုင်ငံတော်နိုင်ငံရေးအချုပ်အခြာအာဏာကို တွန်းလှန်ဖြိုဖျက်ရန်၊ ဆိုရှယ်လစ် စနစ်ကို တွန်းလှန် ပယ်ဖျက်ရန် ဖွဲ့စည်းစုရုံးခြင်း၊ ကြံစည်ခြင်း၊ အကောင်အထည်ဖော် ဆောင်ရွက်ခြင်းပြုလုပ်လျှင် အဓိက တာဝန်ထမ်းဆောင်သူ သို့မဟုတ်ပြစ်မှုကြီးလေးသူကို ကာလအကန့်အသတ်မရှိသောထောင်ဒဏ်ပေးမည်၊ သို့မဟုတ် (၁၀)နှစ်အထက် ကာလ အကန့်အသတ်ရှိသောထောင်ဒဏ်ပေးမည်၊ တက်ကြွစွာပါဝင်ဆောင်ရွက် သူများကို (၃) နှစ်အထက် (၁၀) နှစ်အောက် ကာလအကန့်အသတ်ရှိသောထောင်ဒဏ်ပေးမည်၊ အခြား ပါဝင် ဆောင်ရွက်သူများကို (၃) နှစ်အောက် ကာလအကန့်အသတ်ရှိသောထောင်ဒဏ် ပေးခြင်း၊ အချိန်တိုတောင်းစွာ ထိန်းသိမ်းထားခြင်း၊ ထိန်းသိမ်းချုပ်ခြယ်ထားခြင်း၊ သို့မဟုတ်နိုင်ငံရေး အခွင့်အရေးကို ဖျက်သိမ်းပစ်ခြင်းများ ပြုလုပ်ကြမည်။

以造谣、诽谤或者其他方式煽动颠覆国家政权、推翻社会主义制度的，处五年以下有期徒刑、拘役、管制或者剥夺政治权利；首要分子或者罪行重大的，处五年以上有期徒刑。

နိုင်ငံတော်နိုင်ငံရေးအချုပ်အခြာအာဏာကို တွန်းလှန်ဖြိုဖျက်ရန်၊ ဆိုရှယ်လစ်စနစ်ကို တွန်းလှန် ပယ်ဖျက်ရန် လုပ်ကြံသတင်းဖြန့်လွှင့်ခြင်း၊ အသရေဖျက်ခြင်း၊ သို့မဟုတ် အခြားနည်းလမ်းဖြင့်လှုံ့ဆော်လျှင် (၅) နှစ်အောက် ကာလအကန့်အသတ်ရှိသောထောင်ဒဏ် ပေးခြင်း၊ အချိန်တိုတောင်းစွာ ထိန်းသိမ်းထားခြင်း ၊ ထိန်းသိမ်းချုပ်ခြယ်ထားခြင်း၊ နိုင်ငံရေး အခွင့်အရေးကို ဖျက်သိမ်းပစ်ခြင်းများ ပြုလုပ်ကြသည်။ အဓိက တာဝန် ထမ်းဆောင်သူကို (၅)နှစ်အထက်ကာလအကန့်အသတ်ရှိသောထောင်ဒဏ်ပေးမည်။

（5）有下列间谍行为之一，危害国家安全的，处十年以上有期徒刑或者无期徒刑；情节较轻的，处三年以上十年以下有期徒刑：

(၅)။ အောက်ပါသူလျှိုအပြုအမူတစ်ခုခုရှိပြီး နိုင်ငံတော်လုံခြုံရေးထိခိုက်ဖျက်ဆီးလျှင် (၁၀)နှစ်အထက် ကာလအကန့်အသတ်ရှိသောထောင်ဒဏ်ပေးခြင်း သို့မဟုတ်ကာလအကန့် အသတ်မရှိသောထောင်ဒဏ် ပေးမည်၊ အခြေအနေသိပ်မဆိုးဝါးလျှင် (၃) နှစ်အထက် (၁၀) နှစ်အောက် ကာလအကန့်အသတ်ရှိသော ထောင်ဒဏ်ပေးမည်။

①参加间谍组织或者接受间谍组织及其代理人的任务的。

(က)။ သူလျှိုအဖွဲ့အစည်းပါဝင်ခြင်း သို့မဟုတ်သူလျှိုအဖွဲ့အစည်းနှင့် ၎င်း၏ ကိုယ်စားပြုသူပေးအပ်ထား သောတာဝန်ကို လက်ခံဆောင်ရွက်ခြင်း

②为敌人指示轰击目标的。

(ခ)။ ရန်သူကိုပစ်ဖောက်ရန်ပန်းတိုင်အား ညွှန်ပြပေးခြင်း

（6）为境外的机构、组织、人员窃取、刺探、收买、非法提供国家秘密或者情报的，处五年以上十年以下有期徒刑；情节特别严重的，处十年以上有期徒刑或者无期徒刑；情节较轻的，处五年以下有期徒刑、拘役、管制或者剥夺政治权利。

(၆)။ ပြည်ပအဖွဲ့အစည်း၊ အသင်းအဖွဲ့၊ လူပုဂ္ဂိုလ်တို့အတွက်နိုင်ငံတော်လျှို့ဝှက်ချက်၊ သို့မဟုတ်သတင်း များကို ခိုးယူပေးခြင်း၊ စုံစမ်းရှာဖွေပေးခြင်း၊ ဝယ်ယူပေးခြင်း ပြုလုပ်ပါက (၅) နှစ်အထက် (၁၀) နှစ်အောက် ကာလအကန့်အသတ်ရှိသောထောင်ဒဏ် ပေးမည်၊ အခြေအနေအလွန်ဆိုးဝါးပါက (၁၀) နှစ်အထက်ကာလ အကန့်အသတ်ရှိသော ထောင်ဒဏ်ပေးခြင်း၊ သို့မဟုတ်ကာလအကန့်အသတ်မရှိသောထောင်ဒဏ်ပေး မည်၊ အခြေ အနေသိပ်မဆိုးဝါးလျှင် (၅) နှစ်အောက် ကာလအကန့်အသတ်ရှိသောထောင်ဒဏ်ပေးခြင်း၊ အချိန်တိုတောင်းစွာ ထိန်းသိမ်းထားခြင်း၊ ထိန်းသိမ်းချုပ်ခြယ်ထားခြင်း၊ သို့မဟုတ်နိုင်ငံရေး အခွင့်အရေးကို ဖျက်သိမ်းပစ်ခြင်းများပြုလုပ်ကြသည်။

（7）战时供给敌人武器装备、军用物资资敌的，处十年以上有期徒刑或者无期徒刑；情节较轻的，处三年以上十年以下有期徒刑。

(၇)။ စစ်တိုက်ကာလတွင် ရန်သူကို လက်နက်တပ်ဆင်ပစ္စည်း၊ စစ်သုံးပစ္စည်းပေးအပ် ထောက်ပံ့လျှင် (၁၀) နှစ်အထက် ကာလအကန့်အသတ်ရှိသောထောင်ဒဏ်ပေးခြင်း သို့မဟုတ် ကာလအကန့်အသတ်မရှိသော ထောင်ဒဏ်ပေးမည်၊ အခြေအနေမဆိုးဝါးလျှင် (၃) နှစ်အထက် (၁၀)နှစ်အောက်ကာလအကန့်အသတ်ရှိသော ထောင်ဒဏ်ပေးမည်။

犯上述之罪的，可以并处没收财产。

အထက်ပါပြစ်မှုကျူးလွန်ခြင်းအပေါ်ပစ္စည်းဥစ္စာကိုပါပူးတွဲသိမ်းယူဒဏ်ပေးနိုင်သည်။

五、如何定义危害公共安全罪？

၅။ ပြည်သူ့လုံခြုံရေးထိခိုက်ဖျက်ဆီးမှုကိုမည်ကဲ့သို့သတ်မှတ်ထားသည်နည်း။

（1）放火、决水、爆炸以及投放毒害性、放射性、传染病病原体等物质或者以其他危险方法危害公共安全，尚未造成严重后果的，处三年以上十年以下有期徒刑。

(၁)။ မီးရှို့ခြင်း၊ တာရိုးဖောက်ခြင်း၊ ဖောက်ခွဲခြင်းနှင့် အဆိပ်အတောက်သတ္တိရှိပစ္စည်း၊ ရေဒီယိုသတ္တိရှိ ပစ္စည်း၊ ကူးစက်တတ်ရောဂါဖြစ်စေသောအရာဝတ္ထုပစ်ချထည့်သွင်းခြင်း သို့မဟုတ်အခြားသောအန္တရာယ်ရှိ နည်းလမ်းဖြင့် ပြည်သူလူထုလုံခြုံရေးကို ထိခိုက် ဖျက်ဆီးစေ၍ ပြင်းထန်သောဆိုးကျိုးမှမဖြစ်ပွားသေးလျှင် (၃) နှစ်အထက် (၁၀)နှစ် အောက်ကာလအကန့်အသတ်ရှိသောထောင်ဒဏ်ပေးမည်။

（2）放火、决水、爆炸以及投放毒害性、放射性、传染病病原体等物质或者以其他危险方法致人重伤、死亡或者使公私财产遭受重大损失的，处十年以上有期徒刑、无期徒刑或者死刑。

(၂)။ မီးရှို့ခြင်း၊ တာရိုးဖောက်ခြင်း၊ ဖောက်ခွဲခြင်းနှင့်အဆိပ်အတောက်သတ္တိရှိပစ္စည်း၊ ရေဒီယိုသတ္တိရှိ ပစ္စည်း၊ ကူးစက်တတ်ရောဂါဖြစ်စေသော အရာဝတ္ထုပစ်ချထည့်သွင်းခြင်း သို့မဟုတ်အခြားသောအန္တရာယ်ရှိ နည်းလမ်းဖြင့် သူတပါးကို ပြင်းထန်သောဒဏ်ရာ ဖြစ်စေခြင်း၊ သေဆုံးစေခြင်း၊ သို့မဟုတ်အများပိုင်ပစ္စည်း နှင့် ပုဂ္ဂလိကပစ္စည်းကို ကြီးလေးသောဆုံးရှုံးမှုဖြစ်စေခဲ့လျှင် (၁၀) နှစ်အထက် ကာလအကန့်အသတ်ရှိသော ထောင်ဒဏ်ပေးခြင်း၊ ကာလအကန့်အသတ်မရှိသောထောင်ဒဏ်ပေးခြင်း၊ သို့မဟုတ် သေဒဏ်ပေးမည်။

（3）破坏火车、汽车、电车、船只、航空器，足以使火车、汽车、电车、船只、航空器发生倾覆、毁坏危险，尚未造成严重后果的，处三年以上十年以下有期徒刑。

(၃)။ မီးရထား၊ မော်တော်ကား၊ ဓါတ်ရထား၊ သင်္ဘော၊ လေကြောင်းပျံသန်းစက် တို့ကို ဖျက်ဆီး၍ မီးရထား၊ မော်တော်ကား၊ ဓါတ်ရထား၊ သင်္ဘော၊ လေကြောင်းပျံသန်းစက်တို့ကို မှောက်သွန်ခြင်း၊ ဖျက်ဆီး ခြင်းအန္တရာယ်ဖြစ်ပွားစေရန် လုံလောက်သော်လည်း ပြင်းထန်သောဆိုးကျိုးမှုကို မဖြစ်ပွားသေးလျှင် (၃) နှစ်

အထက် (၁၀) နှစ်အောက် ကာလအကန့်အသတ်ရှိသောထောင်ဒဏ်ပေးမည်။

（4）破坏轨道、桥梁、隧道、公路、机场、航道、灯塔、标志或者进行其他破坏活动，足以使火车、汽车、电车、船只、航空器发生倾覆、毁坏危险，尚未造成严重后果的，处三年以上十年以下有期徒刑。

(၄)။ မီးရထားလမ်း၊ တံတား၊ လိုဏ်ခေါင်း၊ ကားလမ်း၊ လေဆိပ်၊ ရေကြောင်းလမ်းစဉ်၊ မီးပြတိုက်၊ အမှတ်အသားများကို ဖျက်ဆီးခြင်း သို့မဟုတ်အခြားဖျက်ဆီးလှုပ်ရှားမှု ပြုလုပ်၍ မီးရထား၊ မော်တော်ကား ၊ ဓါတ်ရထား၊ သင်္ဘော၊ လေကြောင်းပျံသန်းစက်တို့ကို မှောက်သွန်ခြင်း၊ ဖျက်ဆီးခြင်းအန္တရာယ်ဖြစ်ပွါးစေရန် လုံလောက်သော်လည်း ပြင်းထန်သော ဆိုးကျိုးမှုကို မဖြစ်ပွါးသေးလျှင် (၃) နှစ်အထက် (၁၀) နှစ်အောက် ကာလအကန့်အသတ်ရှိသောထောင်ဒဏ်ပေးမည်။

（5）破坏电力、燃气或者其他易燃易爆设备，危害公共安全，尚未造成严重后果的，处三年以上十年以下有期徒刑。

(၅)။ လျှပ်စစ်ဓါတ်အား၊ ဓါတ်ငွေ့ သို့မဟုတ်အခြားမီးတောက်လွယ်ပေါက်ကွဲလွယ် တပ်ဆင်ပစ္စည်းကို ဖျက်ဆီး၍ ပြည်သူ့လုံခြုံရေးထိခိုက်စေခဲ့သော်လည်း ပြင်းထန်သော ဆိုးကျိုးမှုကို မဖြစ်ပွါးသေးလျှင် (၃) နှစ် အထက် (၁၀) နှစ်အောက် ကာလအကန့်အသတ်ရှိသောထောင်ဒဏ်ပေးမည်။

（6）破坏交通工具、交通设施、电力设备、燃气设备、易燃易爆设备，造成严重后果的，处十年以上有期徒刑、无期徒刑或者死刑。

(၆)။ လမ်းပန်းဆက်သွယ်ရေးကိရိယာ၊ လမ်းပန်းဆက်သွယ်ရေးအဆောက်အအုံ၊ လျှပ်စစ်ဓါတ်အားတပ် ဆင်မှုပစ္စည်း၊ ဓါတ်ငွေ့တပ်ဆင်ပစ္စည်း၊ မီးတောက်လွယ် ပေါက်ကွဲလွယ်တပ်ဆင်ပစ္စည်းတွေကို ဖျက်ဆီး၍ ပြင်ထန်သောဆိုးကျိုးမှုကိုဖြစ်ခဲ့လျှင် (၁၀) နှစ်အထက် ကာလအကန့်အသတ်ရှိသောထောင်ဒဏ်ပေးခြင်း၊ ကာလအကန့်အသတ် မရှိသောထောင်ဒဏ်ပေးခြင်း သို့မဟုတ် သေဒဏ်ပေးမည်။

过失犯前款罪的，处三年以上七年以下有期徒刑；情节较轻的，处三年以下有期徒刑或者拘役。

မတော်တဆအထက်ပါပြစ်မှုဖြစ်လျှင် (၃) နှစ်အထက် (၇) နှစ်အောက်ကာလအကန့် အသတ်ရှိသော ထောင်ဒဏ်ပေးမည်၊ အခြေအနေမဆိုးဝါးလျှင် (၃) နှစ်အောက် ကာလ အကန့်အသတ်ရှိသော ထောင်ဒဏ် ပေးမည်၊ သို့မဟုတ်အချိန်တိုတောင်းစွာထိန်းသိမ်း ထားမည်။

（7）组织、领导恐怖活动组织的，处十年以上有期徒刑或者无期徒刑，并处没收财产；积极参加的，处三年以上十年以下有期徒刑，并处罚金；其他参加的，处三年以下有期徒刑、拘役、管制或者剥夺政治权利，可以并处罚金。

(၇)။ အကြမ်းဖက်လှုပ်ရှားမှုကို ဖွဲ့စည်းခြင်း၊ ခေါင်းဆောင်းခြင်း ပြုလုပ်ပါက (၁၀) နှစ်အထက်ကာလ အကန့်အသတ်ရှိသောထောင်ဒဏ်ပေးခြင်း သို့မဟုတ် ကာလအကန့်အသတ်မရှိသောထောင်ဒဏ်ပေးပြီး ပစ္စည်းဥစ္စာသိမ်းယူဒဏ်ကိုလည်း ပူးတွဲပြုလုပ်နိုင်သည်။ တက်တက်ကြွကြွပါဝင်ဆောင်ရွက်သူကို (၃) နှစ် အထက် (၁၀) နှစ် အောက်ကာလအကန့်အသတ်ရှိသောထောင်ဒဏ်ပေးပြီး ဒဏ်ငွေလည်းပူးတွဲရိုက်နိုင်သည်၊ အခြားပါဝင်ဆောင်ရွက်သူများကို (၃) နှစ်အောက် ကာလအကန့်အသတ်ရှိသော ထောင်ဒဏ် ပေးခြင်း၊ အချိန်တိုတောင်းစွာ ထိန်းသိမ်းထားခြင်း၊ ထိန်းသိမ်း ချုပ်ခြယ်ထားခြင်း၊ သို့မဟုတ် နိုင်ငံရေးအခွင့်အရေးကို ဖျက်သိမ်းပစ်၍ ဒဏ်ငွေကိုလည်းပူးတွဲရိုက်နိုင်သည်။

犯前款罪并实施杀人、爆炸、绑架等犯罪的，依照数罪并罚的规定处罚。

အထက်ပါပြစ်မှုဖြစ်ပြီး လူသတ်ခြင်း၊ ဖောက်ခွဲခြင်း၊ ပြန်ပေးဆွဲခြင်းစသည့်ပြစ်မှုကို ကျူးလွန်ပါက ပြစ်မှုများပေါင်းစပ်ဒဏ်ပေးသည့်သတ်မှတ်ချက်အရ ပြစ်ဒဏ်ပေးမည်။

（8）资助恐怖活动组织、实施恐怖活动的个人的，或者资助恐怖活动培训的，处五年以下有期徒刑、拘役、管制或者剥夺政治权利，并处罚金；情节严重的，处五年以上有期徒刑，并处罚金或者没收财产。

(၈)။ အကြမ်းဖက်လှုပ်ရှားမှုပြုလုပ်သောအဖွဲ့အစည်းကို ထောက်ပံ့ ပေးခြင်း၊ အကြမ်းဖက်မှုကို အကောင်အထည်ဖော် ဆောင်ရွက်သော လူပုဂ္ဂိုလ်အား ထောက်ပံ့ပေးခြင်း၊ သို့မဟုတ်အကြမ်းဖက်လှုပ်ရှားမှု လေ့ကျင့်ရန် ထောက်ပံ့ပေးလျှင် (၅) နှစ်အောက် ကာလအကန့်အသတ်ရှိသောထောင်ဒဏ်ပေးခြင်း၊ အချိန်

တိုတောင်းစွာထိန်းသိမ်းထားခြင်း၊ ထိန်းသိမ်းချုပ်ခြယ်ထားခြင်း၊ သို့မဟုတ်နိုင်ငံရေး အခွင့်အရေးကို ဖျက်သိမ်းပစ်ပြီး ဒဏ်ငွေရိုက်ခြင်းနှင့် ပစ္စည်းဥစ္စာသိမ်းယူခြင်းတို့ကို ပူးတွဲပြုလုပ်နိုင်သည်။

为恐怖活动组织、实施恐怖活动或者恐怖活动培训招募、运送人员的，依照前款的规定处罚。

အကြမ်းဖက် လှုပ်ရှားမှုပြုလုပ်သောအဖွဲ့အစည်းအတွက်၊ ထိတ်လန့် ခြောက်ချားလှုပ်ရှားမှုကို အကောင်အထည်ဖော်ဆောင်ရွက်ရန်အတွက်လူကို စုဆောင်းခြင်း၊ သယ်ယူပို့ဆောင်ခြင်းပြုလုပ်ပါက အထက်ပါသတ်မှတ်ချက်အရ ပြစ်ဒဏ်ပေးမည်။

单位犯前两款罪的，对单位判处罚金，并对其直接负责的主管人员和其他直接责任人员，依照第一款的规定处罚。

ဌာနမှအထက်ပါပုဒ်မနှစ်ခုပါပြစ်မှုကျူးလွန်ပါက ဌာနကို ဒဏ်ငွေရိုက်ခြင်းအား စီရင်ဆုံးဖြတ်သည့် အပြင် ဌာနတာဝန်တိုက်ရိုက်ထမ်းဆောင်သောအမိကစီမံခန့်ခွဲသူနှင့် တာဝန်တိုက်ရိုက်ထမ်းဆောင်သော အခြားသူကို အထက်ပါပုဒ်မ(၁)၏သတ်မှတ်ချက်အရ ပြစ်ဒဏ်ပေးမည်။

（9）有下列情形之一的，处五年以下有期徒刑、拘役、管制或者剥夺政治权利，并处罚金；情节严重的，处五年以上有期徒刑，并处罚金或者没收财产：

（ခ）။ အောက်ပါအခြေအနေတစ်ခုခုရှိလျှင် (၅) နှစ်အောက် ကာလအကန့်အသတ် ရှိသောထောင်ဒဏ်ပေး ခြင်း၊ အချိန်တိုတောင်းစွာထိန်းသိမ်းထားခြင်း၊ ထိန်းသိမ်းချုပ်ခြယ် ထားခြင်း၊ သို့မဟုတ်နိုင်ငံရေးအခွင့်အရေး ကို ဖျက်သိမ်းပစ်ပြီး ဒဏ်ငွေကို ပူးတွဲရိုက် နိုင်သည်။ အခြေအနေဆိုးဝါးလျှင် (၅) နှစ်အထက်ကာလ အကန့်အသတ်ရှိသော ထောင်ဒဏ်ပေးပြီးဒဏ်ငွေရိုက်ခြင်းနှင့် ပိုင်ဆိုင်မှုစာသိမ်းယူခြင်းတို့ကို ပူးတွဲဒဏ်ပေး နိုင်သည်။

①为实施恐怖活动准备凶器、危险物品或者其他工具的。

（က）။ အကြမ်းဖက်လှုပ်ရှားမှုကို ပြုလုပ်ဆောင်ရွက်ရန်လူသတ်လက်နက်၊ အန္တရာယ်ရှိ ပစ္စည်း၊ သို့မဟုတ်အခြားလက်ကိုင်တန်ဆာပလာများပြင်ဆင်ခြင်း။

②组织恐怖活动培训或者积极参加恐怖活动培训的。

(၁)။ အကြမ်းဖက်လှုပ်ရှားမှုလေ့ကျင့်ရေးဖွဲ့စည်းခြင်း၊ သို့မဟုတ် အကြမ်းဖက် လေ့ကျင့်ရေးကို တက်ကြွ စွာပါဝင်ခြင်း။

③为实施恐怖活动与境外恐怖活动组织或者人员联络的。

(ဂ)။ အကြမ်းဖက်လှုပ်ရှားမှုအကောင်အထည်ဖော်ဆောင်ရွက်ရန် ပြည်ပမှ ထိတ်လန့်ချောက်ချားမှုအဖွဲ့ အစည်း သို့မဟုတ်အဖွဲ့ဝင်နှင့်ဆက်သွယ်ခြင်း။

④为实施恐怖活动进行策划或者其他准备的。

(ဃ)။ အကြမ်းဖက်လှုပ်ရှာမှုကို အကောင်အထည်ဖော်ရန် ကြိုစည် ရေးဆွဲခြင်းနှင့် အခြားပြင်ဆင်မှု ပြုလုပ်ခြင်း။

有前款行为，同时构成其他犯罪的，依照处罚较重的规定定罪处罚。

အထက်ပါအပြုအမူရှိ၍ တစ်ချိန်တည်းတွင် အခြားပြစ်မှုကျူးလွန်လျှင် သတ်မှတ်ထားသောကြီးလေး သည့်ပြစ်ဒဏ်ပေးခြင်းအရဒဏ်ပေးမည်။

（10）以制作、散发宣扬恐怖主义、极端主义的图书、音频视频资料或者其他物品，或者通过讲授、发布信息等方式宣扬恐怖主义、极端主义的，或者煽动实施恐怖活动的，处五年以下有期徒刑、拘役、管制或者剥夺政治权利，并处罚金；情节严重的，处五年以上有期徒刑，并处罚金或者没收财产。

(၁၀)။ အကြမ်းဖက်ဝါဒ၊ အစွန်းရောက်ဝါဒနှင့်သက်ဆိုင်သောစာအုပ်များ၊ အသံနှင့် ဗီဒီယို ပစ္စည်းများ သို့မဟုတ်အခြားပစ္စည်းများထုတ်ဝေခြင်း၊ ဖြန့်ဝေခြင်းနှင့်ဟောပြောခြင်း သို့မဟုတ်စာသင်ကြားပို့ချခြင်း၊ သတင်း အချက်အလက်များထုတ်ပြန်ခြင်းစသောနည်းလမ်းများဖြင့်အကြမ်းဖက်ဝါဒ၊ အစွန်းရောက်ဝါဒ ကို ဖြန့်ဝေခြင်း၊ သို့မဟုတ်အကြမ်းဖက်မှုအကောင်အထည် ဖော်ဆောင်ရွက်ရန် သွေးသွင်းလှုံ့ဆိုခြင်းတို့ ကို ပြုလုပ်လျှင် (၅) နှစ် အောက် ကာလအကန့်အသတ်ရှိသောထောင်ဒဏ်ပေးခြင်း၊အချိန်တိုတောင်းစွာ ထိန်းသိမ်း ထားခြင်း၊ ထိန်းသိမ်းချုပ်ခြယ်ထားခြင်း၊ သို့မဟုတ်နိုင်ငံရေးအခွင့်အရေးကို ဖျက်သိမ်းပစ်ပြီး

ဒဏ်ငွေကို ပူးတွဲရိုက်မည်၊ အခြေအနေဆိုးဝါးပါက (၅)နှစ်အထက် ကာလအကန့်အသတ်ရှိသောထောင်ဒဏ် ပေးပြီး ဒဏ်ငွေ ရိုက်ခြင်းနှင့် ပစ္စည်းဥစ္စာ သိမ်းယူခြင်း တို့ကို ပူးတွဲဒဏ်ပေး မည်။

（11）利用极端主义煽动、胁迫群众破坏国家法律确立的婚姻、司法、教育、社会管理等制度实施的，处三年以下有期徒刑、拘役或者管制，并处罚金；情节严重的，处三年以上七年以下有期徒刑，并处罚金；情节特别严重的，处七年以上有期徒刑，并处罚金或者没收财产。

(၁၁)။ အစွန်းရောက်ဝါဒအသုံးပြု၍လူထုကိုခြိမ်းခြောက် အကျပ် ကိုင်ပြီး နိုင်ငံတော်တရားဥပဒေ အရ သတ်မှတ်ထားသောလက်ထပ်ထိမ်းမြားရေး၊ တရားစီရင်ရေး၊ ပညာရေး၊ လူမှုစီမံအုပ်ချုပ်ရေးစသ ည့်စနစ်ကို အကောင်အထည်ဖော်ဆောင်ရွက်ခြင်းကို ဖျက်ဆီးလျှင် (၃) နှစ်အောက်အကန့်အသတ်ရှိသော ထောင်ဒဏ်ပေးခြင်း၊ အချိန်တိုတောင်းစွာထိန်းသိမ်း ထားခြင်း၊ ထိန်းသိမ်းချုပ်ခြယ်ထားခြင်း၊ ပြီးနောက် ဒဏ်ငွေကိုလည်းပူးတွဲရိုက်နိုင်သည်။ အခြေအနေဆိုးဝါးလျှင် (၃) နှစ်အထက် (၇)နှစ်အောက် အကန့် အသတ် ရှိသော ထောင်ဒဏ်ပေးပြီး ဒဏ်ငွေကိုပူးတွဲရိုက်မည်၊ အခြေအနေအလွန်အကျွံဆိုးဝါးလျှင် (၇) နှစ် အထက် ထောင်ဒဏ်ပေးပြီး ဒဏ်ငွေရိုက်ခြင်းနှင့် ပစ္စည်းဥစ္စာသိမ်းယူခြင်းတို့ကို ပူးတွဲ ပြစ်ဒဏ်ပေးမည်။

（12）以暴力、胁迫等方式强制他人在公共场所穿着、佩戴宣扬恐怖主义、极端主义服饰、标志的，处三年以下有期徒刑、拘役或者管制，并处罚金。

(၁၂)။ အများပြည်သူနေရာတွင် အကြမ်းဖက်ဝါဒနှင့် အစွန်းရောက်ဝါဒဖြန့်ရန် အဝတ်အစားဝတ်ခြင်း နှင့် အမှတ်အသားတံဆိပ်ကို ဝတ်ဆင်ခြင်းအတွက် သူတပါးကို အကြမ်းဖက်သောနည်းလမ်း၊ ခြိမ်းခြောက် အကျပ်ကိုင်သောနည်းလမ်းများဖြင့်အတင်းအဓမ္မပြုလုပ်ပါက (၃) နှစ်အောက် ကာလအကန့်အသတ်ရှိသော ထောင်ဒဏ်ပေးခြင်း၊ အချိန်တိုတောင်းစွာထိန်းသိမ်းထားခြင်း၊ ထိန်းသိမ်းချုပ်ခြယ်ထားခြင်းပေးပြီးဒဏ်ငွေကို လည်းပူးတွဲရိုက်မည်။

（13）明知是宣扬恐怖主义、极端主义的图书、音频视频资料或者其他物品而非法持有，情节严重的，处三年以下有期徒刑、拘役或者管制，并处或者单处罚金。

(၁၃)။ အကြမ်းဖက်ဝါဒနှင့် အစွန်းရောက်ဝါဒဖြန့်ဝေသောစာအုပ်၊ ရုပ်သံပစ္စည်းများဖြစ်ခြင်း၊ သို့မဟုတ်

အခြားပစ္စည်းဖြစ်ခြင်းကို သိလျက်သားနှင့် ကိုင်ဆောင်ထား၍ အခြေအနေဆိုးဝါးပါက (၃) နှစ်အောက် ကာလ အကန့်အသတ်ရှိသောထောင်ဒဏ်ပေးခြင်း၊ အချိန်တိုတောင်းစွာ ထိန်းသိမ်းထားခြင်း၊ ထိန်းသိမ်းချုပ်ချယ် ထားခြင်းပေးပြီး ဒဏ်ငွေကို လည်းပူးတွဲရိုက်မည်။

（14）以暴力、胁迫或者其他方法劫持航空器的，处十年以上有期徒刑或者无期徒刑；致 人重伤、死亡或者使航空器遭受严重破坏的，处死刑。

(၁၄)။ အကြမ်းဖက်ခြင်း၊ ခြိမ်းခြောက်အကျပ်ကိုင်ခြင်း၊ သို့မဟုတ်အခြားနည်းလမ်းဖြင့် လေကြောင်း ပျံသန်းစက်ကို ပြန်ပေးဆွဲလျှင် (၁၀)နှစ်အထက်ကာလအကန့်အသတ်ရှိသော ထောင်ဒဏ်ပေးခြင်း သို့မဟုတ် ကာလအကန့်အသတ်မရှိသောထောင်ဒဏ်ပေးမည်၊ သူတစ်ကို ပြင်းထန်သောဒဏ်ရာဖြစ်စေခြင်း၊ သေဆုံး စေခြင်း၊ သို့မဟုတ် လေကြောင်း ပျံသန်းစက်ကို ကြီးလေးသောဖျက်ဆီးမှုဖြစ်စေလျှင် သေဒဏ်ပေးမည်။

（15）以暴力、胁迫或者其他方法劫持船只、汽车的，处五年以上十年以下有期徒刑；造 成严重后果的，处十年以上有期徒刑或者无期徒刑。

(၁၅)။ အကြမ်းဖက်ခြင်း၊ ခြိမ်းခြောက်အကျပ်ကိုင်ခြင်း၊ သို့မဟုတ်အခြားနည်းလမ်းဖြင့် သင်္ဘောများ၊ မော်တော်ကားများကို ပြန်ပေးဆွဲလျှင် (၅)နှစ်အထက် (၁၀)နှစ်အောက် ကာလအကန့်အသတ် ရှိသောထောင်ဒဏ်ပေးမည်၊ အလွန်အမင်းဆိုးကျိုးဖြစ်ခဲ့လျှင် (၁၀) နှစ်အထက်ကာလအကန့်အသတ်ရှိသော ထောင်ဒဏ် သို့မဟုတ်ကာလအကန့်အသတ် မရှိသောထောင်ဒဏ်ပေးမည်။

（16）对飞行中的航空器上的人员使用暴力，危及飞行安全，尚未造成严重后果的，处五 年以下有期徒刑或者拘役；造成严重后果的，处五年以上有期徒刑。

(၁၆)။ လေကြောင်းတွင်ပျံသန်းလျက်ရှိသောစက်ထဲကလူအပေါ်အကြမ်းဖက်အင်းအား သုံးပြု၍ပျံသန်း လုံခြုံရေးကိုထိခိုက်ပြီး အန္တရာယ်ဖြစ်စေသော်လည်း အလွန်အကျွံ ဆိုးဝါးခြင်းမဖြစ်သေးလျှင် (၅) နှစ်အောက် ကာလအကန့်အသတ်ရှိသောထောင်ဒဏ် သို့မဟုတ် အချိန်တိုတောင်းစွာထိန်းသိမ်းထားခြင်းဒဏ်ပေးမည်။ ကြီးလေးသော ဆိုးကျိုးမှုဖြစ်ပွါးလျှင် (၅) နှစ်အထက်ကာလအကန့်အသတ်ရှိသောထောင်ဒဏ်ပေးမည်။

（17）破坏广播电视设施、公用电信设施，危害公共安全的，处三年以上七年以下有期徒刑；造成严重后果的，处七年以上有期徒刑。

（၁၇）။ အသံလွင့်နှင့်ရုပ်မြင်သံကြားအဆောက်အအုံ၊ အများပြည်သူသုံးပြုသည့် ဆက်သွယ်ရေး အဆောက်အအုံကို ဖျက်ဆီးခြင်း၊ အများပြည်သူလူထုလုံခြုံရေးကို ထိခိုက် ဖျက်ဆီးပါက (၃) နှစ်အထက် (၇) နှစ်အောက်ကာလအကန့်အသတ်ရှိ ထောင်ဒဏ်ပေးမည်။ ကြီးလေးသော ဆိုးကျိုးမှုဖြစ်ပွါးလျှင် (၇) နှစ် အထက် ကာလအကန့်အသတ်ရှိသော ထောင်ဒဏ်ပေးမည်။

过失犯前款罪的，处三年以上七年以下有期徒刑；情节较轻的，处三年以下有期徒刑或者拘役。

မတော်တဆအထက်ပါပြစ်မှုဖြစ်ခဲ့လျှင် (၃) နှစ်အထက် (၇) နှစ်အောက် ကာလ အကန့်အသတ်ရှိသော ထောင်ဒဏ်ပေးမည်၊ အခြေအနေမဆိုးဝါးလျှင် (၃)နှစ်အောက်ကာလ အကန့်အသတ်ရှိသောထောင်ဒဏ် သို့မဟုတ်အချိန်တိုတောင်းစွာထိန်းသိမ်းထားခြင်း ဒဏ်ပေးမည်။

（18）非法制造、买卖、运输、邮寄、储存枪支、弹药、爆炸物的，处三年以上十年以下有期徒刑；情节严重的，处十年以上有期徒刑、无期徒刑或者死刑。

（၁၈）။ သေနတ်၊ ခဲယမ်းမီးကျောက်၊ ပေါက်ကွဲပစ္စည်းများကို တရားမဝင်ထုတ်လုပ်ခြင်း၊ ရောင်းဝယ်ခြင်း ၊ သယ်ယူပို့ဆောင်ခြင်း၊ စာတိုက်မှတစ်ဆင့်ပို့ခြင်း၊ စုဆောင်း သိုလှောင်း ထားခြင်းတို့ကို ပြုလုပ်ပါက (၃) နှစ် အထက် (၁၀) နှစ်အောက်ကာလ အကန့်အသတ်ရှိသော ထောင်ဒဏ်ပေးမည်၊ အခြေအနေဆိုးဝါးလျှင် (၁၀) နှစ်အထက် ကာလ အကန့်အသတ် ရှိသောထောင်ဒဏ်၊ ကာလအကန့်အသတ်မရှိသောထောင်ဒဏ် သို့မဟုတ် သေဒဏ်ပေးမည်။

非法制造、买卖、运输、储存毒害性、放射性、传染病病原体等物质，危害公共安全的，依照前款的规定处罚。

အဆိပ်အတောက်သတ္တိရှိပစ္စည်း၊ ရေဒီယိုသတ္တိရှိပစ္စည်း၊ ကူးစက်တတ်ရောဂါ ဖြစ်စေသောအရာဝတ္တု တုပစ္စည်းတို့ကို တရားမဝင်ထုတ်လုပ်ခြင်း၊ ရောင်းဝယ်ခြင်း၊ သယ်ယူ ပို့ဆောင်ခြင်း၊ စုဆောင်းသိုလှောင်ထား ခြင်းပြုလုပ်၍ အများပြည်သူလူထုလုံခြုံရေးကို ထိခိုက်ဖျက်ဆီးပါက အထက်ပါသတ်မှတ်ချက်အရဒဏ်ပေး

မည်။

单位犯前两款罪的，对单位判处罚金，并对其直接负责的主管人员和其他直接责任人员，依照第一款的规定处罚。

ဌာနများသည် အထက်ပါဖြစ်မှုနှစ်ရပ်ဖြစ်ခဲ့လျှင် ဌာနအပေါ်ဒဏ်ငွေရိုက်ခြင်းကို စီရင်ဆုံးဖြတ်ပြီး တိုက်ရိုက်တာဝန်ခံသောအဓိကစီမံခန့်ခွဲသူနှင့် အခြားတာဝန်တိုက်ရိုက် ထမ်းဆောင်သူတို့ကို အထက်ပါ သတ်မှတ်ချက်အရ ဒဏ်ပေးမည်။

（19）依法被指定、确定的枪支制造企业、销售企业，违反枪支管理规定，有下列行为之一的，对单位判处罚金，并对其直接负责的主管人员和其他直接责任人员，处五年以下有期徒刑；情节严重的，处五年以上十年以下有期徒刑；情节特别严重的，处十年以上有期徒刑或者无期徒刑：

(၁၉)။ တရားဥပဒေအရသတ်မှတ်ထားသော သေနတ်ထုတ်လုပ်ရေးလုပ်ငန်း၊ ရောင်းချရေးလုပ်ငန်း တို့သည် သေနတ်စီမံခန့်ခွဲရေးသတ်မှတ်ချက်ကို ဖောက်ဖျက် ကျူးလွန်၍ အောက်ပါအပြုအမူတစ်ခုခုရှိ လျှင် ဌာနအပေါ်ဒဏ်ငွေရိုက်ခြင်းကို စီရင် ဆုံးဖြတ်ပြီး တိုက်ရိုက်တာဝန်ခံသောအဓိကစီမံခန့်ခွဲသူနှင့် အခြား တာဝန်တိုက်ရိုက် ထမ်းဆောင်သူတို့ကို (၅) နှစ်အောက်ကာလအကန့်အသတ်ရှိသောထောင်ဒဏ်ပေးမည်၊ အခြေအနေဆိုးဝါးလျှင်(၅) နှစ်အထက် (၁၀) နှစ်အောက်ကာလအကန့်အသတ်ရှိသော ထောင်ဒဏ်ပေးမည်၊ အခြေအနေအလွန်အကျွံဆိုးဝါးလျှင် (၁၀) နှစ်အထက် ကာလ အကန့်အသတ်ရှိသောထောင်ဒဏ် သို့မဟုတ် ကာလအကန့်အသတ်မရှိသောထောင်ဒဏ် ပေးမည်။

①以非法销售为目的，超过限额或者不按照规定的品种制造、配售枪支的。

(က)။ တရားမဝင်ရောင်းချရန်ရည်ရွယ်ပြီး လျာထားချက်ကို ကျော်လွန်ခြင်း သို့မဟုတ် သတ်မှတ်ထား သောအမျိုးအစားအတိုင်းထုတ်လုပ်ခြင်းနှင့် ရာရှင်စနစ်ဖြင့် ရောင်းချခြင်းကို မလိုက်မနာပြုလုပ်ခြင်း။

②以非法销售为目的，制造无号、重号、假号的枪支的。

(ခ)။ တရားမဝင်ရောင်းချရန်ရည်ရွယ်ပြီး နံပါတ်မဲ့၊ နံပါတ်တူ၊ နံပါတ်အတုဖြစ်သည့် သေနတ်ကို

ထုတ်လုပ်ခြင်း။

③非法销售枪支或者在境内销售为出口制造的枪支的。

(ဂ)။ တရားမဝင်သေနတ်ရောင်းချခြင်း၊ သို့မဟုတ်ပြည်တွင်းတွင် ထွက်ကုန်အတွက် ထုတ်လုပ်သော သေနတ်ကို ရောင်းချခြင်း။

（20）盗窃、抢夺枪支、弹药、爆炸物的，或者盗窃、抢夺毒害性、放射性、传染病病原体等物质，危害公共安全的，处三年以上十年以下有期徒刑；情节严重的，处十年以上有期徒刑、无期徒刑或者死刑。

(၂၀)။ သေနတ်၊ ခဲယမ်းမီးကျောက်၊ ပေါက်ကွဲပစ္စည်းများကို ခိုးယူခြင်း၊ လုယက်ခြင်း၊ သို့မဟုတ် အဆိပ်အတောက်သတ္တိရှိပစ္စည်း၊ ရေဒီယိုသတ္တိရှိပစ္စည်း၊ ကူးစက်တတ်ရောဂါ ဖြစ်စေသောအရာဝတ္ထုပစ္စည်း များကို ခိုးယူခြင်း၊ လုယက်ခြင်းများ ပြုလုပ်၍ ပြည်သူ့လုံခြုံရေးကို ထိခိုက်ဖျက်ဆီးစေပါက (၃) နှစ်အထက် (၁၀) အောက်ကာလ အကန့်အသတ်ရှိသောထောင်ဒဏ်ပေးမည်၊ အခြေအအလွန်အကျွံဆိုးဝါးပါက (၁၀) နှစ် အထက် ကာလအကန့်အသတ်ရှိသောထောင်ဒဏ်၊ ကာလအကန့်အသတ်မရှိသော ထောင်ဒဏ် သို့မဟုတ် သေဒဏ်ပေးမည်။

抢劫枪支、弹药、爆炸物的，或者抢劫毒害性、放射性、传染病病原体等物质，危害公共安全的，或者盗窃、抢夺国家机关、军警人员、民兵的枪支、弹药、爆炸物的，处十年以上有期徒刑、无期徒刑或者死刑。

သေနတ်၊ ခဲယမ်းမီးကျောက်၊ ပေါက်ကွဲပစ္စည်း၊ သို့မဟုတ် အဆိပ်အတောက် သတ္တိရှိပစ္စည်း၊ ရေဒီယို သတ္တိရှိပစ္စည်း၊ ကူးစက်တတ်ရောဂါ ဖြစ်စေသောအရာဝတ္ထု၊ ပစ္စည်း တွေကို ဓါးပြတိုက်ခြင်းကြောင့် အများ ပြည်သူလူထုလုံခြုံရေးကို ထိခိုက် ဖျက်ဆီးခြင်း သို့မဟုတ်နိုင်ငံတော်ရုံးဌာန၊ တပ်သား၊ ရဲသား၊ ပြည်သူ့စစ် အဖွဲ့ဝင်တို့၏ သေနတ်၊ ခဲယမ်းမီးကျောက်၊ ပေါက်ကွဲပစ္စည်းတွေကို ခိုးယူခြင်း၊ လုယက်ခြင်းပြုလုပ်ပါက (၁၀) နှစ် အထက်ကာလအကန့်အသတ်ရှိသောထောင်ဒဏ်၊ ကာလအကန့်အသတ်မရှိသော ထောင်ဒဏ် သို့မဟုတ် သေဒဏ်ပေးမည်။

（21）违反枪支管理规定，非法持有、私藏枪支、弹药的，处三年以下有期徒刑、拘役或者管制；情节严重的，处三年以上七年以下有期徒刑。

(၂၁)။ သေနတ်စီမံခန့်ခွဲရေးသတ်မှတ်ချက်ကို ဖောက်ဖျက်ကျူးလွန်၍ သေနတ်၊ ခဲယမ်းမီးကျောက်ကို တရားမဝင်ကိုင်ဆောင်ခြင်း၊ သိုလှောင်ပုန်းအောင်းခြင်း ပြုလုပ်ပါက (၃) နှစ်အောက်ကာလအကန့်အသတ်ရှိ သောထောင်ဒဏ်ပေးခြင်း၊ အချိန်တိုတောင်းစွာ ထိန်သိမ်းထားခြင်း သို့မဟုတ်ထိန်းသိမ်းချုပ်ချယ်ထားမည်။ အခြေအနေဆိုးဝါးလျှင် (၃) နှစ် အထက် (၇) နှစ်အောက်ကာလအကန့်အသတ်ရှိသောထောင်ဒဏ်ပေးမည်။

依法配备公务用枪的人员，非法出租、出借枪支的，依照前款的规定处罚。

依法配置枪支的人员，非法出租、出借枪支，造成严重后果的，依照第一款的规定处罚。

တရားဥပဒေအရ သေနတ်တပ်ဆင်ထားသော ဝန်ထမ်းသည် သေနတ်ကို တရားမဝင်အငှါးချခြင်း၊ ငှါးပေးခြင်းပြုလုပ်ပါက အထက်ပါသတ်မှတ်ချက်အတိုင်း ဒဏ်ပေးမည်။ တရားဥပဒေအရ သေနတ်တပ်ဆင်ပေးထားသောဝန်ထမ်းသည် သေနတ်ကိုတရားမဝင်အငှါးချခြင်း၊ ငှါးပေးခြင်းပြုလုပ်၍ ကြီးလေးသောဆိုးကျိုးမှု ဖြစ်ခဲ့လျှင် အမှတ်(၁) သတ်မှတ်ချက်အတိုင်းဒဏ်ပေးမည်

（22）非法携带枪支、弹药、管制刀具或者爆炸性、易燃性、放射性、毒害性、腐蚀性物品，进入公共场所或者公共交通工具，危及公共安全，情节严重的，处三年以下有期徒刑、拘役或者管制。

(၂၂)။ သေနတ်၊ ခဲယမ်းမီးကျောက်၊ ထိန်းသိမ်းချုပ်ချယ်သောဓါးများ၊ သို့မဟုတ် ပေါက်ကွဲသတ္တိရှိပစ္စည်း၊ မီးတောက်လွယ်ပစ္စည်း၊ ရေဒီယိုသတ္တိရှိပစ္စည်း၊ အဆိပ် အတောက်သတ္တိရှိပစ္စည်း၊ လှိုက်စားဖျက်ဆီးသတ္တိရှိ ပစ္စည်းတွေကို တရားမဝင် ကိုင်ဆောင်၍အများပြည်သူလူထုသွားလာဝင်ထွက်သောနေရာဝင်ရောက်ခြင်း၊ သို့မဟုတ် အများပြည်သူလူထုစီးသောလမ်းပန်းဆက်သွယ်ရေးကိရိယာထဲဝင်ရောက်ခြင်း ပြုလုပ်ကာ အများပြည်သူလူထုလုံခြုံရေးကို ထိခိုက်ဖျက်ဆီးစေပြီး အခြေအနေဆိုးဝါးပါက (၃) နှစ် အောက် ကာလ အကန့်အသတ်ရှိသောထောင်ဒဏ်ပေးခြင်း၊ အချိန်တိုတောင်းစွာထိန်းသိမ်း ထားခြင်း၊ သို့မဟုတ်ထိန်းသိမ်း ချုပ်ချယ်ထားမည်။

（23）违反交通运输管理法规，因而发生重大事故，致人重伤、死亡或者使公私财产遭受重大损失的，处三年以下有期徒刑或者拘役；交通运输肇事后逃逸或者有其他特别恶劣情节的，处三年以上七年以下有期徒刑；因逃逸致人死亡的，处七年以上有期徒刑。

(၂၃)။ လမ်းပန်းဆက်သွယ်ရေးစီမံအုပ်ချုပ်ဥပဒေကို ဖောက်ဖျက်ကျူးလွန်၍ ကြီးလေးသော မတော်တဆမှုဖြစ်ပွားပြီး လူသူကို ပြင်းထန်စွာဒဏ်ရာဖြစ်စေခြင်း၊ သေဆုံးစေခြင်း၊သို့မဟုတ်အများပိုင် ပစ္စည်းနှင့်ပုဂ္ဂလိကပစ္စည်းကိုကြီးလေးသောဆုံးရှုံးမှုဖြစ်စေခဲ့လျှင် (၃) နှစ်အောက် ကာလအကန့်အသတ် ရှိသောထောင်ဒဏ်ပေးခြင်း၊ သို့မဟုတ် အချိန်တိုတောင်းစွာထိန်းသိမ်းထားခြင်းပြစ်ဒဏ်ပေးမည်။ လမ်းပန်းဆက်သွယ်ရေးမတော်တဆမှုဖြစ်ပွား၍ ထွက်ပြေးခြင်း သို့မဟုတ်အခြားဆိုးဝါးသည့်အခြေအနေ ရှိပါက (၃) နှစ်အထက် (၇) နှစ် အောက်ကာလအကန့်အသတ်ရှိသောထောင်ဒဏ်ပေးမည်။ ထွက်ပြေးခြင်း ကြောင့်လူသူကို သေဆုံးခြင်းဖြစ်စေခဲ့လျှင် (၇) နှစ်အထက်ကာလ အကန့်အသတ်ရှိသော ထောင်ဒဏ် ပေး မည်။

（24）在道路上驾驶机动车，有下列情形之一的，处拘役，并处罚金：

(၂၄)။ ကားလမ်းပေါ်တွင် စက်တပ်ယာဉ်မောင်းသည့်အခါ အောက်ပါအခြေအနေ တစ်ခုခုရှိလျှင် အချိန် တိုတောင်းစွာထိန်းသိမ်းထားပြီး ဒဏ်ငွေကိုလည်းပူးတွဲရိုက်မည်။

①追逐竞驶，情节恶劣的。

(က)။ သူထက်ငါဦးအပြိုင်အဆိုင်မောင်းနှင်၍ အခြေအနေဆိုးဝါးခြင်း။

②醉酒驾驶机动车的。

(ခ)။ အရက်မူး၍ စက်တပ်ယာဉ်မောင်းနှင်ခြင်း။

③从事校车业务或者旅客运输，严重超过额定乘员载客，或者严重超过规定时速行驶的。

(ဂ)။ ကျောင်းကားလုပ်ငန်း သို့မဟုတ်ခရီးသည်ပို့ဆောင်ရေးလုပ်ငန်းဆောင်ရွက်ရာတွင် သတ်မှတ်ထား သောသယ်ဆောင်ရန်ဦးရေကို အလွန်အကျွံကျော်သွား၍ သယ်ဆောင်ခြင်း၊ သို့မဟုတ်သတ်မှတ်ထားသော မြန်နှုန်းကို အလွန်အကျွံကျော်သွား၍မောင်းနှင်ခြင်း။

④违反危险化学品安全管理规定运输危险化学品，危及公共安全的。

机动车所有人、管理人对前款第三项、第四项行为负有直接责任的，依照前款的规定处罚。

(ယ)။ အန္တရာယ်သတ္တိရှိဓါတုပစ္စည်းလုံခြုံရေးစီမံခန့်ခွဲရေးသတ်မှတ်ချက်ကို ဖောက်ဖျက် ကျူးလွန်၍ အန္တရာယ်ဓါတုပစ္စည်းသယ်ယူပို့ဆောင်ပြီး အများပြည်သူလူထုလုံခြုံရေးကို ထိခိုက်ဖျက်ဆီးစေခြင်း၊ စက်တပ် ယာဉ်ပိုင်ရှင်၊ အုပ်ထိန်းသူတို့သည် အထက်ပါပုဒ်မ ၃)၊ ၄) ပါရှိသည့်အကြောင်းကို တိုက်ရိုက်တာဝန်ခံသူဖြစ် လျှင် အထက်ပါပုဒ်မ သတ်မှတ်သည့် အတိုင်းဒဏ်ပေးမည်။

有前两款行为，同时构成其他犯罪的，依照处罚较重的规定定罪处罚。

ရှေ့အပိုဒ်နှစ်ပိုဒ်ပါအပြုအမူများရှိ၍ တစ်ချိန်တည်းတွင် အခြားပြစ်မှုများကို ဖွဲ့စည်းပါက ပိုမို ကြီးလေးသော ပြစ်ဒဏ်များ ပြဋ္ဌာန်းချက်များနှင့်အညီ ပြစ်ဒဏ်ချမှတ်ရမည်။

（25）对行驶中的公共交通工具的驾驶人员使用暴力或者抢控驾驶操纵装置，干扰公共交通工具正常行驶，危及公共安全的，处一年以下有期徒刑、拘役或者管制，并处或者单处罚金。

(၂၅)။ အများပြည်သူသယ်ယူပို့ဆောင်ရေးကိရိယာများကို မောင်းနှင်သော ကားဆရာအားအကြမ်းဖက် အင်အားသုံးပြုခြင်း၊ သို့မဟုတ်မောင်းနှင်ရန် အထိန်း တပ်ဆင်မှုကို လုယက်ကိုင်ဆောင်ခြင်း ပြုလုပ်၍အများ ပြည်သူသယ်ယူပို့ဆောင်ရေး ကိရိယာမှန်ကန်အောင်သွားလာခြင်းကို အနှောင့်အယှက်ပေးပြီး ပြည်သူ့ လုံခြုံရေးကို ထိခိုက်စေလျှင် (၁)နှစ်အောက် ကာလအကန့်အသတ်ရှိသော ထောင်ဒဏ်ပေးခြင်း၊ အချိန် တိုတောင်းစွာထိန်းသိမ်းထားခြင်း၊ ထိန်းသိမ်းချုပ်ချယ်ထားခြင်း ပြုလုပ်ပြီး ဒဏ်ငွေကို သီးခြားရိုက်ခြင်း သို့မဟုတ်ပူးတွဲရိုက်ခြင်းပြုလုပ်နိုင်ပါသည်။

前款规定的驾驶人员在行驶的公共交通工具上擅离职守，与他人互殴或者殴打他人，危及公共安全的，依照前款的规定处罚。

ရှေ့အပိုဒ်သတ်မှတ်ထားသော ကားဆရာသည် ခုတ်မောင်းလျက်ရှိသောအများပြည်သူသယ်ယူပို့ဆောင်

ရေးကိရိယာတွင် ကိုယ့်သဘောဖြင့် မိမိတာဝန်ကျရာဖဲခွာပြီး သူတပါးနှင့် အပြန်အလှန်ရိုက်နှက်ခြင်း သို့မဟုတ်သူတပါးကို ရိုက်နှက်ခြင်းပြုလုပ်၍ ပြည်သူ့လုံခြုံရေးကို ထိခိုက်စေလျှင် ရှေ့ပိုဒ်ပါသတ်မှတ်ချက် နှင့်အညီပြစ်ဒဏ်ပေးရမည်။

有前两款行为，同时构成其他犯罪的，依照处罚较重的规定定罪处罚。

ရှေ့အပိုဒ်နှစ်ပိုဒ်ပါအပြုအမူများရှိ၍ တစ်ချိန်တည်းတွင် အခြားပြစ်မှုများကို ဖွဲ့စည်းပါက ပိုမို ကြီးလေးသော ပြစ်ဒဏ်များ ပြဋ္ဌာန်းချက်များနှင့်အညီ ပြစ်ဒဏ်ချမှတ်ရမည်။

（26）在生产、作业中违反有关安全管理的规定，因而发生重大伤亡事故或者造成其他严重后果的，处三年以下有期徒刑或者拘役；情节特别恶劣的，处三年以上七年以下有期徒刑。

(၂၆)။ ထုတ်လုပ်ရေး၊ အလုပ်လုပ်ရာတွင် လုံခြုံရေးဆိုင်ရာစီမံခန့်ခွဲရေးသတ်မှတ်ချက်ကို ဖောက်ဖျက် ကျူးလွန်သောကြောင့် ကြီးလေးသောဒဏ်ရာဖြစ်စေခြင်း၊သေဆုံးစေခြင်း အရေးအခင်းဖြစ်ပွဲ၍ သို့မဟုတ် အခြားကြီးလေးသောဆိုးကျိုးမှုကို ဖြစ်ပွားပါက (၃)နှစ်အောက်ကာလအကန့်အသတ်ရှိသောထောင်ဒဏ်ပေး ခြင်း၊ သို့မဟုတ် အချိန် တိုတောင်းစွာထိန်းသိမ်းထားခြင်းဒဏ်ပေးမည်၊ အခြေအနေအလွန်အကျွံဆိုးဝါးပါက (၃)နှစ် အထက်(၇)နှစ်အောက်ကာလ အကန့်အသတ်ရှိသောထောင်ဒဏ်ပေးမည်။

强令他人违章冒险作业，或者明知存在重大事故隐患而不排除，仍冒险组织作业，因而发生重大伤亡事故或者造成其他严重后果的，处五年以下有期徒刑或者拘役；情节特别恶劣的，处五年以上有期徒刑。

သူတပါးကို စည်းမျဉ်းဖောက်ဖျက်၍အလုပ်လုပ်ရန် အတင်းအဓမ္မခိုင်းစေခြင်း၊ သို့မဟုတ်ကြီးလေးသော အရေးအခင်းဖြစ်ပွားနိုင်သော ငုပ်နေသည့်အန္တရာယ်ရှိခြင်းကို သိလျက်သားနှင့် ဖယ်ထုတ်ပစ်ခြင်းမပြုလုပ် ဘဲအလုပ်ကို စွန့်စားဖွဲ့စည်း လုပ်ဆောင်သော ကြောင့်ကြီးလေးသောဒဏ်ရာဖြစ်စေခြင်း၊ သေဆုံးစေ ခြင်းအရေးဖြစ်ပွဲ၍ သို့မဟုတ် အခြားကြီးလေးသောဆိုးကျိုးမှုကို ဖြစ်ပွားပါက (၅)နှစ်အောက်ကာလ အကန့်အသတ် ရှိသောထောင်ဒဏ်ပေးခြင်း သို့မဟုတ်အချိန်တိုတောင်းစွာထိန်းသိမ်းထားခြင်းဒဏ်ပေးမည်၊ အခြေအနေအလွန်အကျွံဆိုးဝါးပါက (၅)နှစ်အထက်ကာလအကန့်အသတ်ရှိသော ထောင်ဒဏ်ပေးမည်။

（27）在生产、作业中违反有关安全管理的规定，有下列情形之一，具有发生重大伤亡事故或者其他严重后果的现实危险的，处一年以下有期徒刑、拘役或者管制：

(၂၇)။ ထုတ်လုပ်ရေး၊ အလုပ်လုပ်ရာတွင် လုံခြုံရေးဆိုင်ရာစီမံခန့်ခွဲရေး သတ်မှတ်ချက်ကို ဖောက်ဖျက်ကူးလွန်၍ အောက်ပါအခြေအနေတစ်ခုခုရှိပြီး ကြီးလေးသောဒဏ်ရာဖြစ်စေခြင်း၊ သေဆုံးစေခြင်းအရေးအခင်းဖြစ်ပွားပြီး သို့မဟုတ်အခြား ကြီးလေးသော ဆိုးကျိုးမှုကို ဖြစ်ပွားနိုင်သောလက်တွေ့အန္တရာယ်ရှိလျှင်

(၁) နှစ်အောက် ကာလအကန့်အသတ်ရှိသောထောင်ဒဏ်ပေးခြင်း၊ အချိန်တိုတောင်းစွာထိန်းသိမ်းထားခြင်း၊ သို့မဟုတ် ထိန်းသိမ်းချုပ်ခြယ်ထားခြင်းပြစ်ဒဏ်ပေးမည်။

①关闭、破坏直接关系生产安全的监控、防护、救生设备、设施，或者篡改、隐瞒、销毁其相关数据、信息的。

(က)။ ထုတ်လုပ်ရေးလုံခြုံမှုနှင့်တိုက်ရိုက်သက်ဆိုင်သောမော်နီတာ၊ သတိပေးစက်၊ ကာကွယ်ရန်ပစ္စည်း၊ အသက်ကယ်တပ်ဆင်ပစ္စည်း၊ တပ်ဆင်မှုတွေ့ကိုပိတ်ပင်ခြင်း၊ ဖျက်ဆီးခြင်း၊ သို့မဟုတ်သက်ဆိုင်သောဒေတာများ၊ သတင်းအချက်အလက်များကို တလွဲတချော်ဖြစ်အောင်ပြင်ဆင်ခြင်း၊ ဖုံးကွယ်ထိန်ချန်ထားခြင်း၊ ဖျက်ဆီးခြင်း။

②因存在重大事故隐患被依法责令停产停业、停止施工、停止使用有关设备、设施、场所或者立即采取排除危险的整改措施，而拒不执行的。

(ခ)။ ကြီးလေးသောမတော်တဆမှုဖြစ်ပွားနိုင်သော ဂုပ်နေသည့်အန္တရာယ် ရှိသောကြောင့် တရားဥပဒေအရ အမိန့်ချ၍ ထုတ်လုပ်ရေးရပ်ဆိုင်းခြင်း၊ လုပ်ကိုင်ဆောင်ရွက်မှုရပ်ဆိုင်းခြင်း၊ သက်ဆိုင်ရာတပ်ဆင်ပစ္စည်းများ၊ အဆောက်အအုံများ၊ နေရာဌာနများကိုအသုံးပြုရန်ရပ်ဆိုင်းခြင်း၊ သို့မဟုတ် အန္တရာယ်ဖယ်ထုတ်ရန် နည်းလမ်းများ ချက်ချင်း သုံးပြုခြင်း.ဆောင်ရွက်ရန် ငြင်းဆန်ခြင်း။

③涉及安全生产的事项未经依法批准或者许可，擅自从事矿山开采、金属冶炼、建筑施工，以及危险物品生产、经营、储存等高度危险的生产作业活动的。

(ဂ)။ လုပ်ငန်းခွင်လုံခြုံရေးနှင့်သက်ဆိုင်သောကိစ္စရပ်များအပေါ်အတည်ပြုခြင်းမရခင်၊ သို့မဟုတ်

ခွင့်ပြုချက်မရခင်၊ ကိုယ့်သဘောဖြင့် သတ္တုထုတ်ဖော်ခြင်း၊ သတ္တုကျိုချက်ခြင်း၊ ဆောက်လုပ်ရေးလုပ်ဆောင် ခြင်းနှင့် အန္တရာယ်ပစ္စည်းထုတ်လုပ်ခြင်း၊ လုပ်ကိုင် ဆောင်ရွက်ခြင်း၊ သိုလှောင်ခြင်းစသည့်အန္တရာယ်မြင့်မား သည့် ထုတ်လုပ်ရေးလုပ်ကိုင် ဆောင်ရွက်ခြင်းများကို ပြုလုပ်ခြင်း။

（28）安全生产设施或者安全生产条件不符合国家规定，因而发生重大伤亡事故或者造成 其他严重后果的，对直接负责的主管人员和其他直接责任人员，处三年以下有期徒刑或者拘役；情节特别恶劣的，处三年以上七年以下有期徒刑。

(၂၈)။ လုပ်ငန်းခွင်လုံခြုံရေးအဆောက်အအုံ သို့မဟုတ်လုပ်ငန်းခွင်လုံခြုံရေး အခြေ အနေတို့သည် နိုင်ငံတော်သတ်မှတ်ချက်နှင့်မကိုက်ညီသောကြောင့် ကြီးလေးသောဒဏ်ရာ ဖြစ်စေခြင်း၊ သေဆုံးစေခြင်း မတော်တဆမှုဖြစ်ပွားပြီး သို့မဟုတ်အခြားကြီးလေးသော ဆိုးကျိုးမှုကို ဖြစ်ပွားပါက တိုက်ရိုက်တာဝန်ခံသော အမိကစီမံခန့်ခွဲသူနှင့် အခြားတာဝန် တိုက်ရိုက်ထမ်းဆောင်သူတို့ကို (၃)နှစ်အောက် ကာလအကန့်အသတ် ရှိသော ထောင်ဒဏ်ပေးခြင်း သို့မဟုတ်အချိန်တိုတောင်းစွာထိန်းသိမ်းထားခြင်း ဒဏ်ပေးမည်၊ အခြေအနေ အလွန်အကျွံ ဆိုးဝါးပါက (၃)နှစ်အထက် (၇)နှစ်အောက်ကာလ အကန့် အသတ်ရှိသောထောင်ဒဏ်ပေးမည်။

（29）举办大型群众性活动违反安全管理规定，因而发生重大伤亡事故或者造成其他严重 后果的，对直接负责的主管人员和其他直接责任人员，处三年以下有期徒刑或者拘役；情节特 别恶劣的，处三年以上七年以下有期徒刑。

(၂၉)။ အကြီးစားပြည်သူလူထုလှုပ်ရှားမှုအခန်းအနားကျင်းပရာ လုံခြုံရေးစီမံခန့်ခွဲရေး သတ်မှတ်ချက် ကိုဖောက်ဖျက်ကျူးလွန်သောကြောင့် ကြီးလေးသော ဒဏ်ရာဖြစ်စေခြင်း၊ သေဆုံးစေခြင်း မတော်တဆ မှု ဖြစ်ပွားပြီး သို့မဟုတ်အခြား ကြီးလေးသောဆိုးကျိုးမှုကို ဖြစ်ပွားပါက တိုက်ရိုက်တာဝန်ခံသောအမိက စီမံခန့်ခွဲသူနှင့် အခြားတာဝန်တိုက်ရိုက် ထမ်းဆောင်သူတို့ကို (၃)နှစ်အောက်ကာလအကန့်အသတ်ရှိ သောထောင်ဒဏ်ပေးခြင်း သို့မဟုတ်အချိန်တိုတောင်းစွာထိန်းသိမ်းထားခြင်းဒဏ်ပေးမည်၊ အခြေအနေ အလွန်အကျွံ ဆိုးဝါးပါက (၃)နှစ်အထက် (၇)နှစ်အောက်ကာလအကန့်အသတ်ရှိသောထောင်ဒဏ် ပေးမည်။

（30）违反爆炸性、易燃性、放射性、毒害性、腐蚀性物品的管理规定，在生产、储存、运输、使用中发生重大事故，造成严重后果的，处三年以下有期徒刑或者拘役；后果特别严重的，处三年以上七年以下有期徒刑。

（30）။ ပေါက်ကွဲသတ္တိရှိပစ္စည်း၊ မီးတောက်လွယ်ပစ္စည်း၊ ရေဒီယိုသတ္တိရှိပစ္စည်း၊ အဆိပ်အတောက်သတ္တိရှိပစ္စည်း၊ လိုက်စားဖျက်ဆီးသတ္တိရှိပစ္စည်းများကို စီမံခန့်ခွဲရေး သတ်မှတ်ချက်ကို ဖောက်ဖျက်ကျူးလွန်၍ ထုတ်လုပ်ခြင်း၊ သိုလှောင်ခြင်း၊ အသုံးပြုခြင်းတို့ ပြုလုပ်ရာတွင် ကြီးလေးသောမတော်တဆမှု ဖြစ်များပြီး ကြီးမားသောဆိုးကျိုးမှုကို ဖြစ်ခဲ့လျှင် (၃)နှစ်အောက်ကာလအကန့်အသတ်ရှိသောထောင်ဒဏ်ပေးခြင်း သို့မဟုတ်အချိန် တိုတောင်းစွာထိန်းသိမ်းထားခြင်းဒဏ်ပေးမည်၊ ဆိုးကျိုးမှုအလွန်အကျွံဆိုးဝါးပါက (၃)နှစ် အထက် (၇)နှစ်အောက်ကာလအကန့်အသတ်ရှိသောထောင်ဒဏ်ပေးမည်။

（31）建设单位、设计单位、施工单位、工程监理单位违反国家规定，降低工程质量标准，造成重大安全事故的，对直接责任人员，处五年以下有期徒刑或者拘役，并处罚金；后果特别严重的，处五年以上十年以下有期徒刑，并处罚金。

（31）။ ဆောက်လုပ်ရေးဌာန၊ ဒီဇိုင်းဆွဲဌာန၊ လုပ်ကိုင်ဆောင်ရွက်သောဌာန၊ လုပ်ငန်း ကြီးကြပ်ရေးဌာနတို့သည် နိုင်ငံတော်သတ်မှတ်ချက်ကို ဖောက်ဖျက်ကျူးလွန်၍ လုပ်ငန်း အရည်အသွေးစံချိန်လျှော့ချခြင်းကြောင့် ကြီးလေးသောလုံခြုံရေးမတော်တဆမှုဖြစ်ပွားပါက တိုက်ရိုက်တာဝန်ခံသူကို (၅) နှစ်အောက်ကာလ အကန့်အသတ်ရှိသောထောင်ဒဏ်ပေးခြင်း၊ သို့မဟုတ်အချိန်တိုတောင်းစွာထိန်းသိမ်းထားခြင်းဒဏ်ပေး ပြီး ဒဏ်ငွေကိုပူးတွဲရိုက်မည်။ ဆိုးကျိုးအလွန်အကျွံဆိုးဝါးလျှင် (၅)နှစ်အထက် (၁၀) နှစ်အောက်ကာလ အကန့်အသတ် ရှိသောထောင်ဒဏ်ပေးပြီး ဒဏ်ငွေကို ပူးတွဲရိုက်မည်။

（32）明知校舍或者教育教学设施有危险，而不采取措施或者不及时报告，致使发生重大伤亡事故的，对直接责任人员，处三年以下有期徒刑或者拘役；后果特别严重的，处三年以上七年以下有期徒刑。

（32）။ ကျောင်းဆောင်များ၊ ပညာရေးသင်ကြားပို့ချရေးအဆောက်အအုံများ အန္တရာယ်ရှိခြင်းကို သိလျက်နှင့် ဆောင်ရွက်ချက်များချမှတ်ကျင့်သုံးခြင်းနှင့် အချိန်မှီ သတင်းပေးပို့ခြင်းမပြုသောကြောင့်

ကြီးလေးသောဒဏ်ရာဖြစ်စေခြင်း၊ သေဆုံးစေခြင်း မတော်တဆမှုဖြစ်ပွားလျှင် တိုက်ရိုက်တာဝန်ခံသူကို (၃) နှစ်အောက်ကာလအကန့်အသတ် ရှိသောထောင်ဒဏ်ပေးခြင်း သို့မဟုတ်အချိန်တိုတောင်းစွာထိန်းသိမ်းထား ခြင်းဒဏ်ပေးမည်၊ ဆိုးကျိုးမှုအလွန်အကျွံဆိုးဝါးပါက (၃)နှစ်အထက် (၇)နှစ်အောက်ကာလအကန့်အသတ် ရှိ သောထောင်ဒဏ်ပေးမည်။

（33）违反消防管理法规，经消防监督机构通知采取改正措施而拒绝执行，造成严重后果的，对直接责任人员，处三年以下有期徒刑或者拘役；后果特别严重的，处三年以上七年以下有期徒刑。

(၃၃)။ မီးသတ်ရေးစီမံခန့်ခွဲရေးသတ်မှတ်ချက်ကိုဖောက်ဖျက်ကျူးလွန်၍မီးသတ်ရေး ကြီးကြပ်ရေးဌာန မှဆောင်ရွက်ချက်များချမှတ်ပြုပြင်ရန်အကြောင်းကြားခြင်းကို အကောင် အထည်ဖော်ဆောင်ရွက်ရန်ပယ် ချသောကြောင့် ကြီးလေးသောဆိုးကျိုးမှုကို ဖြစ်စေခဲ့လျှင် တိုက်ရိုက်တာဝန်ခံသူကို (၃)နှစ်အောက်ကာလ အကန့်အသတ်ရှိသောထောင်ဒဏ်ပေးခြင်း၊ သို့မဟုတ်အချိန်တိုတောင်းစွာထိန်းသိမ်းထားခြင်းဒဏ်ပေးမည်၊ ဆိုးကျိုးမှုအလွန်အကျွံ ဆိုးဝါးပါက (၃)နှစ်အထက် (၇)နှစ်အောက်ကာလအကန့်အသတ်ရှိသောထောင်ဒဏ် ပေးမည်။

（34）在安全事故发生后，负有报告职责的人员不报或者谎报事故情况，贻误事故抢救，情节严重的，处三年以下有期徒刑或者拘役；情节特别严重的，处三年以上七年以下有期徒刑。

(၃၄)။ လုံခြုံရေးမတော်တဆမှုဖြစ်ပွားပြီးနောက် သတင်းတင်ပြရန်တာဝန် ထမ်းဆောင်သူက သတင်း တင်ပြခြင်းမပြုလုပ်ခြင်း၊ သို့မဟုတ်မတော်တဆမှုအကြောင်းကို လိမ်လည်တင်ပြ၍ ကယ်ဆယ်ရေးရွှေ့ဆိုင်း နှောင့်နှေးပြီး အခြေအနေဆိုးဝါးလျှင် (၃) နှစ် အောက် ကာလအကန့်အသတ်ရှိသောထောင်ဒဏ်ပေးခြင်း၊ သို့မဟုတ်အချိန်တိုတောင်းစွာ ထိန်းသိမ်းထားခြင်းဒဏ်ပေးမည်၊ အခြေအနေအလွန်အကျွံဆိုးဝါးပါက (၃)နှစ် အထက် (၇)နှစ်အောက်ကာလအကန့်အသတ်ရှိသောထောင်ဒဏ်ပေးမည်။

六、如何定义生产、销售伪劣商品罪?

၆။ အတုအပနှင့် ညံ့ဖျင်းသောကုန်ပစ္စည်းထုတ်လုပ်ခြင်း၊ ရောင်းချခြင်းဖြစ်သောပြစ်မှုကို ဘယ်လို သတ်မှတ်ထားသည်နည်း။

(1) 根据《刑法》第一百四十条，生产者、销售者在产品中掺杂、掺假，以假充真，以次充好或者以不合格产品冒充合格产品，销售金额五万元以上不满二十万元的，处二年以下有期徒刑或者拘役，并处或者单处销售金额百分之五十以上二倍以下罚金；销售金额二十万元以上不满五十万元的，处二年以上七年以下有期徒刑，并处销售金额百分之五十以上二倍以下罚金；销售金额五十万元以上不满二百万元的，处七年以上有期徒刑，并处销售金额百分之五十以上二倍以下罚金；销售金额二百万元以上的，处十五年有期徒刑或者无期徒刑，并处销售金额百分之五十以上二倍以下罚金或者没收财产。

(၁)။ "ရာဇဝတ်ဥပဒေ" ပုဒ်မ ၁၄၀ အရ ထုတ်လုပ်သူ၊ ရောင်းချသူတို့သည် ကုန်ပစ္စည်းထဲတွင်အရည်အသွေး စံချိန်မမီပစ္စည်းရောယှက်ခြင်း၊ အတုပစ္စည်းရောယှက်ခြင်း၊ အတုဖြင့်အစစ်ကို အစား ထိုးခြင်း၊ ညံ့ဖျင်းသော ပစ္စည်းကို ကောင်းသောပစ္စည်းအဖြစ်အစားထိုးခြင်း သို့မဟုတ်စံချိန်မမီကုန်ပစ္စည်းဖြင့် စံချိန်မီကုန်ပစ္စည်းကို အစားထိုးခြင်း၊ ရောင်းချ၍ ရရှိသောငွေယွမ် (၅) သောင်းအထက် (၂) သိန်းအောက်ရှိလျှင် (၂)နှစ်အောက်ကာလ အကန့်အသတ်ရှိသောထောင်ဒဏ်ပေးခြင်း သို့မဟုတ်အချိန်တိုတောင်းစွာ ထိန်းသိမ်း ထားခြင်းဒဏ်ပေးပြီး ရောင်းချ၍ရရှိသောငွေ၏ရာခိုင်နှုန်း (၅၀) အထက် (၂)ဆအောက် ဒဏ်ငွေကို သီးခြားရိုက်ခြင်းနှင့် ပူးတွဲရိုက်ခြင်း ပြုလုပ်နိုင်သည်။ ရောင်းချ၍ ရရှိသောငွေ ယွမ် (၂) သိန်းအထက်(၅)သိန်းအောက်ရှိလျှင် (၂) နှစ်အထက် (၇) နှစ် အောက်ကာလ အကန့်အသတ်ရှိသောထောင်ဒဏ်ပေးပြီး ရောင်းချ၍ရရှိသောငွေ၏ရာခိုင်နှုန်း(၅၀)အထက် (၂) ဆအောက် ဒဏ်ငွေကိုပူးတွဲရိုက်မည်။ ရောင်းချ၍ရရှိသောငွေယွမ်(၅)သိန်းအထက် (၂)သန်း အောက်ရှိလျှင် (၇) နှစ်အထက်ကာလအကန့်အသတ်ရှိသောထောင်ဒဏ်ပေးပြီး ရောင်းချ၍ ရရှိသောငွေ၏ရာခိုင်နှုန်း (၅၀) အထက် (၂) ဆအောက်ဒဏ်ငွေကိုပူးတွဲရိုက်မည်။ ရောင်းချ၍ ရရှိသောငွေယွမ် (၂) သန်းအထက်ရှိလျှင် (၁၅)နှစ်ကာလ အကန့်အသတ် ရှိသောထောင်ဒဏ်ပေးပြီး ရောင်းချ၍ရရှိသောငွေ၏ရာခိုင်နှုန် (၅၀) အထက် (၂) ဆ အောက်

ဒဏ်ငွေကို ပူးတွဲရိုက်မည်၊ သို့မဟုတ်ပစ္စည်းဥစ္စာကိုသိမ်းယူမည်။

（2）根据《刑法》第一百四十一条，生产、销售假药的，处三年以下有期徒刑或者拘役，并处罚金；对人体健康造成严重危害或者有其他严重情节的，处三年以上十年以下有期徒刑，并处罚金；致人死亡或者有其他特别严重情节的，处十年以上有期徒刑、无期徒刑或者死刑，并处罚金或者没收财产。

(၂)။ "ရာဇဝတ်ဥပဒေ" ပုဒ်မ ၁၄၁ အရ အတုအပဆေးဝါးကိုထုတ်လုပ်ခြင်း၊ ရောင်းချခြင်းပြုလုပ်ပါက (၃) နှစ်အောက် ကာလအကန့်အသတ်ရှိသောထောင်ဒဏ်ပေးခြင်း သို့မဟုတ် အချိန်တိုတောင်းစွာ ထိန်းချုပ်ထားပြီး ဒဏ်ငွေကိုပူးတွဲရိုက်မည်။ လူကိုယ်ခန္ဓာကို ကြီးလေးသောထိခိုက် ဖျက်ဆီးစေခြင်း သို့မဟုတ် အခြား ကြီးလေးသောအခြေအနေဖြစ်စေပါက (၃) နှစ်အထက် (၁၀) နှစ်အောက်ကာလ အကန့်အသတ်ရှိသော ထောင်ဒဏ်ပေးပြီး ဒဏ်ငွေကိုလည်း ပူးတွဲရိုက်မည်။ လူသေဆုံးစေခြင်း သို့မဟုတ်အခြားအလွန်အကျွံ ကြီးလေးသောအခြေအနေ ဖြစ်စေပါက (၁၀) နှစ်အထက် ကာလအကန့်အသတ်ရှိသောထောင်ဒဏ်၊ ကာလ အကန့်အသတ်မရှိသောထောင်ဒဏ်ပေးခြင်း သို့မဟုတ်သေဒဏ်ပေးပြီး ဒဏ်ငွေရိုက်ခြင်း သို့မဟုတ် ပစ္စည်းဥစ္စာသိမ်းယူခြင်းတို့ကို ပူးတွဲပြုလုပ်မည်။

药品使用单位的人员明知是假药而提供给他人使用的，依照前款的规定处罚。

ဆေးဝါးအသုံးပြုသောဌာနမှဝန်ထမ်းများသည် ညံ့ဖျင်းသောဆေးဝါးဖြစ်သည်ကို သိလျက်သားနှင့် သူတပါးကို အသုံးပြုပေးခြင်းပြုလုပ်လျှင် ရှေ့ပိုဒ်ပါသတ်မှတ်ချက် များနှင့်အညီပြဒဏ်ပေးရမည်။

（3）根据《刑法》第一百四十二条，生产、销售劣药，对人体健康造成严重危害的，处三年以上十年以下有期徒刑，并处罚金；后果特别严重的，处十年以上有期徒刑或者无期徒刑，并处罚金或者没收财产。

(၃)။ "ရာဇဝတ်ဥပဒေ" ပုဒ်မ ၁၄၂ အရ ညံ့ဖျင်းသောဆေးဝါးကိုထုတ်လုပ်ခြင်း၊ ရောင်းချခြင်းကြောင့် လူကိုယ်ခန္ဓာ ကျန်းမာရေးကို ကြီးလေးစွာထိခိုက်ဖျက်ဆီးစေလျှင် (၃)နှစ်အထက် (၁၀) နှစ်အောက်ကာလ အကန့်အသတ်ရှိသောထောင်ဒဏ်ပေးပြီး ဒဏ်ငွေကိုပူးတွဲရိုက်မည်။ အလွန်အကျွံသော ဆိုးကျိုးဖြစ်ခဲ့

ပါက (၁၀) နှစ်အထက် ကာလအကန့်အသတ်ရှိသောထောင်ဒဏ်၊ သို့မဟုတ် ကာလအကန့်အသတ်မရှိသော

ထောင်ဒဏ်ပေးပြီး ဒဏ်ငွေရိုက်ခြင်း သို့မဟုတ်ပစ္စည်းဥစ္စာ သိမ်းယူခြင်းတို့ကို ပူးတွဲပြုလုပ်မည်။

药品使用单位的人员明知是劣药而提供给他人使用的，依照前款的规定处罚。

ဆေးဝါးသုံးပြုသောဌာနမှဝန်ထမ်းများသည် ညံ့ဖျင်းသောဆေးဝါးဖြစ်သည်ကို သိလျက်သားနှင့် သူတ

ပါးကို အသုံးပြုပေးခြင်းပြုလုပ်လျှင် အထက်ပါပုဒ်မ၏ သတ်မှတ်ချက်အတိုင်း ဒဏ်ပေးမည်။

（4）违反药品管理法规，有下列情形之一，足以严重危害人体健康的，处三年以下有期徒
刑或者拘役，并处或者单处罚金；对人体健康造成严重危害或者有其他严重情节的，处三年以
上七年以下有期徒刑，并处罚金：

（၄）။ ဆေးဝါးစီမံခန့်ခွဲရေးသတ်မှတ်ချက်ကို ဖောက်ဖျက်၍ အောက်ပါအခြေအနေ တစ်ခုခုရှိပြီး

လူကိုယ်ခန္ဓာကျန်းမာရေးကို ကြီးလေးစွာထိခိုက်ဖျက်ဆီးစေရန် လုံလောက် ပါက (၃)နှစ်အောက်ကာလ

အကန့်အသတ်ရှိသောထောင်ဒဏ်ပေးခြင်း သို့မဟုတ်အချိန် တိုတောင်းစွာထိန်းသိမ်းထားခြင်းဒဏ်ပေးပြီး

ဒဏ်ငွေကိုသီးခြားခြင်း သို့မဟုတ်ပူးတွဲ ရိုက်မည်။ လူကိုယ်ခန္ဓာကျန်းမာရေးကို ပြင်းပြင်းထန်ထန်ထိခိုက်

ဖျက်ဆီးစေခြင်း သို့မဟုတ်အခြားသောဆိုးဝါးသည့်အခြေအနေရှိလျှင် (၃) နှစ်အထက် (၇) နှစ်အောက် ကာလ

အကန့်အသတ်ရှိသောထောင်ဒဏ်ပေးပြီးဒဏ်ငွေကို ပူးတွဲရိုက်မည်။

①生产、销售国务院药品监督管理部门禁止使用的药品的。

(က)။ နိုင်ငံတော်ကောင်စီဆေးဝါးကြီးကြပ်အုပ်ချုပ်ရေးဌာနမှ အသုံးပြုရန်ခွင့်မရ သော ဆေးဝါးကို

ထုတ်လုပ်ခြင်း၊ ရောင်းချခြင်း။

②未取得药品相关批准证明文件生产、进口药品或者明知是上述药品而销售的。

(ခ)။ ဆေးဝါးနှင့်သက်ဆိုင်သောအတည်ပြုပြီးသက်သေခံစာတမ်းမရဘဲနှင့် ဆေးဝါးကို ထုတ်လုပ်ခြင်း၊

တင်သွင်းခြင်း သို့မဟုတ်အထက်ပါဆေးဝါးဖြစ်သည်ကို သိလျက်သားနှင့် ရောင်းချခြင်း။

③药品申请注册中提供虚假的证明、数据、资料、样品或者采取其他欺骗手段的。

(ဂ)။ ဆေးဝါးမှတ်ပုံတင်လျှောက်တင်ရာတွင် အတုအပဖြစ်သောအထောက်အထား များ၊ ဒေတာများ၊

စာရွက်စာတမ်းများ၊ နမူနာပစ္စည်းတို့ကို တင်ပြခြင်း၊ သို့မဟုတ်အခြားသော လိမ်လည် လှည့်ဖြားသောနည်း လမ်းကို အသုံးပြုခြင်း။

④编造生产、检验记录的。

(ဃ)။ ထုတ်လုပ်ခြင်း၊ စစ်ဆေးရေးမှတ်တမ်းကို မဟုတ်မမှန် ရေးဆွဲပြုစုခြင်း။

（5）根据《刑法》第一百四十三条，生产、销售不符合食品安全标准的食品，足以造成严重食物中毒事故或者其他严重食源性疾病的，处三年以下有期徒刑或者拘役，并处罚金；对人体健康造成严重危害或者有其他严重情节的，处三年以上七年以下有期徒刑，并处罚金；后果特别严重的，处七年以上有期徒刑或者无期徒刑，并处罚金或者没收财产。

(၅)။ "ရာဇဝတ်ဥပဒေ" ပုဒ်မ ၁၄၃ အရ အစားအစာလုံခြုံရေးစံချိန်နှင့်မကိုက်ညီသောအစားအစာ ကို ထုတ်လုပ်ခြင်း၊ ရောင်းချခြင်း၊ အစားအစာအဆိပ်အတောက်သင့်မတော်တဆဖြစ်ရန် လုံလောက်ခြင်း၊ သို့မဟုတ်အခြားသော ကြီးလေးသည့်အစားအစာမူရင်းဖြစ်သည့် ရောဂါဖြစ်ပွားလျှင် (၃)အောက် ကာလ အကန့်အသတ်ရှိသောထောင်ဒဏ်ပေးခြင်း သို့မဟုတ်အချိန် တိုတောင်းစွာထိန်းသိမ်းထားခြင်းဒဏ်ပေး ပြီး ဒဏ်ငွေကိုပူးတွဲရိုက်မည်။ လူကိုယ်ခန္ဓာ ကျန်းမာရေးကို ကြီးလေးစွာထိခိုက်ဖျက်ဆီးစေ၍ အခြေအနေ ဆိုးဝါးလျှင်(၃)နှစ်အထက် (၇)နှစ်အောက် ကာလအကန့်အသတ်ရှိသောထောင်ဒဏ်ပေးပြီး ဒဏ်ငွေကိုပူးတွဲ ရိုက်မည်။ အလွန်အကျွံသောဆိုးကျိုးဖြစ်ခဲ့ပါက (၇) နှစ်အထက် ကာလအကန့်အသတ်ရှိသော ထောင်ဒဏ်၊ သို့မဟုတ် ကာလအကန့်အသတ်မရှိသောထောင်ဒဏ်ပေးပြီး ဒဏ်ငွေရိုက်ခြင်း သို့မဟုတ်ပစ္စည်းဥစ္စာ သိမ်းယူ ခြင်းတို့ကို ပူးတွဲ၍ပြစ်ဒဏ်ပေးမည်။

（6）根据《刑法》第一百四十四条，在生产、销售的食品中掺入有毒、有害的非食品原料的，或者销售明知掺有有毒、有害的非食品原料的食品的，处五年以下有期徒刑，并处罚金；对人体健康造成严重危害或者有其他严重情节的，处五年以上十年以下有期徒刑，并处罚金；致人死亡或者有其他特别严重情节的，依照《刑法》第一百四十一条的规定处罚。

(၆)။ "ရာဇဝတ်ဥပဒေ" ပုဒ်မ ၁၄၄ အရ ထုတ်လုပ်သော၊ ရောင်းချသောအစားအစာတွင်

အဆိပ်အတောက်ရှိသောပစ္စည်း၊ ထိခိုက်စေမှုရှိသော အစားအစာမဟုတ်သောပစ္စည်းကို ရောထည့်ခြင်း၊ သို့မဟုတ်အဆိပ် အတောက်ရှိသောပစ္စည်း၊ ထိခိုက်စေမှုရှိသော အစားအစာမဟုတ်သောပစ္စည်းကို ရော ထည့်သည့်အစားအစာကို သိလျက်သားနှင့် ရောင်းချခြင်းပြုလုပ်ပါက (၅)နှစ်အောက်ကာလအကန့်အသတ်ရှိ သောထောင်ဒဏ်ပေးပြီး ဒဏ်ငွေကိုပူးတွဲရိုက်မည်။ လူ့ကိုယ်ခန္ဓာကျန်းမာရေးကို ကြီးလေးစွာထိခိုက်ဖျက်ဆီး စေခြင်း၊ သို့မဟုတ်အခြားအခြေ အနေဆိုးဝါးလျှင် (၅)နှစ်အထက် (၁၀) နှစ်အောက် ကာလအကန့်အသတ် ရှိသော ထောင်ဒဏ်ပေးပြီး ဒဏ်ငွေကိုပူးတွဲရိုက်မည်။ လူသေဆုံးစေခြင်း၊ သို့မဟုတ်အခြား အခြေအနေ အလွန်အကျွံဆိုးဝါးပါက ၉၃ဥပဒေပုဒ်မ ၁၄၁၏ သတ်မှတ်ချက်အတိုင်း ဒဏ်ပေးမည်။

（7）根据《刑法》第一百四十五条，生产不符合保障人体健康的国家标准、行业标准的医疗器械、医用卫生材料，或者销售明知是不符合保障人体健康的国家标准、行业标准的医疗器械、医用卫生材料，足以严重危害人体健康的，处三年以下有期徒刑或者拘役，并处销售金额百分之五十以上二倍以下罚金；对人体健康造成严重危害的，处三年以上十年以下有期徒刑，并处销售金额百分之五十以上二倍以下罚金；后果特别严重的，处十年以上有期徒刑或者无期徒刑，并处销售金额百分之五十以上二倍以下罚金或者没收财产。

(၇)။ "ရာဇဝတ်ဥပဒေ" ပုဒ်မ ၁၄၅ အရ လူ့ကိုယ်ခန္ဓာကျန်းမာရေးကာကွယ်နိုင်သောနိုင်ငံတော်စံချိန်၊ လုပ်ငန်းရပ်စံချိန်နှင့် မကိုက်ညီသောကုသရေးကိရိယာ၊ ကုသရေးအသုံးပြုသောကျန်းမာရေးပစ္စည်းတွေ ကို ထုတ်လုပ်ခြင်း၊ သို့မဟုတ်လူ့ကိုယ်ခန္ဓာကျန်းမာရေးကာကွယ်နိုင်သောနိုင်ငံတော်စံချိန်၊ လုပ်ငန်းရပ်စံချိန် နှင့် မကိုက်ညီသောကုသရေးကိရိယာ၊ ကုသရေးအသုံးပြုသောကျန်းမာရေး ပစ္စည်းဖြစ်သည်ကို သိလျက် သားနှင့်ရောင်းချ၍ လူ့ကိုယ်ခန္ဓာကျန်းမာရေးကို ကြီးလေးစွာ ထိခိုက်ရန်လုံလောက်ပါက (၃) နှစ်အောက် ကာလအကန့်အသတ်ရှိသောထောင်ဒဏ် ပေးခြင်း၊ အချိန်တိုတောင်းစွာထိန်းသိမ်းထားခြင်းဒဏ်ပေးပြီး ရောင်းချ၍ရရှိသောငွေ၏ ရာခိုင်နှုန်း(၅၀)အထက် (၂)ဆအောက်ဒဏ်ငွေကိုပူးတွဲရိုက်မည်။ ဆိုးကျိုးအလွန် အကျွံ ကြီးမာလျှင် (၁၀)နှစ်အထက်ကာလအကန့်အသတ်ရှိသောထောင်ဒဏ်ပေးခြင်း၊ သို့မဟုတ် ကာလ အကန့်အသတ်မရှိသောထောင်ဒဏ်ပေးပြီး ရောင်းချ၍ရရှိသောငွေ၏ရာခိုင်နှုန်း(၅၀) အထက်(၂)ဆအောက်

ဒဏ်ငွေကိုပူးတွဲရိုက်ခြင်း၊ သို့မဟုတ်ပစ္စည်းဥစ္စာကိုသိမ်းယူမည်။

（8）根据《刑法》第一百四十六条，生产不符合保障人身、财产安全的国家标准、行业标准的电器、压力容器、易燃易爆产品或者其他不符合保障人身、财产安全的国家标准、行业标准的产品，或者销售明知是以上不符合保障人身、财产安全的国家标准、行业标准的产品，造成严重后果的，处五年以下有期徒刑，并处销售金额百分之五十以上二倍以下罚金；后果特别严重的，处五年以上有期徒刑，并处销售金额百分之五十以上二倍以下罚金。

（က）။ "ရာဇဝတ်ဥပဒေ" ပုဒ်မ ၁၄၆ အရ လူကိုယ်ခန္ဓာ၊ ပစ္စည်းဥစ္စာလုံခြုံရေးကာကွယ်နိုင်သောနိုင်ငံတော် သတ်မှတ် ထားသောစံချိန်နှင့် လုပ်ငန်းရပ်စံချိန်တို့နှင့် မကိုက်ညီသောလျှပ်စစ်ပစ္စည်း၊ ဖိအားရှိ ထည့်ရန် ကိရိယာ၊ မီးတောက်လွယ်ပေါက်ကွဲလွယ်ပစ္စည်းတွေကို ထုတ်လုပ်ခြင်း၊ သို့မဟုတ် အခြားသောလူကိုယ်ခန္ဓာ၊ ပစ္စည်းဥစ္စာလုံခြုံရေးကာကွယ်နိုင်သောနိုင်ငံတော်သတ်မှတ် ထားသောစံချိန်နှင့် လုပ်ငန်းရပ်စံချိန်တို့နှင့် မကိုက်ညီသောကုန်ပစ္စည်းကို ထုတ်လုပ်ခြင်း၊ သို့မဟုတ် အထက်ပါလူကိုယ်ခန္ဓာ၊ ပစ္စည်းဥစ္စာလုံခြုံရေးကာ ကွယ်နိုင်သောနိုင်ငံတော် သတ်မှတ်ထားသော စံချိန်နှင့် လုပ်ငန်းရပ်စံချိန်တို့နှင့် မကိုက်ညီသောပစ္စည်း ဖြစ်သည်ကို သိလျက်သားနှင့်ရောင်းချ၍ ကြီးလေးသောဆိုးကျိုးမှုဖြစ်ပွါးခဲ့လျှင် (၅) နှစ်အထက်ကာလ အကန့်အသတ်ရှိသောထောင်ဒဏ်ပေးပြီး ရောင်းချ၍ရရှိသောငွေ၏ရာခိုင်နှုန်း(၅၀)အထက် (၂)ဆအောက် ဒဏ်ငွေကို ပူးတွဲရိုက်မည်။

（9）根据《刑法》第一百四十七条，生产假农药、假兽药、假化肥，销售明知是假的或者失去使用效能的农药、兽药、化肥、种子，或者生产者、销售者以不合格的农药、兽药、化肥、种子冒充合格的农药、兽药、化肥、种子，使生产遭受较大损失的，处三年以下有期徒刑或者拘役，并处或者单处销售金额百分之五十以上二倍以下罚金；使生产遭受重大损失的，处三年以上七年以下有期徒刑，并处销售金额百分之五十以上二倍以下罚金；使生产遭受特别重大损失的，处七年以上有期徒刑或者无期徒刑，并处销售金额百分之五十以上二倍以下罚金或者没收财产。

（၉）။ "ရာဇဝတ်ဥပဒေ" ပုဒ်မ ၁၄၇ အရ အတုအပလယ်ယာသုံးပိုးသတ်ဆေး၊ အတုအပတိရစ္ဆာန်

သုံးဆေးဝါး၊ အတုအပ ဓါတ်မြေဩဇာတို့ကို ထုတ်လုပ်ခြင်း၊ အတုအပဖြစ်ကြောင်း၊ သို့မဟုတ် အကျိုး သက်ရောက်မှု မရှိသည့်လယ်ယာသုံးပိုးသတ်ဆေး၊ တိရစ္ဆာန်သုံးဆေးဝါး၊ ဓါတ်မြေဩဇာ၊ မျိုးစေ့ဖြစ်ကြောင်း ကို သိလျက်သားနှင့် ရောင်းချခြင်း၊ သို့မဟုတ် စံချိန်မမီ လယ်ယာသုံး ပိုးသတ်ဆေး၊ တိရစ္ဆာန်သုံးဆေးဝါး၊ ဓါတ်မြေဩဇာ၊ မျိုးစေ့ဖြင့်စံချိန်မီလယ်ယာသုံး ပိုးသတ်ဆေး၊ တိရစ္ဆာန်သုံးဆေးဝါး၊ ဓါတ်မြေဩဇာ၊ မျိုးစေ့ ကို အစားထိုးထုတ်လုပ်ခြင်း၊ ရောင်းချခြင်း ပြုလုပ်သောကြောင့် ထုတ်လုပ်ရေးအပေါ် ကြီးမားသည်ဆုံးရှုံးမှု ဖြစ်စေခဲ့လျှင် (၃)နှစ် အောက် ကာလအကန့်အသတ်ရှိသောထောင်ဒဏ်ပေးခြင်း သို့မဟုတ် အချိန်တိုတောင်း စွာထိန်းသိမ်းထားခြင်းဒဏ်ပေးပြီး ရောင်းချ၍ရရှိသောငွေ၏ရာခိုင်နှုန်း (၅၀)အထက် (၂) ဆအောက်ဒဏ်ငွေ ကိုပူးတွဲရိုက်မည်။ ထုတ်လုပ်ရေးအပေါ်အလွန်အကျွံ ကြီးမားသည့် ဆုံးရှုံးမှုဖြစ်စေခဲ့လျှင်(၃) နှစ်အထက်(၇) နှစ်အောက်ကာလအကန့်အသတ် ရှိသောထောင်ဒဏ်ပေးပြီး ရောင်းချ၍ရရှိသောငွေ၏ရာခိုင်နှုန်း (၅၀) အထက် (၂)ဆအောက် ဒဏ်ငွေကိုပူးတွဲရိုက်မည်။ ထုတ်လုပ်ရေးအပေါ်အရမ်းကြီးမားသည့်ဆုံးရှုံးမှုဖြစ်စေ ခဲ့လျှင် (၇) နှစ်အထက်ကာလအကန့်အသတ်ရှိသောထောင်ဒဏ်ပေးခြင်း၊ ကာလအကန့်အသတ် မရှိသော ထောင်ဒဏ်ပေးပြီး ရောင်းချ၍ရရှိသောငွေ၏ရာခိုင်နှုန်း(၅၀)အထက် (၂) ဆ အောက်ဒဏ်ငွေကို ပူးတွဲရိုက် ခြင်း သို့မဟုတ်ပစ္စည်းဥစ္စာသိမ်းယူခြင်းဒဏ်ပေးမည်။

（10）根据《刑法》第一百四十八条，生产不符合卫生标准的化妆品，或者销售明知是不符合卫生标准的化妆品，造成严重后果的，处三年以下有期徒刑或者拘役，并处或者单处销售金额百分之五十以上二倍以下罚金。

(၁၀)။ "ရာဇဝတ်ဥပဒေ" ပုဒ်မ ၁၄၈ အရ ကျန်းမာရေးစံချိန်နှင့်မကိုက်ညီသောအလှပြင်ပစ္စည်းကို ထုတ်လုပ်ခြင်း၊ သို့မဟုတ် ကျန်းမာရေးစံချိန်နှင့် မကိုက်ညီသောအလှပြင်ပစ္စည်းဖြစ်သည်ကို သိလျက်သား နှင့် ရောင်းချ၍ကြီးလေးသောဆိုးကျိုးမှုဖြစ်ခဲ့လျှင် (၃) နှစ်အောက် ကာလအကန့်အသတ်ရှိသောထောင်ဒဏ် ပေးခြင်း သို့မဟုတ် အချိန်တိုတောင်းစွာ ထိန်းသိမ်းထားခြင်းဒဏ်ပေးပြီး ရောင်းချ၍ ရရှိသောငွေ၏ရာခိုင်နှုန်း (၅၀) အထက် (၂) ဆ အောက်ဒဏ်ငွေကို သီးခြားရိုက်ခြင်း၊ သို့မဟုတ်ပူးတွဲရိုက်ခြင်းပြုလုပ်မည်။

（11）生产、销售本节第一百四十一条至第一百四十八条所列产品，不构成各该条规定的犯罪，但是销售金额在五万元以上的，依照本节第一百四十条的规定定罪处罚。

(၁၁)။ ဤအခန်းခွဲမှပုဒ်မ၁၄၁-၁၄၈တွင် ရေးထားသောပစ္စည်းကို ထုတ်လုပ်ခြင်း၊ ရောင်းချခြင်းပြုလုပ်၍ ဤပုဒ်မတွင် သတ်မှတ်ထားသောပြစ်မှုကို မဖြစ်ခဲ့သော်လည်း ရောင်းချ၍ရငွေယွမ်(၅)သောင်းအထက်ရှိပါက ပုဒ်မ ၁၄၈၏သတ်မှတ်ချက်နှင့်အညီပြစ်ဒဏ်ပေးရမည်။

生产、销售本节第一百四十一条至第一百四十八条所列产品，构成各该条规定的犯罪，同时又构成本节第一百四十条规定之罪的，依照处罚较重的规定定罪处罚。

ဤအခန်းခွဲမှပုဒ်မ၁၄၁-၁၄၈တွင် ရေးထားသောပစ္စည်းကို ထုတ်လုပ်ခြင်း၊ ရောင်းချခြင်းပြုလုပ်၍ ဤပုဒ်မတွင် သတ်မှတ်ထားသည့်ပြစ်မှုဖြစ်ခဲ့သည့်အပြင် ဤအခန်းခွဲတွင် ပုဒ်မ ၁၄၀သတ်မှတ်ထားသည့်ပြစ်မှုကို တစ်ချိန်တည်းဖြစ်ခဲ့ပါက ကြီးလေးသောဒဏ်ပေးချက်အတိုင်းဒဏ်ပေးမည်။

（12）单位犯本节第一百四十条至第一百四十八条规定之罪的，对单位判处罚金，并对其直接负责的主管人员和其他直接责任人员，依照各该条的规定处罚。

(၁၂)။ ဌာနသည်ဤအခန်းခွဲမှပုဒ်မ၁၄၀-၁၄၈တွင် သတ်မှတ်ထားသောပြစ်မှု ကျူးလွန်လျှင် ဌာနကို ဒဏ်ငွေရိုက်ပြီး တိုက်ရိုက်တာဝန်ခံသည့်အမိကစီမံခန့်ခွဲသူနှင့် တိုက်ရိုက်တာဝန်ထမ်းဆောင်းသူတွေကို ပုဒ်မ အသီးသီး၏ သတ်မှတ်ချက်နှင့်အညီပြစ် ဒဏ်ပေးမည်။

七、如何定义走私罪?

၇။ မှောင်ခိုကုန်ကူးပြစ်မှုကိုဘယ်လိုသတ်မှတ်ထားသလဲ။

（1）走私武器、弹药、核材料或者伪造的货币的，处七年以上有期徒刑，并处罚金或者没收财产；情节特别严重的，处无期徒刑，并处没收财产；情节较轻的，处三年以上七年以下有期徒刑，并处罚金。

(၁)။ လက်နက်များ၊ ခဲယမ်းမီးကျောက်များ၊ ညှကလီယာပစ္စည်းများ မှောင်ခို ကုန်ကူးခြင်း သို့မဟုတ် ငွေစက္ကူအတုအပကိုထုတ်လုပ်ခြင်းပြုလုပ်ပါက (၇) နှစ် အထက် ကာလအကန့်အသတ်ရှိသောထောင်ဒဏ် ပေးပြီး ဒဏ်ငွေရိုက်ခြင်းနှင့် ပစ္စည်းဥစ္စာ သိမ်းယူခြင်းကိုပူးတွဲဒဏ်ပေးမည်။ အခြေအနေအလွန်ဆိုးဝါးပါက

ကာလအကန့်အသတ် မရှိသောထောင်ဒဏ်ပေးပြီး ပစ္စည်းဥစ္စာကို သိမ်းယူမည်၊ အခြေအနေ သိပ်မဆိုးဝါး လျှင် (၃)နှစ်အထက် (၇) နှစ်အောက်ကာလအကန့်အသတ်ရှိသောထောင်ဒဏ် ပေး၍ ဒဏ်ငွေကို ပူးတွဲရိုက် မည်။

（2）走私国家禁止出口的文物、黄金、白银和其他贵重金属或者国家禁止进出口的珍贵动物及其制品的，处五年以上十年以下有期徒刑，并处罚金；情节特别严重的，处十年以上有期徒刑或者无期徒刑，并处没收财产；情节较轻的，处五年以下有期徒刑，并处罚金。

(၂)။ နိုင်ငံတော်တားမြစ်ပိတ်ပင်ထားသောပို့ကုန်ဖြစ်သည့်ရှေးဟောင်းယဉ်ကျေးမှုပစ္စည်း၊ ရွှေ၊ ငွေ နှင့် အခြားတန်ဖိုးကြီးသတ္တုများ၊ သို့မဟုတ်နိုင်ငံတော်တားမြစ်ပိတ်ပင်သောပို့ကုန်သွင်းကုန်ဖြစ်သည့် အဖိုးတန်လှ သည့် တိရစ္ဆာန်နှင့်၄င်းတိရစ္ဆာန်ထွက်ပစ္စည်းကို မှောင်ခိုကုန်ကူးပါက (၅) နှစ်အထက် (၁၀)နှစ် အောက်ကာလ အကန့်အသတ်ရှိသောထောင်ဒဏ်ပေးပြီး ဒဏ်ငွေကို ပူးတွဲရိုက်မည်၊ အခြေအနေအလွန်အကျွံဆိုးဝါးလျှင် (၁၀) နှစ်အထက်ကာလအကန့် အသတ်ရှိသော ထောင်ဒဏ်ပေးခြင်း သို့မဟုတ်ကာလအကန့်အသတ်မရှိသော ထောင်ဒဏ်ပေးပြီး ပစ္စည်း ဥစ္စာကိုပူးတွဲသိမ်းယူမည်၊ အခြေအနေသိပ်မဆိုးဝါးလျှင် (၅) နှစ်အောက်ကာလအ ကန့် အသတ်ရှိသောထောင်ဒဏ်ပေးပြီး ဒဏ်ငွေကိုပူးတွဲရိုက်မည်။

（3）走私珍稀植物及其制品等国家禁止进出口的其他货物、物品的，处五年以下有期徒刑或者拘役，并处或者单处罚金；情节严重的，处五年以上有期徒刑，并处罚金。

(၃)။ ရှားပါးသောရုက္ခပင်များနှင့်၄င်းထွက်ပစ္စည်းစသည့်နိုင်ငံတော်တားမြစ် ပိတ်ပင်သောအခြားပို့ကုန် သွင်းကုန်ပစ္စည်းကို မှောင်ခိုကုန်ကူးပါက (၅)နှစ်အောက် ကာလ အကန့်အသတ်ရှိသောထောင်ဒဏ်ပေးခြင်း သို့မဟုတ်အချိန်တိုတောင်းစွာထိန်းသိမ်း ထားခြင်းဒဏ်ပေးပြီး ဒဏ်ငွေကိုသီးခြားရိုက်ခြင်းသို့မဟုတ်ပူးတွဲ ရိုက်ခြင်းကိုဒဏ်ပေးမည်။ အခြေအနေဆိုးဝါးပါက (၅)နှစ်အထက်ကာလအကန့်အသတ်ရှိ သောထောင်ဒဏ် ပေးပြီး ဒဏ်ငွေကိုပူးတွဲရိုက်မည်။

（4）以牟利或者传播为目的，走私淫秽的影片、录像带、录音带、图片、书刊或者其他淫秽物品的，处三年以上十年以下有期徒刑，并处罚金；情节严重的，处十年以上有期徒刑或者无期徒刑，并处罚金或者没收财产；情节较轻的，处三年以下有期徒刑、拘役或者管制，并处罚金。

(၄)။ အမြတ်ထုတ်ခြင်း၊ သို့မဟုတ်ပုံ့နှံ့စေခြင်းကိုရည်ရွယ်ထား၍ ညစ်ညမ်း၍ လျှပ်ပေါ်လော်မာရုပ်ရှင် ကား၊ ဗီဒီယိုတိတ်ခွေ၊အသံသွင်းတိတ်ခွေ၊ ပုံကား၊ စာအုပ်စာစောင်၊ သို့မဟုတ်အခြားညစ်ညမ်း ပစ္စည်းများ ကို မှောင်ခိုကုန်ကူးပြုလုပ်ပါက (၃) နှစ်အထက် (၁၀) နှစ်အောက်ကာလအကန့်အသတ်ရှိသောထောင်ဒဏ် ပေးပြီး ဒဏ်ငွေကိုပူးတွဲ ရိုက်မည်၊ အခြေအနေဆိုးဝါးပါက (၁၀) နှစ်အထက်ကာလအကန့်အသတ်ရှိသော ထောင်ဒဏ်ပေးခြင်း၊ သို့မဟုတ်ကာလအကန့်အသတ်မရှိသောထောင်ဒဏ်ပေးပြီး ပစ္စည်းဥစ္စာကိုပူးတွဲ သိမ်းယူမည်၊ အခြေအနေမဆိုးဝါးပါက (၃) နှစ်အောက်ကာလ အကန့်အသတ်ရှိသော ထောင်ဒဏ်ပေးခြင်း၊ အချိန်တိုတောင်းစွာထိန်းသိမ်းထားခြင်း သို့မဟုတ် ထိန်းသိမ်းချုပ်ခြယ် ထားခြင်းဒဏ်ပေးပြီး ဒဏ်ငွေကိုပူးတွဲ ရိုက်မည်။

（5）逃避海关监管将境外固体废物、液态废物和气态废物运输进境，情节严重的，处五年 以下有期徒刑，并处或者单处罚金；情节特别严重的，处五年以上有期徒刑，并处罚金。

(၅)။ အကောက်တော်ဌာနမှကြပ်မတ်အုပ်ချုပ်ခြင်းကို တိမ်းရှောင်၍ ပြည်ပမှ အစိုင်အခဲအစုတ် အနုပ်ပစ္စည်း၊ အရည်အခြေအစုတ်အနုပ်ပစ္စည်း၊ အငွေ့အဖြစ် အစုတ်အနုပ် ပစ္စည်းများကို ပြည်တွင်းသို့ သယ်ဆောင်လာပြီး အခြေအနေဆိုးဝါးလျှင် (၅)နှစ်အောက် ကာလအကန့်အသတ်ရှိသောထောင်ဒဏ်ပေးပြီး ဒဏ်ငွေကိုသီးခြားရိုက်ခြင်း သို့မဟုတ် ပူးတွဲရိုက်မည်။ အခြေအနေအလွန်အကျွံဆိုးဝါးပါက (၅)နှစ်အထက် ကာလ အကန့်အသတ် ရှိသောထောင်ဒဏ်ပေးပြီးဒဏ်ငွေကိုပူးတွဲရိုက်မည်။

（6）走私货物、物品偷逃应缴税额较大或者一年内曾因走私被给予二次行政处罚后又走私 的，处三年以下有期徒刑或者拘役，并处偷逃应缴税额一倍以上五倍以下罚金。

(၆)။ ကုန်ပစ္စည်း၊ ပစ္စည်းကိုမှောင်ခိုကုန်ကူး၍ အခွန်ဆောင်ရန်တိမ်းရှောင်ခဲ့သည့် အရေအတွက်ကြီးမား ခြင်း သို့မဟုတ်မှောင်ခိုကုန်ကူးသောကြောင့် တစ်နှစ်အတွင်းတွင် အုပ်ချုပ်ရေးပြစ်ဒဏ်ပေးခြင်းနှစ်ကြိမ်ခံ ခဲ့ရပြီးနောက် မှောင်ခိုကုန်ကူးထပ်မံပြုလုပ်လျှင် (၃) နှစ် အောက်ကာလအကန့်အသတ်ရှိသောထောင်ဒဏ်

ပေးခြင်း သို့မဟုတ် အချိန် တိုတောင်းစွာ ထိန်းသိမ်းထားခြင်းဒဏ်ပေးပြီး တိမ်းရှောင်ခဲ့သောဆောင်သင့်သည့် အခွန်ငွေ၏တစ်ဆ အထက်(၅)ဆအောက်ဒဏ်ငွေကို ပူးတွဲရိုက်မည်။

（7）走私货物、物品偷逃应缴税额巨大或者有其他严重情节的，处三年以上十年以下有期徒刑，并处偷逃应缴税额一倍以上五倍以下罚金。

（၇）။ ကုန်ပစ္စည်း၊ ပစ္စည်းကိုမှောင်ခိုကုန်ကူး၍ အခွန်ဆောင်ရန်တိမ်းရှောင်ခဲ့သည့် အရေအတွက် အလွန်အကျွံကြီးမားခြင်း သို့မဟုတ်အခြားသောအလွန်အကျွံဆိုးဝါးသော အခြေအနေရှိလျှင် (၃) နှစ်အထက် ကာလအကန့်အသတ်ရှိသောထောင်ဒဏ်ပေးပြီး တိမ်းရှောင်ခဲ့သောဆောင်သင့်သည့်အခွန်ငွေ၏တစ်ဆ အထက်(၅)ဆအောက် ဒဏ်ငွေကို ပူးတွဲရိုက်မည်။

（8）走私货物、物品偷逃应缴税额特别巨大或者有其他特别严重情节的，处十年以上有期徒刑或者无期徒刑，并处偷逃应缴税额一倍以上五倍以下罚金或者没收财产。

（၈）။ ကုန်ပစ္စည်း၊ ပစ္စည်းကိုမှောင်ခိုကုန်ကူး၍ အခွန်ဆောင်ရန်တိမ်းရှောင်ခဲ့သည့် အရေအတွက် အထူးအလွန်အကျွံကြီးမားခြင်း သို့မဟုတ်အခြားသော အလွန်အကျွံ ဆိုးဝါးသော အခြေအနေရှိလျှင် (၁၀) နှစ်အထက်ကာလအကန့်အသတ်ရှိသောထောင်ဒဏ် ပေးခြင်း သို့မဟုတ်ကာလအကန့်အသတ်မရှိသော ထောင်ဒဏ်ပေးပြီး တိမ်းရှောင်ခဲ့သော ဆောင်သင့်သည့်အခွန်ငွေ၏(၁)ဆအထက်(၅)ဆအောက် ဒဏ်ငွေကို ပူးတွဲရိုက်မည်။

（9）未经海关许可并且未补缴应缴税额，擅自将批准进口的来料加工、来件装配、补偿贸易的原材料、零件、制成品、设备等保税货物，在境内销售牟利的；构成走私普通货物、物品罪。

（၉）။ အခွန်တော်ဌာန၏ခွင့်ပြုချက်မရသည့်အပြင် ဆောင်သင့်သောအခွန်ကို ဖြည့်ဆောင်ခြင်းမပြုဘဲ ကိုယ့်သဘောဖြင့်အတည်ပြုခြင်းရရှိသော အချောကိုင်ရန် ပစ္စည်းများ၊ တပ်ဆင်ရန်ပစ္စည်းများ၊ ဖြည့်ပေး ကုန်သွယ်ရေးများဖြစ်သောကုန်ကြမ်း၊ အပိုပစ္စည်း၊ ကုန်ချော၊ ပစ္စည်းကိရိယာစသည့် အခွန်ကင်းလွတ်ခွင့် ကုန်ပစ္စည်းများကို ပြည်းတွင်းတွင်ရောင်းချ၍ အမြတ်ထုတ်ရန်ပြုလုပ်ခြင်း။

（10）未经海关许可并且未补缴应缴税额，擅自将特定减税、免税进口的货物、物品，在境内销售牟利的。构成走私普通货物、物品罪。

(၁၀)။ အခွန်တော်ဌာန၏ခွင့်ပြုချက်မရသည့်အပြင် ဆောင်သင့်သောအခွန်ကိုဖြည့်ဆောင်ခြင်း မပြုဘဲ ကိုယ့်သဘောဖြင့် အထူးသတ်မှတ်ထားသောအခွန် လျှော့ချခြင်းနှင့်အခွန်ကင်းလွတ်သော ကုန်ပစ္စည်းများကို ပြည်းတွင်းတွင်ရောင်းချ၍ အမြတ်ထုတ်ရန် ပြုလုပ်ခြင်း။

（11）与走私罪犯通谋，为其提供贷款、资金、账号、发票、证明，或者为其提供运输、保管、邮寄或者其他方便的，以走私罪的共犯论处。

(၁၁)။ မှောင်ခိုကုန်ကူးပြစ်မှုကျူးလွန်သူနှင့်ပူးပေါင်းပြီး ၎င်းကိုငွေထုတ်ချေးပေးခြင်း၊ ငွေရင်း၊ ဘဏ် စာရင်းနံပါတ်၊ ဘောက်ချာ၊ သက်သေခံလက်မှတ်များကို ပေးအပ်ခြင်း၊ သို့မဟုတ်၎င်းကို သယ်ယူပို့ဆောင် ပေးခြင်း၊ ထိန်းသိမ်းခြင်း၊ စာတိုက်မှတစ်ဆင့်ပို့ခြင်း သို့မဟုတ်အခြားသောအဆင်အပြေပေးခြင်းကို ပေးအပ် ခြင်းပြုလုပ်ပါက မှောင်ခိုကုန်ကူး ပြစ်မှုကျူးလွန်သူနှင့်အတူပြစ်ဒဏ်ပေးရမည်။